厦大高教文丛

教学改革研究

大学教学改革与创新

别敦荣　著

创于1897 商务印书馆 The Commercial Press

图书在版编目（CIP）数据

大学教学改革与创新 / 别敦荣著 .--北京：商务印书馆，2025.--（厦大高教文丛）.--ISBN 978-7-100-25172-3

Ⅰ. G642.0

中国国家版本馆CIP数据核字第2025RP6811号

厦大高教文丛·教学改革研究

大学教学改革与创新

别敦荣 著

商 务 印 书 馆 出 版

（北京王府井大街36号 邮政编码100710）

商 务 印 书 馆 发 行

北京市白帆印务有限公司印刷

ISBN 978-7-100-25172-3

2025年7月第1版 开本880×1230 1/32

2025年7月北京第1次印刷 印张12¼

定价：60.00元

总　序

众所周知，厦门大学（厦大）教育研究院是中国高等教育研究重镇。厦大教育研究院的创建可以追溯到 1978 年 5 月 17 日建立的厦门大学高等教育问题研究室（后来先后更名为“高等教育科学研究室”“高等教育科学研究所”“教育研究院”），这是中国第一个以高等教育为研究对象的专门研究机构。高等教育科学研究所的成立还得到教育部发文批准。如果考察厦大教育研究的历史脉络，更早可以溯源到 1921 年学校建校之初教育学科的开办。厦大建校初期，只兴办了师范和商学两部，师范部便包含了教育学。在后来的办学中，虽历经教育学院、教育系等组织变迁，教育学科办学与发展未曾中断。抗日战争期间，为了坚持办学、保存国家文脉，已改为国立大学的厦大根据国民政府教育部要求内迁到福建龙岩长汀继续办学。潘懋元先生就是厦大在长汀办学期间入学的，他主修教育学，辅修经济学，爱好文学。新中国成立后，1954 年 7 月，厦大教育系奉命调整到福建师范学院（今福建师范大学），潘先生没有随教育系去福州，而是根据学校要求留在学校工作。潘先生的留校工作使教育研究院的历史与厦大早期的师范部以及后来的教育学院和教育系等一脉相承，不曾断裂。所以，与其他改革开放后复办或创建教育学科的大学不同，厦大教育学科发展自建校以来历史传承关系清晰，没有中断发展。教育研究院的创办与发展是厦大教育学科星火延续与燎原的结果，建院近 50 年来，教育研究院以发展、繁荣中国特色高等教育学科为己任，以服务国家高等教育高质量发展为指针，持续加强师资队伍建设，着力培养高等教育学科高层次专业人才，不断提高科学研究水平，取得了令人瞩目的成就。

厦门大学是中国高等教育学科发祥地，潘先生是最早萌发创建中国高等教育学科的学者。1950 年代，潘先生基于个人经验感悟，最早开展高等教育的专门研究，发表了《试论理论联系实际的教学原则》《高等专业教育问题在教育学上的重要地位》等高等教育研究论文，还与同事一起组织和编写了《高等学校教育学讲义》，开出了“高等学校教育学”课程，提出应当有一门“高等学校教育学”。潘先生的贡献不仅在于最早开展高等教育的专业研究并提出创建高等教育学科，更在于他身体力行，领导建成了中国高等教育学科，并在他人生的后半程，在长达四十多年的学术生涯中一直引领着中国高等教育学科的发展方向，发挥了学科引领人的作用。1970 年代后期，潘先生从中国高等教育的现实需求出发，再次倡议开展高等教育理论研究，明确提出要建设高等教育学科。1978 年，他在《厦门大学学报（哲社版）》《光明日报》分别发表《必须开展高等教育的理论研究——建立高等教育学科刍议》《开展高等教育理论的研究》两篇文章，拉开了创建中国高等教育学的序幕。他指出，高等教育是教育的一个特殊组成部分，具有矛盾的特殊性，有其特殊规律。在一定意义上，高等教育的特殊问题比普通教育更复杂，不是根据普通教育所概括出来的一般原理原则能直接解决的。高等教育理论研究，有客观需要，有广阔天地，势在必行，因此必须像学前教育学那样，逐步地建立一门以高等专业教育为研究对象的高等教育学，作为整个教育科学的一个分支学科。潘先生的呼吁得到了广泛响应，高等教育学科研究在全国逐渐得到开展，部分高校像厦大一样成立高等教育研究室（研究所），组建高等教育专门研究人才队伍，开展高等教育学科专业人才培养。在潘先生的领导下，厦大高等教育学科日益壮大，1988 年厦大高等教育学成为第一批国家重点学科，2000 年厦大高等教育发展研究中心成为教育部人文社会科学重点研究基地。厦门大学高等教育学科发展始终立足于建设中国教育学科自主知识体系，不断深拓高等教育学科理论，为国家高等教育的改革与发展建设提供理论指引，成为中国高等教育学科的一面旗帜。

创建高等教育学科以来，在潘先生的带领下，厦大教育研究院始终不忘推进我国高等教育学科发展的责任和使命，不断推进和深化高等教育学科理论及研究的发展，重视成果的系统集成，陆续推出系列学术专著。比如，2021 年借厦门大学建校 100 周年契机，厦大教育研究院汇集在职教师学术研究精华，组织教师精选个人学术研究成果，出版了“学术精品文丛”和“自强教育书系”两套丛书，在学术界产生了较大影响。

2022 年，厦大教育学入选国家第二轮“双一流”建设一流建设学科，学科发展步入新阶段。作为一个以高等教育研究为特色的教育学一流学科，厦大教育学科入选“双一流”建设学科，既是国家对厦大教育学科发展成就的高度肯定，又是对厦大高等教育学科发展的鞭策与期待。当今时代，我国高等教育发展被赋予了更重要的战略意义，高质量内涵式可持续发展成为时代强音，高等教育学科发展必须作出有效回应。厦大教育研究院根据自身学科特点，围绕高等教育学科基础理论和建设教育强国战略，发挥学科优势与特色，积极开拓学科育人功能，建设高水平学科团队，不断增强学科创新能力，打造一流水平的教育学科创新发展基地。《厦门大学教育学一流学科建设方案》确定了高等教育理论与政策研究、教育治理与高质量教育保障体系建设研究、区域与国际教育研究等三大主攻方向，作为一流学科建设回应新时代我国高等教育高质量发展的行动指南。几年来，厦大教育研究院不断加强有组织科研，实行首席教授制度（PI 制），积极主动作为，分别在三大主动方向上取得了一批研究成果，促进了高等教育学科发展，为回应建设教育强国、高等教育何为，给出了厦大教育学人的回答。

为了总结和传播一流学科建设成果，厦大教育研究院与商务印书馆合作推出厦大高教文丛，作为对一流学科建设成效的阶段性总结。丛书包括一流大学建设研究、高等教育改革新方向研究、高等教育教学创新发展研究、研究生教育高质量发展研究等四个方向，与百年校庆系列一样，均为厦大教育研究院在职教师的学术研究成果，着重反映新时代厦大教育研究院为推进中国教育学自主知识体系建设，服务教育强国建设所作出的努力和贡献。需要说明的是，这并不是厦大教育研究院在职教师的全部研究成果汇集，在这些系列之外，老师们每年还有自己常规的专著出版。

厦大高教文丛的出版得益于商务印书馆领导对中国哲学社会科学自主知识体系建设所负有的高度责任感，他们在出版本文丛上所表现出来的责任意识与担当意识令人感动。感谢为本文丛出版作出贡献的商务印书馆领导和编辑老师们！

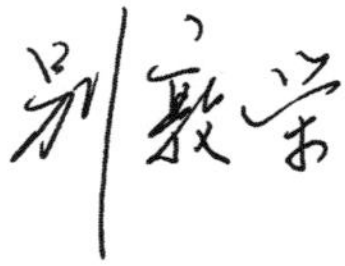

2025 年 1 月 30 日

于厦门大学黄宜弘楼

目　录

第一编　大学教学理论透视

第二编　大学教学改革焦点

第三编 大学教学改革方向

第四编 大学教学改革保障

第一编

大学教学理论透视

理论是实践的先导。教学是大学人才培养的主渠道。大学教学水平高,人才培养质量高;反之,教学水平一般,不可能培养高质量人才。大学教学有规律,教学改革离不开理论指导。如果没有理论指导,大学教学改革犹如盲人摸象,不可能触及本质,也就不可能取得根本性突破。

我国大学改革持续了四十多年,与实践相伴的是教学改革研究。不可否认,大学教学改革研究取得了重要成果,为改革实践提供了所需要的理论支持。为了适应改革实践需要,大学教学改革研究几乎涉及教学的方方面面,从宏观政策到微观教学内容与方法,几乎无所不包。

本编的七篇文章分别从AI应用于大学教学、大学课程教学的逻辑、教学过程主体矛盾关系、专业教育教学的滥觞与突破以及美国大学教学现象背后的理路等方面,探讨、揭示大学教学的深层逻辑、历史演变、内在矛盾、技术赋能和质量形成的机理,为更准确把握大学教学特征,理解大学教学规律与新发展,借鉴国外经验,明确大学教学改革方向,提供科学的理论指引。

大学教育如何赋能学生迈向智慧未来?

英国著名作家查尔斯·狄更斯在《双城记》中有一段名言:"那是最好的年月,那是最坏的年月,那是智慧的时代,那是愚蠢的时代,那是信仰的新纪元,那是怀疑的新纪元,那是光明的季节,那是黑暗的季节,那是希望的春天,那是绝望的冬天,我们将拥有一切,我们将一无所有,我们直接上天堂,我们直接下地狱。"①

人类已进入人工智能时代,似乎又站在了一个新的历史转折点,何去何从?大学扮演着特殊的角色。

一、人工智能正在重构社会体系

人工智能作为一种前沿技术已经与人类生产和生活不可分离,且正在以前所未有的速度对经济社会发展产生颠覆性的影响。滴滴打车的出现重整了出租车行业,支付宝和微信支付使现

① 狄更斯著,石永礼、赵文娟译:《双城记》,人民文学出版社 2004 年版,第 1 页。

金几乎退出商业活动，快递令邮政行业不再风光。不管是高度复杂的工作还是日常家务琐事，人工智能正一步步深入改变社会活动和人类行为。

（一）人工智能的积极影响

人工智能的快速发展向人类展现了未来发展的无限可能。就生产而言，人工智能引发的不只是技术革命，还有深刻的生产结构与生产关系变革。生产效率因自动化生产线、智能机器人、物联网设备等数字化技术得到显著提升，产品质量控制借助人工智能变得更加精准，创新能力在虚拟设计、仿真技术和大数据分析消费者需求的助力下得到明显增强。企业高层管理者可通过数字化系统直接获取一线信息，减少中间管理层的信息传递衰减。信息共享平台可使企业间的合作更加紧密，供应链上的企业可协同进行原材料采购、生产计划和库存管理。

案例一：汽车制造巨头特斯拉的工厂大量使用智能机器人进行车身组装、零部件安装等工作。这些机器人能够 24 小时不间断工作，而且动作精准，大幅缩短了汽车生产周期，相比传统汽车制造企业，生产效率提高数倍。

案例二：波音公司在飞机设计阶段，利用虚拟设计和仿真技术对飞机的空气动力学性能、结构强度等进行大量模拟测试，减少了物理原型制作的次数和成本。同时，通过大数据分析全球客户对飞机舒适度、燃油效率等方面的需求，精准质量控制确保了产品的质量标准，挖掘潜在的产品创新点，为新一代飞机设计提供依据。

人工智能不仅深刻地影响工业生产，而且带来商业模式革新，对传统商业产生颠覆性影响。比如，电商崛起使传统零售行业受到冲击，消费者购物习惯转向线上，线下实体门店市场份额缩减，大量小型传统零售商面临淘汰。同时，数字化媒体、在线视频、流媒体音乐等新兴业态蓬勃发展，传统纸媒和电视媒体受众减少、广告收入下滑，部分传统媒体企业难以为继。在医疗领域，AI 技术能根据大量的医学图像，如 CT、MRI 等，识别病人可能存在的病变，甚至比人类医生更准确。AI 还在社交、娱乐等方面影响我们的生活。智能助手和聊天机器人的普及可能会改变人们的沟通方式，影响人际关系和社会互动。

（二）人工智能带来的挑战

人工智能已经从科幻小说的构想走进了现实，在带给人类无可比拟的新机遇、新空间和新能量的同时，也带来了不可忽视的挑战。这些挑战不仅涉及技术领域，还包括安全、伦理、社会、经济等多个方面。

随着人工智能系统的复杂性和自主性增加，人工智能系统有可能超出人类的控制范围，做出不可预测的决策或行为，导致不可预料的严重后果。人工智能在决策过程中可能产生伦理问题，包括在自动驾驶汽车、医疗、求职和招聘、犯罪预测和执法、军事等领域的应用都可能引发伦理问题。人工智能能创造新的就业机会，但也会对传统行业造成冲击，导致部分劳动力失业。人工智能系统需要大量的数据来训练和改进，这些数据往往包含个人隐私信息，如果这些数据泄漏或被滥用，将对个人和机构的隐私和数据安全造成严重威胁。人工智能系统的算法透明性较低，用户难以理解其决策过程，可能导致人们丧失对技术的信任。人工智能在科技、教育和生产领域的应用还可能产生知识产权和学术伦理问题，导致学术道德危机。

二、人工智能时代大学的坚守与变革

大学是社会学术组织，担负着人才培养、科学研究和社会服务的使命。大学具有坚守性和变革性，是二者的统一体。不论科技如何创新、产业如何调整、社会如何进步，大学始终履行着自身的职责，且越来越成为科技创新和社会进步的动力站。

大学的坚守性首先体现在人才培养上。大学与人才培养的关系是一种原生关系。组织高等教育活动，培养学科和高级专业技术人才是现代大学存在的基本逻辑。在近千年的大学历史进程中，培养人才是其不变的使命，不论社会如何更替，也不论科技如何创新发展，大学始终将培养人才置于首要位置。由于广播电视技术和互联网技术得到快速发展和广泛应用，很多人曾经对大学是否还有存在的必要提出质疑，但事实证明，培养人才是大学不变的根基所在。

大学的坚守性还表现在致力于科技创新发展上。大学与科技创新的关系被确立后不断得到强化，越是科技发达、经济产业转型发展时期，大学在科技创新中的作用越得到重视。大学也不负众望，在基础研究和开发应用研究方面发挥了重要作用，不仅是学科知识发展的温床，而且成为产业技术研发的策源地。

人工智能已经深度介入高等教育，成为大学变革的新动力。人工智能正在改造招生、考试、教学、评价等人才培养的核心环节，未来很有可能会颠覆传统的办学模式。人工智能能根据教学目标和教学大纲，智能生成教学内容、教学计划和课程材料，从而加快课程设计过程。人工智能可以建构智能化教学生态，提供个性化的学习建议和实时的学习反馈，及时纠正学生学习过程中的错误，优化他们的学习体验，提升他们的学习效果，使学习变得更加轻松愉快。人工智能能为教师提供丰富的教学资源和先进的教学工具，比如，智能备课系统和在线学习平台，这些创新工具有助于减轻教师的备课负担，提高教学效率。人工智能可以帮助教师更好地评估学生的成绩，自动处理一些重复性任务，比如，学生成绩的录入、卷面成绩分析、试卷分析等。

人工智能正在改变知识的生产方式，使知识的创造不再仅仅是人类的“专利”。此外，人工智能的发展尤其是数据驱动的研究方式，能够收集并分析来自全球各地、各种人群的需求和想法，能极大地提高科学研究的效率和深度，促进科学思维方式的转变，对研究人类社会的问题以及科技发展方向发挥重要影响。

除了给人才培养和科学研究带来一系列挑战，人工智能给高等教育带来的影响还包括过度依赖技术问题、伦理道德问题、隐私保护问题以及学术不端问题等。

三、人工智能时代大学教育的超越

人工智能所改变的不只是生产和生活的方式方法，还有人类所生活的世界本身。在人工智能发展以前，人类生活在自然和社会两个世界；人工智能发展以后，除了自然和社会两个世界，还有第三个世界，即虚拟世界。这个虚拟世界不同于自然世界，它拥有人所具有的智能，使其对自然和社会的影响超越了工具价值。

人工智能为人类所带来的不论是机遇还是挑战，都需要人来面对。面对快速发展的人工智能，大学教育需要变革，要在人的培养上超越传统教育，不仅应当培养在人工智能技术上能力和素质过硬的人，而且同样重要的是，应当重视与人工智能打交道的能力和素质的培养，使他们能够驾驭人工智能，利用它为个人幸福、社会进步和人类文明发展作出重要贡献。

传统的大学教育主要在社会和自然两个世界组织实施人才培养活动，人工智能建构的虚拟世界不仅能弥补社会和自然两个现实世界的有限性，而且能为教育开拓无限的发展空间，使人的发展拥有无限的可能。人工智能时代的大学教育在社会、自然和虚拟三维空间中培养人，而且虚拟空间不是对单一教育因素发挥影响，而是对教育的几乎全要素全过程发挥影响，成为撬动教育变革的新杠杆。

大学需要超越，应当建构适应人工智能发展的教育体系，运用人工智能更新和改造教育要素、教育机制、教育过程和教育环境，建立自然、社会和虚拟三维教育空间协同发力、共育人才的新体系、新生态。

大学应当建构适应人工智能发展与应用的人文教育计划。人工智能应用于社会生产和生活的范围越广、程度越深，大学就越要加强大学生的人文教育，培养他们较高的数字素养，使他们能驾驭人工智能,利用人工智能造福个人、社会和人类。

大学应当培养大学生面对人工智能的自信心。人工智能拥有超越一般人的智力能力,包括问题反应能力、信息搜索能力、文本组织能力、文字表达能力和深度学习能力等,大学生在利用人工智能的时候很可能被人工智能所左右,产生过度依赖症,从而对自己对人失去应有的信心。出现这种情况无助于大学生完成学业,也无助于他们的社会生活和职业发展。大学教育应当通过数字素养教育,使大学生理性看待人工智能的工作原理及其功能,树立自信心,更好地利用人工智能服务自身发展。

大学应当培养大学生人机沟通与交流能力。在人工智能问世之前,培养大学生的人际交往能力是大学教育的重要任务,在人工智能时代,人机沟通与交流能力将决定人工智能在生产和生活中应用的成效和满意度。人机沟通与交流能力与人际交往能力不同,培养学生与智能机器人深度沟通与交流的能力,不仅有助于他们更好地在虚拟情境中学习,而且有益于他们毕业后在生产和生活中有效地利用人工智能从事职业工作,提高职业工作能力,同时提高社会生活质量。

大学应当培养大学生尊重真理、维护真理权威的品格。大学具有探索、追求、守护、传播知识和真理的使命,坚守学术自由、学术自治精神的品格,人工智能不仅具有提供现有知识的能力,而且还具有知识生产的能力。在知识生产和服务中,人工智能本身不具有自我评价和选择的功能,如果大学生不尊重学术道德、维护真理权威,他们可能在利用人工智能的时候迷失自我,违反学术规范,违背学术伦理,出现学术不端行为,导致真理权威不彰，学术失范泛滥。大学教育应当在大学生心中播下尊重真理的种子，使他们成为大学精神的传承人和弘扬者，养成以身示范的行为习惯，不论在大学还是在未来的职业生涯中都能维护真理权威，孜孜以求，探索真理。

（原载《教育家》2005 年第 4 期）

AI来了，如何帮助大学生更顺利走向未来？

AI技术正在塑造一个新时代。AI融入高等教育，带来了教育生态的改变，影响了大学生的学习。大学生使用AI智能体，不仅使他们的学习方式发生重要改变，而且可能由学习方式的变化而影响他们一生的发展。因此，关注AI应用于高等教育，应当进一步推动大学教育教学改革，重视AI对大学生学习和学习方式的影响，使他们学会在AI支持下养成新的学习方式和学习习惯，以助力他们的学业发展和成长，实现可持续的终身健康发展。

一、AI正在深刻地影响大学生的学习

AI是一种智能化的新技术。与其它教育技术不同，它不只是发挥刻录、储存、传播文字和音视频教学资料的作用，帮助大学生提高学习效率和学习效果，还能提供实时的学习支持和帮助，改变他们的学习方式，甚至为他们提供超越时空的学习体验和自我发展的无限可能。AI通过自身的智能和智能辅导系统，分析大学生个体的学习需求、学习行为和习惯，为他们设计定制化

的学习计划，推荐个性化的学习资料、教程和课程教学；利用自身超强的学习理解和快速识别、评价和组织能力，帮助他们进行文献研究、数据分析、问题解决方案构思和文本写作；为他们建构高互动沉浸式虚拟仿真学习平台和工具，提供模拟实验、虚拟实验室等虚拟空间，模拟真实世界的情境，让他们在安全的环境中进行可重复的探索和学习；为他们检查作业和学习成果，及时提出纠正错误的建议。概而言之，AI 对大学生学习不仅具有工具性影响，更表现出本质性影响，使他们改变传统的学习形态，焕发出时代的活力。

对大学生的学习而言，AI 是一柄双刃剑。它在为他们的学习带来诸多便利和支持的同时，也可能给他们带来不少的困惑与挑战。AI 不仅拥有强大的学习能力和学习支持能力，还拥有超乎寻常的吸引力，给人欲罢不能的依赖感。一些大学生在使用 AI 的过程中，可能沉溺于有趣刺激的虚拟世界，减少与师生面对面的交流和交往，从而影响他们社交技能和团队合作能力发展，削弱他们在现实情景中的协作和沟通能力发展；一些大学生将 AI 视为万能助手，产生依赖和懒惰心理，不愿意在学习上投入时间和精力，喜欢走捷径，导致在没有 AI 支持的情况下完成任务时感到无所适从；对 AI 的依赖症可能使大学生依恋虚拟空间，丧失自主思考和独立解决问题的意识，影响批判性思维和创新能力的发展；一些大学生使用 AI 生成的内容来完成作业和研究，缺乏原创性和深度思考，不仅会影响他们的研究潜力和创造力发展，而且还会损害学术诚信，破坏学习和学术的严肃性，甚至还可能影响他们的未来发展。

二、AI 对大学生能力素质发展的新要求

AI 正在重构社会经济产业体系。AI 对产业的影响既表现在技术的升级换代和智能化上，又表现在相关流程、标准和运作与经营管理方式的革新上。传统的人力密集型生产、管理与服务逐步为数智技术支持的生产、智能化的营运与服务所取代，各行各业对从业人员的能力素质的要求也发生了很大变化。大学生是社会各行各业新增就业人员的主要力量，他们在学期间形成的能力素质不仅影响他们的个人生活，而且对他们参与社会生产、管理和经营服务有着重要影响。我国每年大学毕业生已达 1200 万人以上，他们已成社会各行各业的生力军，AI 时代的到来对他们的能力素质发展提出了新要求。

教育以发展学生的能力素质为目的。从幼儿园到大学，学生的能力素质总体上遵循从无到有、从少到多、从低到高、从弱到强依序发展。即便到了大学教育阶段，大学生的能力素质发展也是如此。大学生进入学科专业教育后，不仅要学习学科专业知识，发展初级的学科专业能力，形成一般的学科专业素养，还要学习和发展核心能力和素质，我们称之为高阶能力和高级素质。在传统的教育教学中，由于初级能力和一般素质培养耗费了师生大量的时间和精力，高阶能力和高级素质发展往往显得心有余而力不足，有的甚至因为高阶能力和高级素质发展长期被忽视或无视，而将知识的记忆、理解和应用作为教育教学的主要或全部任务。AI 融入高等教育，赋能大学教学，不但为改变长期以来形成

的大学生能力和素质发展问题创造了条件，而且为理解大学生能力素质发展的新要求提供了新思维。

作为拥有智能的技术，AI不仅可以为大学生提供近乎无所不能的学习服务，而且其自身通过实时的学习，能够不断改善所提供服务的质量。正因为如此，当大学生使用AI的时候，与其它技术工具不同，他们如同安装了两扇隐形的“智慧翅膀”，能够比较简单便利地跨过很多一般的学习阶段，进入比较复杂的学习阶段，从而发展自己的高阶能力和高级素质。这些高阶能力和高级素质有利于他们完成AI时代的学习任务，更重要的是，他们将受益终身。

第一，基本的智能技术。智能技术是AI时代的通行证。大学生必须掌握基本的编程技能和算法知识，会编写基础代码，理解AI学习的基本原理，熟练掌握和使用TensorFlow、PyTorch等AI工具与平台，会模型开发、训练和优化，掌握数据分析技术；养成计算思维、设计思维和交互思维。

第二，自主学习能力。自主学习能力是教育所追求的一种“从教到不教”的理想，是大学生终身学习、终身发展的核心能力。只有掌握自主学习能力，大学生才能更好地适应复杂多变快变的AI时代，才能在变局中游刃有余地应对各种风险和挑战。为此，大学生必须掌握获取、整理、评价和运用知识的技术和能力，具备适应变化、迅速调整心态的能力；拥有规划和协调各种学习活动的能力，能够做好时间管理，有条不紊地开展学习。

第三，评价与批判能力。AI能够在最短时间内根据指令为大学生提供所需的古今中外人类所创造的知识，而且能够根据他们的需要和个性特点提供定制化的文本。这是其它技术所不能提供的学习服务,它要求大学生面对海量的知识,具备批判性思维,能够分辨知识的真伪、优劣,作出价值判断和选择;在复杂多样的知识和信息面前,能够保持清醒的头脑,不为 AI 所左右,作出明智的抉择。

第四,跨学科素养和整合能力。学科专业的鸿沟对大学教育影响至深,不利于大学生能力素质发展。AI 为大学生提供了弥合学科专业鸿沟的可能,为他们提供跨学科专业的知识和信息服务,使他们的学习不再受学科专业边界限制,而拥有不受约束的跨学科专业学习的可能。这种学习要求大学生不仅能积极吸纳跨学科专业知识,而且具备系统性思维,能够整合不同学科专业知识,建构跨学科专业认知,形成跨学科专业智慧。大学生还要具备与不同学科专业领域人才进行沟通、协作的能力,以共同完成各种复杂的专业任务。

第五,想象力和创造力。想象和创造是人类进步发展的源泉。大学生的想象力和创造力不仅是他们个人幸福生活的基础,更是社会各行各业在 AI 时代转型迭代发展的动力源。AI 将缩减大学生以往学习基础知识、发展一般能力所需耗费的大量时间,节约下来的时间和精力可以更多地用来发展独立思考的能力和勇于探索新事物的精神,掌握运用所学知识和技术解决实际问题的能力,甚至创造新价值的智能。

三、培养大学生终身学习能力的路径

大学教育是面向未来的。大学阶段只是大学生人生旅程的一个驿站，大学生经过大学阶段的教育走向社会，融入社会各行各业，成为中坚力量，推动社会发展进步。在 AI 时代，智能化技术装备和设施将极大地提高劳动生产率，促进各行各业生产方式转型升级，大学教育应当适应时代之变，进一步改革教育教学，着眼于大学生终身学习、终身发展需要，加强他们的高阶能力和高级素质培养，使他们成为 AI 时代的逐浪者。

第一，适应 AI 发展要求，更新人才培养目标。AI 对大学生学习和发展产生全面影响只是近两年的事情，因此，大学培养方案的修订相对滞后，人才培养目标基本上还是老旧的，相关要求与 AI 时代大学生能力和素质发展需要还有相当距离。大学应当组织有关专家学者研究 AI 时代社会转型变革趋势，研讨社会变革对大学生发展的新要求，分析各学科专业人才培养目标与时代要求的适切性，修订人才培养方案，将 AI 对大学生能力和素质发展的新要求融入人才培养目标，以校正人才培养定位。

第二，改革教学内容，扩充教学内涵。课程教学是大学人才培养的主渠道。我国大学教学存在的一个突出问题在于教学内容过于单薄浅显，每一门课程教学都以一本教材所包含的知识为主要内容，教师教教材、学生学教材、考试考教材。这样的教学被谑称为“一本书的大学”。“一本书的大学”培养不出 AI 时代需要的人才，教学必须从一本教材的教学中解放出来，大学不仅应当开出更多跨学科领域的课程，而且应当要求每一门课程的教学都要根据 AI 支持教学的实际情况，融入更有深度、广度和现实针对性的教学内容，解决教学内容单薄浅表的问题，将大学生不断引向深度学习。

第三，建构 AI 教学场景，提高学习体验感。AI 融入教育后的一个显著变化是大学教育教学场景发生了重要改变，在传统的现实教学场景和线上课程场景之外，增加了虚拟的智能化教学场景。虚拟的智能化教学场景的加入极大地拓展了大学生学习的时空界限，为他们提供高互动深度沉浸的学习场域，显著提高他们的学习体验感与获得感。大学应当开发和建构各学科专业 AI 教学场景，丰富课程教学的形式和形态，改变原先自然而显呆板的教学时空，让不同形态的课程教学场景发挥其应有的教育作用。这种教学场景在提高他们体验感的同时，还应使他们从中受到 AI 伦理和学术道德规训，养成优良的世界观和价值观。

第四，创新教学方法，增强教学的针对性。教学方法改革一直受到大学高度重视，但在传统的教学技术条件下，教学改革主要在改革讲授方式，采用启发式、项目式、讨论式、翻转式等教学方法，以丰富大学生的感知，活跃他们的思维，激发他们的创新性，提高他们的学习效果。AI 应用于教学不仅带来教学形式或形态的改变，而且将深刻地影响教学的原理与规律，可能使大学教学在实现人类关于教育的终极目标上向前跨出一大步。AI 对大学生学习的影响不只在于形式，更在于实质，它能使他们的学习在一个近乎无所不能的智能体学伴支持下学习。大学教学方式方法需要创新，教师的教和大学生的学都应在 AI 智能体的支持下更智能，更能促进大学生高阶能力和高级素质发展。

第五，培育教育教学新生态，塑造大学生新品格。造就高素质创新型人才是大学教育的重要使命。大学教育改革为此付出了极大的努力，但成效仍局限于各种实验班，少有全校性、系统性改革成效的反映。AI 融入大学教育带来的是系统性变革，这是一种指向大学生高阶能力和高级素质培养的变革。在 AI 加持下，大学教育教学生态将变得日益智能化，教育教学过程智能化将得到全面升级，大学生置身其中，受到的教育和训练将越来越具有智能性。大学生的发展将与此前教育有很大不同，其中最典型的表现将体现在他们新品格的发展上。这是一种 AI 赋能的品格。尽管今天还很难对这种品格进行定性，但毫无疑问，它会随着 AI 与教育的深度融合而日臻完善，特征越来越鲜明。大学应当重视教育教学新生态培育，为塑造大学生新品格创造条件。

（原载《高教探索》2005 年第 1 期）

AI技术应用于大学教育教学的理论阐释

在2024年4月第61届高等教育博览会（以下简称“高博会”）上，有众多教育技术单位和企业参展，现场展示的基于AI（Artificial Intelligence，人工智能）技术的教育教学软硬件设备让人应接不暇。AI技术应用于教育教学，尤其是高等教育，似已成不可逆转之势。但就整体情况而言，虽然不能说没有重视AI技术的应用潜力和前景，但是实际上，除个别大学在尝试将AI技术融入教育教学和管理，部分教师、学生个人应用生成式AI大模型外，AI技术在大学教育教学中的应用主要还处于观望或犹豫阶段。2022年11月，ChatGPT发布后，国内外关于大学生使用ChatGPT可能带来学术造假等学术不端行为的舆论轰动一时，教育管理部门和大学对生成式AI大模型应用于教育教学非常谨慎，即便在我国自主研发的生成式AI大模型发布后，情形也未见明显改变。客观地讲，AI技术应用于大学教育教学的软硬件系统研发虽然取得了长足的进步，但是还有很多理论和技术问题没有得到解决，这也给大学在教育教学场景中应用AI技术带来了困难。因此，对大学教育教学应用AI技术的理论和实践问题开展研究，不仅有助于揭示以AI技术为代表的高新科技支持高等教育发展的本质与深层逻辑，而且有助于解答大学将AI技术应用于教育教学可能引发的各种技术、道德和伦理风险等问题，助力AI技术更好地赋能新时代高等教育发展。

AI技术是影响大学教育教学发展的重大变量

就教育技术而言，大学在很长一段时期曾经主要采用电化技术辅助教学，各大学都设有电化教育中心，负责推广和使用相关教育教学技术。在计算机和互联网得到发展后，传统的电化教育中心逐渐被现代教育技术中心所取代，大学教育教学技术也逐渐转变为以计算机和互联网技术为主的发展阶段。此后，随着大数据和数字化技术在大学教育教学中的应用，大学教育教学形态开始发生重要改变；在生成式AI大模型发布后，大学教育教学技术取得了革命性进步，建构基于AI技术的教育教学新生态呼之欲出。

根据教育技术的性质，教育技术发展大致可以分为五个阶段。一是“无技术”阶段，即教育教学没有可以依靠的技术或工具，完全凭借教师讲、学生听和记来达到教育教学目的。二是黑板+粉笔技术阶段，教师不再单纯依靠讲授，而是可以通过板书向学生呈现教育教学内容和要求，学生接收信息和知识的渠道得到了丰富，可以通过视觉直观地学习有关教学内容。三是电化教育技术阶段，即通过投影、广播电视等技术以更生动形象的方式将必要的场景和图像等教育教学资料呈现给学生，让他们看到与书本和板书不一样的材料。四是计算机辅助教学技术阶段，即通过计算机软件的应用，师生可以在电脑上完成相关教学任务，而不必在书本和纸张上书写、绘图和设计，还可以开展计算机模拟实际工业控制和生产过程等教学活动。计算机辅助教学技术已经展现了与此前教育技术不同的一面，它不再只是为教学提供一种呈现方式和比较单纯的效率工具，而是可以支持师生通过使用电脑完成教学工作任务。五是数字技术阶段，这是一种发展变化相对迅速、在几年甚至更短的时间便完成更新迭代的教育技术。数字和智能技术与高等教育的结合，为师生创设一种全新的教育教学情境，提供更先进的教育教学技术，使师生能在虚拟与现实交织的空间完成教育教学任务。数字和智能技术不仅变化更新快，而且还远没有定型。至于它究竟还有多大发展空间，即便 AI 技术专家如今也较难说清楚。

数字和智能技术与高等教育的结合不仅形式多种多样，而且由于数字和智能技术迭代更新快，它影响高等教育的深度和广度也在不断拓展。从数字和智能技术与高等教育结合还不太长的时间来看，它已实现了至少三次迭代更新。第一次是现有教育教学资源的数字化，即把文本、图片、音像等教育教学资料转化成为数字资源，包括慕课、各种线上课程资源开发等，便于师生在网络上学习、点击、查询、备案等。教育教学资源的数字化使师生查询和搜索教学资料和相关信息便利快捷，对师生节约时间、提高教学效率非常有帮助。第二次是信息采集的数字化，即通过各种实时和非实时信息采集工具，获得多种多样的音视频数据，为教育教学研究、管理和决策服务。另外，它通过提供实时同步线上课程教学，使大学教育教学形态开始发生重要改变，师生可以在现实教学情境之外，选择线上教学，或者开展线上线下混合式教学。从2020年春季学期开始，线上教学的应用发挥了重要作用。第三次是教育教学的智能化，即在大数据技术、生成式AI大模型得到应用后，高等教育迎来了一次前所未有的新挑战。数字技术走向智能化不仅是数字技术的革命，而且很可能带来教育教学的真正革命。生成式AI大模型的发布和应用在全球高等教育领域引起巨大反响，我国产业界抓住机遇，研制和开发了许多生成式AI大模型。据不完全统计，现已发布的AI大模型达一百多种，还有很多自用、专用和尚未发布的AI大模型。与此同时，应用于大学教育教学的AI大模型和相关软硬件设施也得到了重视，第61届"高博会"现场展示的很多产品受到大学观众青睐，便可见一斑。

数字技术的智能化是教育技术一次新的革命。这次革命与以往教育技术的变革有本质不同，在智能化技术出现之前，所有教育技术，包括教育教学资源的数字化和信息采集的数字化以及线上课程开发技术等，主要解决教育教学资源的呈现方式多样化、存储数据的巨量化和长期化、获取方式的快捷化和使用的便利化问题，教育技术本身没有学习能力，更不具有人的智慧能力。换句话说，非智能化教育技术给予师生教育教学资源和课程开发上的帮助并不改变资源和课程的形态与性质，它们所发挥的作用主要是工具性的。工具的进步可以提高教育教学效率，增强教育教学的可接受性，扩大教育教学的受众面，增加师生教育教学互动的信息量和信息传输方式。教育技术的智能化意味着基于AI技术的教育教学设备能获得人所具有的部分认知能力，甚至包括态度和情感素养，当这样的技术应用于大学教育教学的时候，师生所面对的教育教学问题将是前所未有的。[①] 学生在大学教育教学过程中所得到的发展，包括认知能力的提高、态度的养成和情感的培育等可以通过基于 AI 技术的教育教学设备来实现。这就是说，智能化的教育技术不只具有工具性价值，它还具有本质性价值，即基于 AI 技术的教育设施装备可极大地压缩学生学习基础知识所需要的时间，减少学生记忆、理解和一般应用等所需花费的精力，而使大学教育教学将更多的时间用于发展学生的高阶能力和素养。如此一来，不仅大学教育教学的目的需要调整，而且整个大学教育教学生态将发生根本性变化。

大学教育教学与 AI 技术融合的理论基础

技术是为教育教学服务的，如今已成为人们对教育技术的共识。事实上，在 ChatGPT 面世以前，教育技术确实发挥着服务教育教学的作用，而且相关教育学理论对教育技术也是这样界定的，即运用各种技术手段和方法优化教育教学过程，提高教学效果，实现特定的教学目标。这也就决定了在教育教学过程中，教育技术手段主要是教学效果的支持因素，通过支持教育教学过程而发挥作用。在教育学理论中，教学过程是指教师根据一定社会要求和学生身心发展特点，借助一定的教学条件，指导学生通过学习知识去认识客观世界，并在此基础上发展自身的过程。教师、学生和教

① 韩筠：《数字时代高等教育的教学创新》，《中国大学教学》2023 年第 12 期。

学内容（知识）是教学过程的三个基本要素。在教师借助知识促进学生发展、学生接受知识实现自身发展的时候，教育技术可以为教师教授知识、学生学习知识提供一定的支持或帮助，以达到提高教学效率和效果的目的。可以说，在教育技术实现智能化之前，所有教育技术的作用都是相同或相似的，差异主要表现在知识的呈现、存储、作用以及获取方式的不同。当然，不可否认，教育技术不同，作用和效果也有明显不同，先进的教育技术还可能取代陈旧的教育技术。但基于 AI 技术与其它教育技术不同，其性质、作用方式及作用本身都有着鲜明的特点。

更高效率和更好效果是教育教学工作孜孜以求的目标。为此，教育技术的更新发展获得了不竭的动力。在数千年教育发展史上，尤其在现代科学技术的进步中，教育技术迭代更新加快，为教育教学工作提供了更有力的支持。从作用看，不同的教育技术对大学教育教学大致发挥了三种相互关联但又存在显著差异的作用，即辅助作用、协同作用和融合作用。这三种作用分别对应于三类教育技术：在计算机技术应用于教育教学之前，教育技术主要发挥辅助作用；计算机技术应用于教育教学，主要发挥协同作用，尤其是在互联网和大数据技术得到应用后协同作用愈加显著；AI 技术应用于教育教学，比如，生成式 AI 大模型的应用则使教育技术的作用上升到了一个新的高度，这就是融合作用。

就辅助作用而言，教育技术在大学教育教学中主要被作为工具而使用，比如，粉笔被师生用于板书，幻灯被师生用于展示图片或其它资料，录音机被师生用于录制或播放教学材料，等等。被作为工具的教育技术，要么是一种纯粹的技术手段，比如，黑板和粉笔，它们本身不带有教育教学元素，在没有被使用之前并未承载教育教学信息；要么是承载教学资料信息的技术手段，比如，录音机、磁带等设备，主要发挥存储教学资料被师生需要时使用的作用。广播电视技术作为教育技术与其它教育技术有所不同，主要发挥远程播报作用，以便于处在不同时空的师生有机会学习相关教育教学资源，当然，也包括让更多人学习有关课程和教学资料。如果抛开其远程性和覆盖面广的特性不谈，广播电视技术本质上主要是一种信息传播手段，与同时期或更早时期其它教育技术的作用没有本质的不同。

就发挥协同作用的教育技术而言，它们超越前一类教育技术，嵌入教育教学过程，不仅使大学教育教学具有更大能量，还能规范教学过程，并直接影响教学质量。从计算机辅助教育设计开始，教育技术不再只具有纯工具的意义，它以各种设计软件或系统使传统的机械设计、制造和其它相关专业教学改变了形态，计算机设计和控制思维既是师生必须学习掌握的认知能力，又是师生教学不可缺少且具有进步意义的新工具。之所以说它是新工具，是因为它不像其它教育技术是一种外在于教学过程的辅助手段，而已经是一种内嵌于教学过程且在师生教育教学过程中助力学生发展基于新技术的认知能力和素养的教育力量。随着多媒体技术和大数据技术的应用，新一代教育技术的作用越来越普遍且重要，它不仅作用于教学过程，而且对大学运行和治理也能发挥重要影响。①

---

① 王繁、刘永强、周天华：《人工智能引领高等教育数字化创新发展》，《中国高等教育》2024 年第 Z1 期。

生成式 AI 大模型应用于教育教学颠覆了人们对此前所有教育技术作用的认知。与发挥辅助和协同作用的教育技术相比，生成式 AI 大模型不仅具有一般教育技术的工具性，而且具有计算机和大数据技术的内嵌性，具有其它教育技术所不具备的强大的认知能力和自我学习功能。正因为如此，它能与大学教育教学过程融合，成为师生教与学的同步行动者：既能助力师生更有效地完成既定的教与学任务，又能为师生开拓新的教育教学空间，甚至还能代替师生开展教与学的部分活动。生成式 AI 大模型与其说是一种基于 AI 的技术，不如说是一种基于信息科学技术、生物科学技术、学习科学技术和人类文化科学技术知识存储等所构成的具有复杂学习能力的系统。所以，生成式 AI 大模型既是一个博大的人类知识宝库，又是一个能帮助师生解决各种教育教学问题的"合作者"，还是一个自觉的学习者。它不仅具有人的一些高阶认知能力，包括超快的信息搜索能力、综合的资料整理能力、规范的逻辑表达能力和准确的语言应用能力，而且它自身还具有运用多种表现手法与技术的能力。这种 AI 技术对大学教育教学的影响是革命性的，毫不夸张地说，随着 AI 技术的逐渐成熟及其在大学教学中广泛的应用，有必要重新定义大学教育教学的概念，包括其内涵、外延以及教育教学过程构成基本要素及其作用等都需要重新认识。比如，生成式 AI 大模型发布时间仅一年多，影响教育教学的潜能已经为人所惊叹。随着 AI 大模型技术发展越来越成熟，其智能化学习能力越来越强大，未来很可能成为大学教育教学过程中除师生两大主体之外，能够发挥主体作用的第三主体，即所谓的机器人教师或学生学习的"伴读者"。第三主体的出现将重塑大学教育教学过程主体关系，同时也将引发大学教育教学理论创新发展。

从生成式 AI 大模型的初步应用情况看，有必要对大学教学理论基础进行再认识。比如，在生成式 AI 大模型出现之前，大学教学的主要任务之一是教给学生基础理论知识，以及学习基础理论知识的方法，包括文献检索、整理、分析和表达能力等。教师为了给学生打下扎实的基础理论功底，在教学上将大多数时间用于向学生传授基础理论知识，同时要求学生将大部分学习时间用于学习基础理论知识，因此，大学教学表现为一个由少到多、由浅入深、由简到繁、由泛到专的基础知识教学过程。只有基础理论知识积累到一定程度，学生才能进入更高阶的专业学习。然而，生成式 AI 大模型的应用必然对大学教学的旧有模式提出挑战，即学生可能不需要将那么多宝贵的时间用于学习和掌握基础理论知识，更不需要完全靠自己去搜索有关知识，生成式 AI 大模型能高效率高质量地赋能学生学习，助力他们在很短时间涉猎人类古今所发现和发明的有关基础理论知识。再如，大学教学的传统任务之一是在培养学生低阶认知能力的基础上发展他们的高阶认知能力，而生成式 AI 大模型已经具备人所具有的一些高阶认知能力，能够作为师生教学的合作者和行动者参与教学过程。在这样的情境下，大学教学培养学生认知能力的目标就需要进行调整和改革，学生认知能力发展的基本逻辑也需要改变。总之，AI 技术与大学教学的融合不可避免地带来大学教学的“涅槃”，这是其它教育技术不可企及的。

应该看到，AI 技术应用于大学教育教学还处于初步试验、探索阶段，其发展潜力远远没有得到开发和展现。有人预计AI技术与大学教育教学的融合将重构大学教育教学生态，这不是危言耸听，而是要予以高度重视。

大学师生应积极学习和应用AI技术

面对AI技术带来的机遇和挑战，大学教育教学应该有大作为，而且必须有大作为。笔者曾经在第61届“高博会”举办的“数字化与大学教学创新改革学术论坛”演讲中谈到，如果我国大学不能对数字化挑战采取有效的应对措施，我国高等教育很可能会输在数字化竞争的起跑线上；如果我国大学学者不研究数字化与高等教育，就会跟不上时代的步伐而停留在过去；如果我国大学不积极响应数字化，这样的大学可能是落后的大学；如果我国大学教师不学习数字化，不能在教学中应用数字化技术，这样的教师可能是“历史老师”，而不是面向未来教育的老师；如果我国大学生在学习中不能有效地利用数字化技术和AI技术，未来走向社会可能会是落伍者。有人对这段话表达的思想表示赞同，也有人不认同“历史老师”的表述，似乎这一比喻有歧视历史学科教师的嫌疑。这里笔者想表达的是，跟不上AI技术发展的步伐，不拥抱以生成式AI大模型为代表的AI教育技术，我国高等教育、大学、教师和学生无疑都将会是时代的落伍者。

人类已经进入AI时代，AI技术已经对各行各业和社会生活产生重大影响，并将对经济社会发展进步发挥更大作用。从其对教育教学所产生的影响来看，AI技术必将引发课程教学的深刻革命，决定高等教育高质量发展的进度、广度和深度，从而决定教育强国建设的成败。教育部组织研制编写的《无限的可能——世界高等教育数字化发展报告》以“无限的可能”为题，[①]笔者认为富有深意和启发性，因为 AI 技术发展在带来严峻挑战的同时，也将为高等教育创造无限的发展空间。

面对 AI 技术为高等教育发展带来的机遇和挑战，我国大学做好准备了吗？如果从相关政策文件、领导讲话和各种报告来看，答案是肯定的，但如果考察大学教育教学实际情况，答案可能不会太令人乐观。之所以会出现这样的落差，一个重要原因可能是推动相关工作的“雷声大”，而大学层面采取措施的“雨点小”，到了教育教学的实际工作中则行动少。尤其是大学课堂教学，虽然有慕课、线上教学与答疑、虚拟实验等有关教学活动，但在课堂教学中，师生的教与学、相关教学支持与服务等基本上还是传统的。笔者作为评估专家，参加了部分大学本科教育教学审核评估，从对课堂教学的考察情况来看，大多数师生的教与学几乎与 AI 技术无关，这不是一个积极的现象。大学师生是高等教育事业内核的能动力量，广大师生只有重视并使用 AI 教育技术，高等教育的发展前景才能是光明的。

就教师而言，只有主动求变才能有效适应时代挑战。面对 AI 教育技术的重大变革，教师应当持积极欢迎态度，在教学过程中主动开展新技术的学习和尝试，根据使用情况与效果不断改进和完善自己的教学。与以往其它教育技术不同，AI 教育技术不

---

① 世界慕课与在线教育联盟秘书处：《无限的可能——世界高等教育数字化发展报告》，高等教育出版社 2023 年版。

仅影响教育教学内容与方法，而且将深刻地影响教师的教学行为，甚至可能影响教师的职业前途。AI 教育技术对教师的最大挑战在于基于 AI 技术的教育教学设备可能代替教师完成许多教学工作，包括教学计划制订、知识传授、作业辅导、答疑解惑、学习评价等。尽管生成式 AI 大模型在履行教师职责方面的表现还很不成熟，但它所展现出来的发展潜力令人对其前景非常期待。回避和排斥没有出路，大学教师只能直面 AI 教育技术挑战，积极投身这场教育教学技术革命，主动应变转型，成为能够驾驭 AI 教育技术的新型教师。转型的第一步是学习和掌握 AI 教育技术。教师应加强学习，锻炼基于 AI 技术的教育教学设备的操控能力，主动将 AI 教育技术应用于教育教学活动，并指导学生在学习中利用相关教育技术，学会与机器人教师和学生的“伴读者”共事，以开发和形成基于 AI 技术的教育教学过程。第二步是发展培养学生高阶能力和素质的教育教学方法。AI 教育技术应用于教学过程后，学生比较低阶的能力和素质培养工作可能由机器人教师所替代，且教育教学效率和质量可能更高、更可控、更有保障，因此，教师必须具备一些新的能力，掌握一些培养学生高阶能力和素质的方法。教师应当未雨绸缪，抓紧学习有关高等教育理论、大学教学原理与方法，明确学生高阶能力和素质的内涵要求，掌握培养这些能力和素质的方法。惟其如此，教师方能跟上 AI 时代的脚步。

就学生而言，AI 教育技术的应用是最大的利好。AI 技术赋予教育教学设备超强的人类认知能力，包括快速迭代的学习能力，这是 AI 教育技术不同于其它教育技术的地方。用一句通俗的话讲，有了 AI 教育技术，学生的学习就像插上了翅膀，能飞得更高、飞得更远。AI 教育技术对所有学生是公平的，不论资质卓越还是平庸，学生都可以利用 AI 教育技术开展个性化学习，从而学得更有质量，使自身得到更好的发展。生成式 AI 大模型发布后，世界上越来越多的大学在允许学生加以利用的同时，对可能出现的弄虚作假、舞弊等学术不端行为加以引导和规范，学生的学习得到生成式 AI 大模型加持，他们在 AI 学习技术应用方面已经走到前面。有调查显示，我国大学部分学生自发地尝试在学习中使用生成式 AI 大模型，使其为自己的学习赋能，这是积极的学习态度和行动。AI 教育技术对大学生学习的影响也是革命性的，基于 AI 技术的教育教学设备将成为大学生学习不可缺少的伙伴，其作用不仅仅限于工具性，而将重构学生学习场景、学习方式、学习风格等，使学生学习更具多样性、更加个性化。[①] 此外，由于基于 AI 技术的教育教学设备具有强大的学习能力，它可能在学生使用过程中熟悉学生的学习习惯，掌握学生的学习需求与特点，为学生提供更具针对性的服务和帮助，从而成为学生“专属的伴读者”。为此，学生应当学习必要的 AI 技术，尤其是与教育教学有关的 AI 技术，不做 AI 技术的盲从者，而是做掌控自己学习的主宰者，做自己学习的主人。

（原载《中国大学教学》2024 年第 5 期）

① 别敦荣、郭一蓉：《人工智能时代高等教育创新发展新趋势》，《中国高等教育》2024 年第 Z1 期。

大学教学改革新思维与新方向

关于大学教学改革，大致有两种思维方式：一种是宏观思维，另一种是微观思维。所谓宏观思维，就是从学校、社会或国家角度考虑大学教学改革，考虑的往往是一些比较宏观的、影响整体或全局的理论、政策或制度问题，如人才培养方案修订或调整、学科专业结构调整、教学评估与质量保障等。宏观思维不仅为大学各级领导管理干部和政府高等教育行政部门各级领导所拥有，而且常为理论研究者所青睐。所谓微观思维，是一种从师生角度考虑教学改革的思维方式，考虑的主要是教师的教、学生的学以及师生教学过程各环节各要素的具体改变或修正问题，这些改革的影响常常是一人一事，但如果改革的人多了，影响面也就广了。宏观与微观两种思维在大学教学改革中都是必要的，且无高低之分，但在大学教学改革中，宏观思维的话语权更大，微观思维明显式微。这就是为什么教学改革研究成果不少，但真正进入课程教学，能够为教师和学生所接受的却很少的主要原因。所以，关注微观问题，服务课程教学改革是必要的。本文将从微观思维角度，更具体地讲，从教师的角度对大学教学过程的若干要素展开分析，以探寻教学改革的新方向。

“水课”及其危害

课程教学是大学师生共同完成的活动，是学生接受教育、实现个人发展的主要路径。课程教学质量的高低对学生发展有着根本的影响。课程教学质量高，学生收获大、受益多，发展会更好；课程教学质量低劣，学生收获少，甚至没有收获，发展肯定不好。所以，提高课程教学质量是提高教学质量和人才培养质量的关键之所在。

课程教学质量的标准是相对的。它有对象之别，不同的人对同一位教师教学水平和质量的评价结果可能大不一样；还有时代之分，此一时彼一时，不同时期课程教学的条件和要求差别很大，教学质量的评价标准也会存在很大差别。当然，这并不是说因为评价标准有相对性，就不能对课程教学质量进行准确的评价。现在，在大学教学改革和研究中比较流行谈“金课”。建设“金课”非常必要，其意义可能有二：一是“金课”本身可能质量高，更能让学生受益；二是“金课”有示范性，能为教师们上好课提供典型范例，可以为大家所学习和借鉴。本文无意对“金课”作过多讨论，更愿意在另一种课程教学上多花些笔墨，这就是“水课”，即质量不高或水平低劣的课程教学。

什么样的课程教学是“水课”？标准很多，角度也有多种，可以从管理人员角度看，可以从学生角度看，还可以从社会用人部门角度看。这里采用现代教学标准，主要从教师现实教学的角度来展开探讨。除了教师水平低、教学能力差，不足以承担课程教学工作，但又走上了讲台，担负了课程教学任务，或者教师缺乏责任心，不具备为人师表的素养外，还可以有五个标准。

（1）照本宣科或照屏宣科。在课程教学中，凡教师完全宣讲教材内容，或将教材内容搬到 PPT 课件上照着讲解，也就是说，教师所教自始至终都只是教材上的知识。

（2）教师满堂灌。学生的学习完全通过教师的讲授来灌输，教师灌得多，学生就学得多；教师灌得少，学生也就学得少。

（3）教师唱独角戏。教学过程完全是教师个人在表演，学生只是通过观看教师的讲授、示范等言行进行学习。

（4）教师在课程教学中教出了职业倦怠感。教师上课只是为了应付学校的考核和工作量要求，对教学缺乏激情，更缺少热爱，没有愉悦的情绪体验，少有成就感和幸福感。

（5）让学生被动学习。学生在教学过程中缺乏主观能动性，也不需要发挥能动性，只需按照教师的要求做，把教师教的内容记住、理解就行了。

只要符合上述五个标准中的任何一个，必定是“水课”。从本质上讲，“水课”是不符合现代大学教学要求的课程教学。毫无疑问，其危害很大。受“水课”之害，首当其冲的是学生。接受了“水课”教育，好的学生学到了一些基础知识，很多学生几乎只是陪着教师度过了一学期或一学年，拿到了该拿的学分而已。至于个人内在品质和修养的完善与升华、认知和动手能力的发展、态度和思想的进步等，都完全谈不上。其次是教师本人。上“水课”的教师难以从课堂教学过程得到自我实现的体验，感觉不到自身生命在学生身上的延续与弘扬。有的教师得到了外部激励，在教学中表现亢奋，但却并非自身对教学意义的自觉与感悟。再次是学校。“水课”是学校人才培养的短板，“水课”越多，学校教育教学水平越低，人才培养质量越差。最后，是国家和社会。“水课”流行，大学人才培养质量堪忧，国家经济社会发展可能受高级专门人才质量之困，难有更好的发展。在经济社会发展转型时期，特别需要创新型人才，但“水课”是不可能培养创新型人才的。所以，“水课”的危害，往小处说，是害人害己；往大处说，是贻误国家。

在我国大学教学中，由于现代教学思想观念的传播和普及有限，教师的教学主要还是比较传统的，尽管教师的责任心和师德师风都不成问题，但“水课”问题依旧存在。要提高大学人才培养质量，建设高等教育强国，必须重视“水课”问题。消除“水课”，提高每一门课程的教学质量，是教学改革的根本大计。

“一本书的大学”及其影响

教材是一种教学用书，教学离不开教材，但如何发挥教材的作用，是困扰很多教师的难题。大学四年一共八个学期，平均一学期修读七八门课程，共修课 60 门左右。学生修读 60 门左右的课程，一门课程一本书，60 本左右的书，只要考试及格就够了。“一本书的大学”就是一本教材的大学，教师只教一本教材，学生只学一本教材。[①]

---

① 别敦荣：《“一本书的大学”培养不出一流人才》，《文汇报》2019年1月4日。

以教材为本的教学可能是一种习惯。教材是为教学而编撰的一种参考书，有了教材，师生可以依据教材组织教学，这样就不至于教师天马行空地教，学生无所依从地学。众所周知，一门课程所涉知识往往包含了一个学科或多个学科领域的相关知识，教材是相关专家学者对某一学科和多学科领域的基础知识进行整理编码后编写的教学用书，为大学师生所采用。但这并不意味着课程教学只能采用教材作为教学用书，其它学术专著或文献不能作为教学用书。事实上，由于教材所包含的知识是非常有限的，而且往往主要是基础知识，如果在课程教学中师生只求把教材知识学会弄懂，这样的教学不能说是高质量的。

教教材、学教材本身并没有错，问题在于教学止于教材。对于学生来讲，这样的课程教学所能达到的目的就是学懂弄通基础知识。由于在教学过程中学生反复学习这些基本知识，课前预习一遍，上课听讲一遍，课后练习一遍，考前复习一遍，考试重现一遍，学得好的学生往往基础知识掌握得比较牢固，除此之外，在课程教学中学生应有的其它收获就不多了，甚至可以说趋近于零。所以，“一本书的大学”的影响主要表现如下。

（1）学生的学习比较浅层，知识面比较狭窄。一门课就学一本教材，因为教材内容相对比较浅显，知识面非常有限，这就必然限制学生的学习向深度发展，也制约了学生知识面和视野的拓宽。学生的学习不涉及课程背后学科领域的学术文献，也不涉及知识的应用。

（2）培养基础知识传承型人才。学生学到了基础知识，表明这些知识得到了传承；如果学生只是学习了基础知识，他们就成为了基础知识的传承人。这种情况如果只是发生在少数教师和学生身上，或者只是某类大学或部分学科专业是这样，可能还影响不大，但实际情况却是，各级各类大学的课程教学状况基本都是如此。这是一个非常值得警惕的问题。

（3）培养复合型、创新型和应用型人才的目标可能落空。我国经济社会发展需要复合型人才、创新型人才和应用型人才，这些不同类型的人才主要依靠大学培养。各种政策文件都有明确的要求，但大学课程教学却只是进行基础知识的教学，培养基础知识传承型人才，大学人才培养的实际与政策要求相去甚远。

课堂教学逻辑及其后果

现实地看，大学课堂教学的基本逻辑有二。第一，遵循教材章节先后顺序组织教学。教材反映的是学科领域的知识，都有完整的体系，严谨的逻辑顺序。一般而言，教材会按照从古到今、从简单到复杂、从抽象到具体、从基础理论到实际应用等逻辑顺序来编写。教材的编写逻辑与课堂教学逻辑是不是应当完全一致？多数教师，甚至可能所有教师都会认为应当一致，且上课大多是根据教材逻辑，从第一章开始到最后一章结束，很少会打乱教材章节重新组织教学内容体系。从理论上讲，教材是有用的，教材逻辑也是合理的，它使众多相互关联的知识各归其位，构成了一个统一的体系。这个知识体系实质上主要是一种学科体系，反映的是学科知识之间的有机联系，所以，教材逻辑也可以称作是学科逻辑。学生学习一门课，教师按照教材的知识体系组织教学，也就是教给了学生一个学科逻辑的知识体系。当教师理所当然地认为应该这么教的时候，他完全没有思考过学生学了这些学科逻辑的知识体系后，除了能够应付考试还能干什么。

第二，教师在教学各环节主要通过陈述、讲解向学生呈现知识。知识是教学的媒介，曾经是大学教学的中心。大学为了知识而开办，教师的使命在于传授知识，学生的责任在于接受和传承知识。在今天的我国大学，教师教知识、学生学知识的观念还顽固地存在于师生的观念中。为了让学生学懂弄通有关知识，在课堂教学中，教师主要通过陈述性讲解知识来组织教学，学生从教师的讲解中获得知识。毫无疑问，教师所陈述的主要是教材知识。这样一来，课堂教学的基本逻辑就是教师把教材知识从头到尾向学生讲解一遍，对于所谓的重点难点，教师还会花更多的时间为学生进行条分缕析的讲解。在师生的授受过程中，教材知识便实现了从教师向学生的转移。学生如果能够听懂记牢教师陈述的教材知识，课堂教学就达到了目的。这种教学逻辑是不符合现代教学要求的。在现代教学中，知识不再是教学的全部目的，甚至不再是主要目的，知识只是学生全面发展的营养剂，教学的目的在于促进学生生动活泼地发展。学生是教学过程的主角，他们不仅参与教学过程，而且要发挥自主性和主体作用。

上述两种课堂教学逻辑在大学教学中普遍得到采用，是教师教学的基本依据。它所带来的后果是严重而深远的，主要表现如下。

（1）学生知道了一些基础知识。教材知识都是基础知识，是正确的知识，也就是各学科领域的真理。教师运用陈述讲解的方式将这些真理告诉学生，而不向学生解释和说明这些真理是怎么来的，一般也不会让学生去重复这些真理的认识过程。这就是俗话说的“知其然而不知其所以然”。

（2）学生缺乏问题意识。学生所学的知识都是确定的，没有问题，培养不了问题意识。一门课学习下来，教师不提出问题，学生也不可能发现问题；教师只教结论性知识，不教知识的发现过程，也不教人们是如何从众多谬误中甄别出真理的。教师的教学内容没有问题，在教学过程中也不为学生设计问题。学生除了掌握教材知识外，再没有其它什么好学的，也不可能激发挑战难题的兴趣和激情。

（3）学生的问题解决能力无从培养。严格的学科化的知识陈述不可能让学生达到融会贯通本课程不同章节的知识以及不同课程的相关知识。教学目的不能止于知识，学生学习了知识以后还要再进一步，利用知识解决问题。解决问题所需的知识大都涉及多方面的知识，包括一门课程不同章节的知识，可能还会用到不同课程的相关知识。在按照教材章节顺序组织的陈述讲解教学中，学生连融会贯通的机会都没有，更不要说通过自主学习学会自己发现问题、解决问题，并在解决问题的过程中体会知识的价值。

教学改革的方向

解决大学教学的微观问题，需要师生双方共同努力，但起主导作用的还是教师，教师教学行为的转变能够带动和影响学生学习行为的更新。针对微观的大学教学改革，笔者曾经提出一套八字教学方法论，也就是四大原则，即设计、实践、合作和建构，也称 DDCC 原则（Design，Doing，Cooperation，Construction）。根据前文对课堂教学问题的分析，这里主要讨论三项任务。

一、设计教学内容

教学内容是任何课程教学都必须高度重视的要素。课程教学质量高不高，一个关键点就是课程教学的内涵是否充实。在传统的备课中，教师往往把自己准备的教学内容与学生应当学习的内容等量齐观，这就有了教师教什么、学生就学什么的教学关系。在教学设计理念中，教师的教与学生的学并不是一条宽度完全相同的轨道，学生要学习的内容比教师教的内容要宽泛得多。所以，设计教学内容包括教师教的内容和学生学的内容两个方面。

教师教的内容应当少而精。课程教学中，教师教什么是需要审慎选择的。完全照搬教材内容的教学不是现代教学所需要的，教师的教学内容主要是在课堂教学中使用的，而课堂教学是在学生课前学习的基础上开展的，这样一来，教师的教学内容应当超越学生课前的学习。超越在这里的含义包括解答学生课前学习的疑惑，为学生提供新的学习材料，扩展学生的视野，训练学生解决问题的能力，等等，这样的教才能升华学的价值。一般来讲，如果能做到“三教三不教”，教师教的内容就达到了设计要求。“三教三不教”的具体要求是：教学生看不懂的，凡学生一看就懂的不教；教学生找不到的，凡学生在互联网简单搜索就能找到的不教；教学生不会的，凡学生不学就会的不教。教师在设计教学内容时，只要把握这些要求，就能设计有质量的教学内容。

学生学的内容应当广而深。本科教育阶段是打基础的时期，学生应当广泛涉猎，多方求知，在博大精深的知识海洋中汲取人类智慧，获得知识的力量。教师要为学生设计既有广度又有深度的学习内容。教师为学生设计的学习内容应当包括三个方面。一是教材内容。教材内容是学生必须学习的入门知识，多数教材内容都应当是学生自学的，只有那些重难点内容才需要由教师讲解或示范。二是主要相关学术专著。除了实验课和实操课，其它几乎每一门课的背后都有一个或多个知识丰富的学科领域，古往今来、国内国外众多学者撰写的众多学术专著就是学科领域的知识宝库。鉴于学生的精力和时间，教师可以将一些有代表性的学术专著列为学生的必读书目，要求学生自学。三是相关学术期刊文章。学科知识的另一个宝库是专业学术期刊，期刊文章既有历史文献价值，又有现实教育价值，教师应当将与课程教学要求相关的主要文章挑选出来，供学生课前广泛阅读。

在设计教学内容时，教师应明确一点，即教与学的矛盾具体表现为教为主导、学为主体，教与学既有统一的一面，又有分离的一面。从统一的角度看，教师所教必为学生所学；从分离的角度看，学生所学不必为教师所教，学生学习的内容要大大超出教师所教的范围。按照上述教与学的内容设计教学，大学课堂教学就能改变照本宣科的陋习，走出“一本书的大学”的窠臼。

二、设计教学问题

设计教学问题要从教与学两方面进行，即教师教的问题和学生学的问题。从教的角度讲,教师应当根据人才培养目标,遵循学科知识结构,围绕课堂教学中所要教的知识设计一系列问题,为学生营造问题解决的情景和气氛,指导学生运用有关知识解决问题,从而达成教育教学的目的。教师设计的教的问题是课堂教学的主线,教师用问题聚焦学生的注意力,引导学生思考如何解决问题,并在解决问题中完成教学任务。不同发展阶段的高等教育在培养什么人的问题上发挥的功能是不同的。经过四十多年的改革开放,我国经济社会已经进入了转型升级发展时期,高等教育也从高度精英化阶段实现了大众化发展,并正在走向普及化,[①] 培养复合型、创新型和应用型人才的任务已经突显出来。大学人才培养模式必须加快改革、转型,以适应新时代对人才培养的新要求。将传授知识转换为运用知识解决问题,不仅能让学生更好地掌握知识,而且能让学生将不同课程的知识或同一门课程的不同章节的知识融会贯通,在问题解决的过程中达到培养学生知识、能力和素质的效果。这样的教学将教与学统一在问题的解决上,这样的教与学都富有趣味性和挑战性,更能激发学生积极学习的兴趣。这样的教学目标与培养复合型、创新型和应用型人才的要求是高度一致的。

从学的角度讲,教师应当为学生课前和课后的自主学习设计一系列问题,让学生带着问题自学。带着问题学是学生发挥主体作用的关键。教师应当根据教学目标和学生学习的实际情况,设计难易程度各有不同的一系列问题,以满足不同学习基础和水平

---

① 别敦荣:《普及化高等教育的基本逻辑》,《中国高教研究》2016 年第 3 期。

的学生学习的需要。教师设计的问题除了要有难易程度差别外，还需要根据问题的目的性设计不同类型的问题，如指导学生阅读文献的问题，引导学生开展比较深入思考和探索的问题，布置学生课前应当完成作业的问题，等等。不同类型问题的设计要求存在一定差别，但有一点却是共同的，即引导学生主动地开展深度学习。

三、设计教学组织形式

教学组织既包括课堂教学也包括课外学习，这里主要讨论课堂教学组织。课堂教学活动是教学组织形式的情景化。教学组织形式有很多，如讲授、提问、答疑、实验、讨论、参观考察、见习，等等。不同的教学组织形式有不同的作用，对教师和学生的要求也各不相同。如讲授是一种常用的教学组织形式，尽管它只是表明了教师在课堂教学过程中的行为，但实际上，还有另一半隐含在教师的行为中，即在教师讲授的时候，学生是听众。一般人往往只看到了讲授在传授知识方面的功能，其实，讲授的功能是多样的。除传授知识，教师还可以通过讲授为学生设计问题情景，激发学生探究解决问题的兴趣；讲授还可以为学生答疑解惑，为学生指明前行的方向；讲授还可以旁征博引，为学生搭建知识相互联结的桥梁；讲授也可以讲得条分缕析、逻辑严谨，使学生体会知识结构的完美，学习科学地分析问题的方法。所以，同样是采用讲授来组织教学，不同的教师要它发挥的功能是很不相同的。教师要对各种教学组织形式的功能有充分的认识，根据教学目标和学生的特点，为课堂教学设计适当的教学组织形式，以便通过组织适当的教学活动，完成教学任务，达成教学目标。

课堂教学活动是有节奏的，它体现在教师所设计的系列教学活动上。为实现特定的教学目标，教师需将若干教学活动形式串联起来，形成一次完整的课堂教学活动。要从如下三方面做好教学组织形式设计。

（一）要进行整体设计。教师在一次课的教学中，既要考虑一个课时的教学活动组织，又要考虑一次课整体的教学活动组织，使一次课堂教学系列化，成为一次完整的教学活动。一般来讲，一次课的教学组织形式以两至四种为宜。在实际课堂教学中，教学组织形式多了，表面上看，课堂气氛可能很活跃，学生的积极性可能也会比较高，参与比较多。但不能回避的是，在不同的教学组织形式之间变来变去，学生可能都不知道该专注于什么教学内容，师生上课好像是在赶进度，这就可能出现为多样而多样，为变化而变化的问题。

（二）要做好学生在具体教学组织形式中角色的设计。在确定了教学组织形式后，教师要对每一种形式的运用进行具体而细致的设计，使形式服务于教学内容和教学目的。教师应当设计好学生在每一种教学组织形式中应当发挥的主体作用及相应的方式方法，使学生在课堂教学中自始至终进行主动学习。

（三）要做好不同教学组织形式之间的衔接过渡设计。课堂教学过程应当是流畅的，不同的教学组织形式对师生的角色有不同的要求，师生的活动方式也各不相同，不同形式针对的教学内容可能是相同的，更多的可能是有差异的，教师的教学设计要做到师生角色协调、师生活动协调和教学内容协调，使整个教学过程衔接过渡自然顺畅，以达到更好的教学效果。另外，课堂教学活动的组织不是孤立的，它与课外学习是不可分割的。教师在设计课堂教学组织形式时，应将课内与课外结合起来作一体化考虑，使课内与课外互相融合，互相促进，以全面实现课程教学目标。

（原载《中国高教研究》2020年第5期）

高等学校教学过程主体矛盾浅析

高等学校的教学过程是教师和学生共同认识已知世界和未知世界的过程，是一种特殊的认识过程。在教学过程中，教师的教和学生的学是相互联系，不可分离的。就教的过程来讲，教师是活动的主体；就学的过程来讲，学生是活动的主体。由于教的过程和学的过程往往是同时发生，并共同构成统一的教学过程，所以，高等学校的教学过程存在教师和学生两个活动主体，双主体之间的矛盾存在于教学过程的始终。

教学过程双主体的作用

高等学校教师和学生在教学过程中的地位和作用问题看似简单，实则是一个涉及如何理解教学过程的本质的问题。一般高等教育学教材及其它论著对这个问题要么避而不谈，要么以“教师主导，学生主动”来概括。所谓“教师主导，学生主动”，就是说在教学过程中，教师起主导作用，学生具有主动性。这一概念解释了学生是教学过程的主体之一，在教学过程中发挥着主体作用，但对教师在教学过程中作用的认识是不全面、不科学的。它把教师主体的作用局限于主导作用，而这种“主导作用”往往又主要指教师在教学过程中指导学生的具体学习活动的作用，从而混淆了主体与主导的区别，造成概念混乱、意义不清、说服力不强。那么，究竟应当如何认识高等学校教学过程中，教师和学生的主体作用呢？

高等学校的教师闻道在先。他们往往是具有一定专业修养的学者，熟悉一定学科领域的科学知识体系。他们不但是教师，而且还是家长、同事、领导、社会工作者、科学工作者，社会阅历和经验都较为丰富。他们熟悉高等学校专业教学计划，了解专业培养目标和学科教学计划与要求。在教学过程中，教师不仅承担着教学任务，履行教师的职责，而且还有相应的教学自由权，包括教科书的选用权、课程实施计划的制定权、教学形式和教学方法的运用权以及评价手段的使用权，等等。教师的职业修养、职责和职权决定了教师在教学过程中所应发挥的主体作用。在高等学校教学过程中，教师的主体作用主要体现在三个方面：

第一，教师是教学活动的组织者。高等学校的全部教学活动都是由教师负责实施的，教师是教学活动的具体责任人。他有独立处理教学活动的有关问题的自主权。不论是一堂课的教学活动，还是一门课的教学活动，抑或是学校的学期、学年全部教学活动都是由教师具体负责组织实施的。教师是讲授、辅导、答疑、复习、实践、考试等教学活动的主持者。不同的教学活动甚至相同的教学活动，往往因不同教师的主观能动性而各不相同。

第二，教师是已知世界的再现者。高等学校的教学过程也是教师再现已知世界的过程。这种再现不是由教师将前人或他人的全部认识和盘托出，而是教师重组或自组知识体系、再现已知世界的过程。教师根据自己对客观世界的观察、理解和认识，根据自己的知识价值观对各种知识进行取舍和再组织，形成自己的知识体系，然后把自己的知识体系再现给学生，以影响学生对世界的认识。这种再现受教师认识局限性的影响。所以，在教学管理中，一般采用制定教学计划、教学大纲、编写教材等方法来增强教师教学的规范性，避免教师认识的局限性，但是，尽管如此，由于高等学校教学过程的特殊性，在教学过程中，教师仍然有权根据学生的知识基础、教学进程、学生掌握知识的能力以及具体的教学环境、条件等对教学内容作出选择，自编教材讲义，选讲自认为有必要的、重要的、学生能够掌握的、现有条件许可的教学内容，达到较好的教学效果。

第三，教师是未知世界的探索者。高等学校教师在教学过程中，不仅应当向学生传授一般的科学知识和技术，而且应当向学生展示科学发展的最新动态和最新成就，引导学生向科学高峰登攀。为此，教师只有通过积极的、不懈的科学研究，才能使自己置身科学的前沿，并使自己的教学建立在先进科学的基础之上，圆满完成有关的教学任务。因此，高等学校教学和科研同是教师的基本职责要求。很难想象，在科学技术迅猛发展的形势下，高等学校教师不去了解和掌握世界最新的科学动态和最新的科学知识，而能成为一个好教师；很难想象一个把握不住科学发展方向、缺乏学术眼光和学术创新的教师，可以培养出优秀的大学生。教师只有进行科学研究，才能根据自己亲历其境的科学实践来培养训练学生的科技才能，包括查阅资料、调查研究的工作方法和构思、计划、设计等思想方法以及良好的科学工作习惯和科学态度等。

与之相对，学生既是教师教学的对象（不是客体），又是教学活动的主体，其主体地位建立在自己对已知和未知客观世界的认识上。学生在学习中所接触的各种知识，对他自己而言是未知的，而对他人来讲可能是已知的。学生通过学习活动，达到认识和改造客观世界的目的。学生身心都处在完善过程中，其社会阅历相对欠缺，人际关系经验较少，知识和技能都有待进一步充实和提高。上述特征决定了他在教学过程中具有与教师不一样的主体作用。学生的主体作用主要体现在：

第一，学生是教学活动的合作者。在教学过程中，教学活动的进度、具体安排、教学的基本要求等虽然主要由教师确定，但是，为了确保教学过程的科学性、合理性和有效性，教师不仅应当考虑到学生的生理和心理发展特点、智能发展水平，而且还要听取学生的意见、要求和建议。教师的教学如果没有学生的积极主动的合作，难以取得理想的效果。因此，有经验的教师往往十分注重在教学活动中调动学生参与的积极性，听取学生对教学工作的建议和要求，主动寻求学生的配合，创造和谐的教学气氛，以保证教学活动的顺利进行，取得良好的教学效果。

第二，学生是自身知识体系的构建者。高等学校的学生在教学过程中从来不是教师教什么他就学什么，教师教多少他就学多少。在教学过程中，学生往往根据自己的兴趣爱好、知识基础、接受能力、学习倾向性，甚至根据自己对教师教学水平高低、人品好恶的评价来选择和接受有关知识。在学习方法上，学生也不是教师怎么教就怎么学，而是以他自己能够理解的方式，将教师传授的知识纳入自己原有的知识体系中去，形成自己新的知识结构体系。

第三，学生有学习的主动性。在高等学校的教学过程中，学生的学习往往不仅仅局限于教师传授的知识和技能，他往往根据自己的学习兴趣、学习期望和知识价值观等选择自己感兴趣的领域，或在教师的指导、启发下或通过自学掌握教学内容以外的知识和技能，使自己获得多方面的发展。

第四，学生的学习有创造性。在高等学校，学生由于身心发展趋于或已经成熟，知识结构也逐步完善，科学研究的方法和技能得到了初步的训练，因此在教学过程中，他的学习往往带有发现或创造的性质，特别是高年级和毕业班大学生，自学和研究能力较强，他们往往自己读书，找参考资料，甚至自己设计和安排实验，自己选题作论文、搞设计，很多学生在学期间即做出许多发现或发明创造，对客观世界开始有一些新的认识。

教学过程主体矛盾的特殊性

高等教育是在普通基础教育之上进行的培养高级专门人才的教育，有两个基本特征：第一，高等学校的学生身心发展趋于或已经成熟；第二，高等教育的内容主要是与一定的社会职业相适应的一定学科领域的专门知识和技能。高等教育的这两个基本特征决定了高等学校的教学过程中的主体矛盾具有以下四个特点：

（一）与一定社会职业相适应的学科领域的专门知识和技能是教学过程中主体矛盾作用的对象（客体）。高等教育是社会教育系统最高层次的教育。普通中小学的教学过程主要以传播文化科学基础知识为目的，师生共同认识的是已知的反映客观世界的基础知识。这与中小学教学过程的主体之一——中小学生的年龄小，知识少，能力弱有很大的关系。高等学校的教学过程的主体之一——大学生，大都是青年或成年，他们经过了普通中小学教育，掌握了文化科学基础知识。在这个基础上，高等学校的教学过程以培养适应社会各行各业所需要的高级专门人才为目的，把与一定社会职业相适应的一定学科、专业领域的知识和技能作为师生共同作用的对象，从而形成了高等学校教学过程主体作用的特殊性。

（二）教师仍然是主体矛盾的主导方面，但其作用及作用方式与中小学教师有很大不同。在中小学教学过程中，由于学生主体的身心不成熟，知识欠缺性，教师在师生矛盾关系中居于绝对的支配地位，学生主体的被动性十分突出。在高等学校的教学过程中，尽管教师因其职业修养、职责和职权决定了他在学生的矛盾关系中仍然是主导方面，但是，其发挥的主体作用及作用方式较之中小学教师，都有很大的变化。高校教师的主导作用的特殊性主要体现在为学生创造良好的学习环境，帮助学生明确学习目的，引导学生主动积极地进行思维活动，激发学生的创造性，指导学生的学习方法等方面。教师发挥作用的方式也逐渐多样化，主要有课堂讲授、讨论、自学辅导、指导学生社会实践和教学实践、指导学生开展科学研究等。随着学生学习的逐步深入，讨论、自学辅导、指导科学研究等方式变得越来越重要。

（三）在高等学校教学过程中，学生进入了基本独立或独立学习阶段。中小学学生的学习往往紧紧围绕教师的教学进行。高校学生的知识基础和自学能力足以使他们在教师必要的指导下，基本独立或独立地学习有关的专业知识和技能。正因为如此，高等学校教师在教学过程中不必拘泥于各个具体的教学环节和各种专门知识的细枝末节，往往把主要精力用来进行重点和难点的教学，培养学生学习的自觉性，指导学生养成求实进取、勇于创新的科学态度和品质。

（四）认识已知世界和探索未知世界相结合。由于高等教育本身的特殊性，高等学校的教学过程也由中小学以认识已知世界为主要目的，转变到了认识已知世界和探索未知世界相结合。这既是培养适应社会所需高级专门人才的要求，又是大学生认知能力发展的必然结果。由此便形成了高等学校的教学活动是课堂教学与社会实践相结合、学习间接经验与开展科学研究相结合的特征。

教学过程主体矛盾的协调

在教学过程中，教师与学生之间的关系是对立统一的。他们之间的统一体现在他们共同作用于已知世界或未知世界，并以学生最终认识已知世界或未知世界为目的。从这个意义上说，教师是学生与其认识的对象之间的中介和桥梁。他们之间的对立体现在他们之间的相互作用关系上。从教师方面看，教师以学生为工作对象之一,并通过对学生的作用,达到使学生认识已知世界或未知世界的目的。这就是说,教师的作用如果要达到目的,必须经过学生这一能动的工作对象,必须为其所接受。从学生方面看,学生在教师的影响下,根据自身的判断和选择,认识已知世界,探索未知世界。学生的判断和选择如与教师的作用取向一致,则学生和教师之间就能达成和谐的关系;如果不一致,则学生与教师之间就可能出现不协调甚至对立的问题,这样,师生之间的冲突便难以避免。师生之间的和谐关系有利于教学过程目标的实现,而对立或冲突关系则不利于教学过程目标的实现。因此,协调师生之间的矛盾关系,对实现教学过程的目标具有重要意义。传统教育和现代教育的根本分歧之一就体现在对待协调师生之间的矛盾关系的不同主张上。

(一)教师中心说。教师中心说是传统教育的主要观点,它强调教师对学生的权威作用。德国教育家赫尔巴特认为,学生对教师必须保持一种被动的状态;按照方法培养心智的艰巨任务,从总体上讲应当留给教师。当代要素主义者主张,在教育过程中,主动权应在于教师而不在于学生。总之,教师中心说主张教师应当是教学过程的中心,教师与学生的关系是一种主动作用与被动接受的关系。在师生矛盾关系的协调上,教师起决定作用。

(二)学生中心说。学生中心说是现代教育的主要观点。它主张教师对学生不应多加干涉,应当从学生的需要和兴趣出发来设计教学,教师不能主宰学生的发展过程,只能顺应他的发展。杜威提出:“现在,我们教育中将引起的改变是重心的转移。这是一种变革,这是一种革命,这是和哥白尼把天文学中心从地球转到太阳一样的那种革命，在这里儿童变成了太阳，而教育的一切措施便围绕他们而组织起来。”①

很显然，学生中心说是与教师中心说相对应的。在师生矛盾关系的协调上，学生中心说主张，学生起决定作用，教师应当以适应学生的需要来达到和维系师生之间的和谐关系。教师中心说和学生中心说都是在一定社会历史条件下产生的教育思想，都有其时代的进步性、适应性和局限性。在教学过程主体矛盾关系的协调上，这两种相互矛盾的观点分别强调了教师和学生在教学过程中的主体作用。尽管孤立地看，它们都失之偏颇，但是，如果把它们联系起来看，则不难发现其中的重要启示。这就是，在教学过程中，教师和学生都是不可或缺的，他们都是教学过程的主体，其主体地位是客观存在的，不容否认，不容忽视，片面强调任何一方的作用都是不恰当的。师生之间应当建立一种互动合作关系，充分调动教师和学生双主体的积极性，发挥他们各自的主体作用。只有这样，才能保证教学过程中师生关系的和谐，实现教学过程的目标。

（原载《有色金属高教研究》1996 年第 1 期）

① 约翰·杜威著、王承绪译：《民主主义与教育》，人民教育出版社 1990 年版，第 18 页。

超越过度专业教育

——70年高等教育教学嬗变

新中国成立70年来，尤其是改革开放40年来，我国高等教育成功地实现了从较小规模向超大规模的跨越式发展，几乎完成了大众化的发展任务，正在逼近大众化与普及化的规模分界线。在规模扩大的同时，高等教育教学也在不断发生变化，在笔者看来，影响广泛而深远的主要有二：一是几乎一夜之间完成了从通才教育向过度专业教育的转变；二是长期未间断地消解过度专业教育弊端的"攻守拉锯战"。毫无疑问，在专业教育与过度专业教育之间并不存在一条清晰的界限，人们更多的是从其对人的影响及其社会适应性进行评判的。超越过度专业教育是改革开放40年来高等教育教学改革的一条主线，尽管取得了一定的成就，但过度专业教育的问题并没有完全得到解决，改革依然任重而道远。

过度专业教育的滥觞

与初等和中等教育相比，高等教育的本质属性在于专业教育。但这并不意味着高等教育与专业教育之间就只能画等号，或者说高等教育只能是专业教育，不能是“其它教育＋专业教育”，或者“专业教育＋其它教育”。实际上，现代高等教育一直在通才教育与专才教育之间争论不休，至今也无定论。但可以确定的是，通才教育与专业教育之间是存在显著差别的，前者以培养通才为目的，而后者着重培养专门人才，也就是所谓的专才。从这个意义上讲，专业教育与专才教育之间有很大的相似性。

一、我国高等教育的缘起及演变

我国现代高等教育起源于民族危难之时的清末。引进西学、创建西式学堂的原初动机是为了解决国弱民贫问题，实现富国强兵，振兴中华。洋务学堂主要开办外语、船政、水师、武备、电报、制造等与富国强兵有关的外交、军事、实业等领域，培养专门人才。例如，北洋大学堂始终只有法律、采矿冶金和土木工科三个学门。[①] 民国时期，大学设预科及本科，预科修业三年，本科三年或四年。1912 年，教育总长蔡元培主导制定的《大学令》规定，大学“以教授高深学术，养成硕学闳材，应国家需要”为宗旨。[②] 除

---

① 刘志鹏、别敦荣、张笛梅：《20 世纪的中国高等教育 · 教学卷》（上册），高等教育出版社 2006 年版。

② 引自高平叔编：《蔡元培教育论著选》，人民教育出版社 2011 年版，第 7 页。

大学外，高等教育机构还有专门学校（专科学校）和高等师范学校，以教授高等学术，养成专门人才为宗旨。这样看来，似乎大学实行通才教育，专科学校实行专才教育。蔡元培担任北京大学校长时，主张文理结合，反对文理分科。梅贻琦在清华大学倡行通才教育，认为大学教育应通识为本，专识为末，要求学生有自然、社会和人文的广泛知识。浙江大学校长竺可桢主张通才教育与专才教育并重，但侧重于通才教育。实际情况与这些校长的主张似有出入。不然，教育部长朱家骅1932年就不太可能会有这样的评论："大学为研究学术之所，其所研究之学科，必由基本而专门，作有系统之研究。倘轻重倒置，先后失序，轻于基本而重于专门，先于专门而后于基本，则学生已乱其门径，研究学术，安得有济。……今日大学设置课程，其次序轻重先后之际，必须尊重学术体系，使学生习于自力研究。专深之学，可任学生毕业后继续求成。不必虑其专深之不穷，而纷设各种专门问题之课程。"① 中央大学校长罗家伦对大学教育也有类似的批评："现在大学教育的缺陷就是太注重学生的专门知识，而太忽略其整个人生的修养。所以，大学往往只能造就专才而不能造就通才。往往只能造就一技之长的有用人才，而不能造就通达事理、气度雍容的领袖人才。"② 尽管如此，客观上讲，专才教育往往是建立在工业化和社会职业专业化比较发达的基础上，不论是清末还是在民国时期，我国工业化发展都处于初步阶段，社会职业专业化程度才刚刚开始，大学培养专才的用武之地

① 朱家骅：《九个月来教育部整理全国教育之说明》，《教育部公报》1932年第49—50期，第22—47页。

② 周川、黄旭：《百年之功——中国近代大学校长的教育家精神》，福建教育出版社1994年版，第313页。

非常有限。所以，总体上看，大学的专业化程度不是很高，当时的专才教育与后来的专业教育之间存在重要差异。正因为如此，当时大学教育基本上是通才教育，大学只设系科，不设专业。

二、为开展专业教育做思想理论准备

开设专业是开展专业教育的前提条件。专业教育不可能凭空而来，新中国成立后，马上开始了专业教育的思想理论准备。1950年6月，第一次全国高等教育会议召开，会议规定高等教育的方针和任务是："以理论与实际一致的方法，培养具有高度文化水平，掌握现代科学和技术的成就，全心全意为人民服务的高级建设人才。"[①]1950年，教育部在《高等学校暂行规程》中规定，高等学校要"适应国家建设的需要，进行教学工作，培养通晓基本理论并能实际运用的专门人才：如工程师、教师、医师、农业技师、财政经济干部、语文和艺术工作者"。[②]专业教育思想已初见端倪，开始武装我国高教界。1952年，我国高等教育开始了影响深远的院系调整。关于院系调整的指导思想，《人民日报》社论提出："旧中国的高等教育制度基本上是为帝国主义和反动统治服务的，是半殖民地半封建社会的产物。院校的设置是盲目的，是严重脱离实际的。因此，院系重复，人力、物力分散，教学效果很低。加以课程内容广泛笼统，只能培养出一些不切合实际的所谓'通才'。这种'通才'教育的结果，在旧中国就表现为'学非所用''用非所学'。今

---

① 《马叙伦部长在第一次全国高等教育会议上的开幕词》，载何东昌主编：《中华人民共和国重要教育文献（1949—1975）》，海南出版社1998年版，第25—26页。

② 中华人民共和国教育部：《高等学校暂行规程》，《人民教育》1950年第5期，第68—69页。

天，新中国正在向着工业化的道路迅速迈进，我们需要大量的合格的各种专门人才，尤其是工业建设的专门人才。”“因此，如果不对旧的教育制度、旧的高等教育设置加以彻底的调整和根本的改革，就不能使我们国家的各种建设事业顺利前进。”[①] 所以院系调整的总方针是：改变过去的“通才”教育目标，“以培养工业建设干部和师资为重点，发展专门学院和专科学校，整顿和加强综合大学，逐步地创办函授学校和夜大学，将工农速成中学有计划地改属各高等学校，作为预备班，以便大量吸收工农成分的学生入高等学校。专门学院和专门学校又分多科性和单科性两种，它的任务是根据国家的需要，培养各种专门的高级技术人才。综合性大学的任务，主要是培养科学研究人才和中等学校、高等学校的师资。”[②] 自此，大学培养通才的宗旨在新中国成立之初就没有了立足之地，通才教育退场、专业教育入场便是必然的。

三、全面学习苏联高等教育的经验

专业教育之所以在我国受到推崇，除了与院系调整有关外，与全面学习苏联高等教育的经验密不可分。在 20 世纪中期的国际高教界，专业教育是苏联高等教育的主要模式，对苏联社会主义建设发挥了重要作用。这是我国学习苏联经验的主要依据。1949 年 12 月，政务院在《关于成立中国人民大学的决定》中指出：“设立中国人民大学，接受苏联先进的建设经验，并聘请苏联

① 《做好院系调整工作，有效地培养国家建设干部》，《人民日报》1952 年 9 月 24 日。

② 郝维谦、龙正中：《高等教育史》，海南出版社 2000 年版，第 85—86 页。

教授，有计划、有步骤地培养新国家的各种建设干部。”[①] 为了借用苏联教育经验，中国人民大学和哈尔滨工业大学两所新式大学创办起来，按苏联高等教育模式设置专业，以专业为基本单位组织教学。从 1952 年秋季起，教育部规定高校从一年级起采用苏联教学计划和教学大纲，组织教师翻译苏联教材，成立教学研究组，学习苏联教学方法。学习苏联高等教育经验主要是围绕专业教育展开的，主要包括六个方面。一是根据苏联高校模式设置专业，统一全国高校专业教学计划和教学大纲。二是编译教材。1954 年，出版了苏联高校教材 325 种，出版了高校政治课教材两种。当时认为适合我国使用的苏联教材，工科 118 个专业 902 门课程中有 338 种，农科 19 个专业 276 门课程中有 584 种，理科 13 个专业 293 门课程中有 129 种，政法、财经、医药、卫生及其它各科共有 33 种。[②] 三是设置教研室（组）。各高校普遍按苏联高校教学组织形式设置教研室（组）。最先设立的是中国人民大学。1953 年以后，全国高校普遍设立教研室（组）。四是学习苏联高校教学安排和教学环节，主要有讲授、课堂讨论、习题、答疑、实验、实习、课程设计（论文）、毕业设计论文等。五是延长部分高校学制。由于当时我国高校教学计划是以苏联五年制高校教学计划为蓝本，虽有压缩，但仍感课程过重。因此，从 1954 年起将综合大学和部分工科、少数农科、医科、外国语、师范院校的学制延长一年，改为五年制。六是停招专修科。由于苏联没有

---

① 顾明远：《论苏联教育理论对中国教育的影响》，《北京师范大学学报（社会科学版）》2004 年第 1 期。

② 任福兵：《百年回眸：中国高校教材引进历史进程分析》，《学术论坛》2007 年第 11 期。

专修科，1955 年国务院批准高等教育部《1954 年的工作总结和 1955 年的工作要点》，决定专修科应及早停办，从当年起即减少专修科招生任务。自此，苏联专业教育模式彻底替代了我国大学原有的通才教育模式，此后在很长一段时期，通才教育在我国高校无人提及，专业教育成为我国高等教育的唯一选择。

基于苏联的经验，在院系调整中，我国高校撤销了学院一级，实行校系两级管理，在系下设“专业”，按专业组织相关教学活动。为了规范高校专业教学，政府颁布统一的专业目录，制定统一的专业教学计划、教学大纲甚至教科书，高校必须根据政府计划按专业招生，分专业培养，毕业生就业按“专业对口”分配就业单位和工作岗位。至 1953 年，全国高校共设置专业 215 种，其中，理工农医类专业共 148 种，约占 68.8%。专业的设置不是固定不变的，而是不断调整的，到 1957 年，全国各类高校共 229 所，开办专业 323 种。其中，工科和师范专业发展较快，工科学生占在校生总数的比例由 1951 年的 25% 上升到 1957 年的 37%，师范生由 9.7% 上升到 26%。专业结构的变化适应了第一个五年计划期间大力发展工业和发展教育的需要。与此同时，财经、政法教育发展有所忽视，同期在校生的百分比，财经类由 17.5% 下降到 2.7%，政法类则由 5.1% 下降到 1.9%。[①]

四、专业教育在我国高等教育中“扎根”

专业教育一经引进，便在我国高等教育中扎根，不是在部分

① 徐越：《从战略高度做好新一轮学科专业结构调整工作——访教育部高等教育司副司长林蕙青》，《中国高等教育》2001 年第 24 期。

高校、部分地区，而是在全国的全部高校、全部学科或科系。毫无疑问，专业教育在我国高校地位的确立与我国当时政治经济发展形势有密切关系，与全面实行计划经济体制有密切关系，在一定意义上，它能更好地满足计划经济体制下经济社会发展的要求。1952 年，我国制定了国民经济发展第一个五年计划。“一五”计划的主要任务是建立我国社会主义工业化的初步基础。要建立社会主义的工业化，必须培养大批高级专门技术人才。据当时初步估计，“一五”计划期间，仅工业、运输业和地质勘探业就需要各级技术人员 30 万人，但全国高校工程技术系科在 1952—1957 年间，只能培养约 4 万人，与工业建设的需要相距甚远；另一方面，工程教育在系科设置、教学内容等方面，不能适应当时苏联援建的工程项目对专门人才的需要，高校其它系科也在不同程度上存在类似的问题，整个高等教育都面临如何适应“一五”计划的要求问题。为了解决经济建设对人才的大量需要与高校培养能力之间的矛盾，教育部于 1952 年提出：“以培养工业建设人才和师资为重点，发展专门学院，整顿和加强综合性大学。”为了加强高校人才培养的计划性，1952 年底，教育部发布了试行全国统一教学计划的通知，指出：“为了配合祖国大规模经济建设与文化建设的到来，有计划地培养各种建设人才，彻底改革旧教育，制定全国高等学校各专业统一的教学计划，就成为高等教育改革的中心环节之一。”[①]1953 年 10 月，政务院《关于修订高等学校领导关系的决定》规定：高等教育部对高校的教学工作实行统一集中领导。高

① 中央教育科学研究所：《中华人民共和国教育大事记（1949—1982）》，教育科学出版社 1984 年版，第 81 页。

等教育部颁发的有关全国高校的建设计划、教学大纲、生产实习规程以及其它重要法规、指示或命令，全国高校均应执行。全国高校各类专业实行统一教学计划、教学大纲和统编教材。至1955年4月为止，全国先后制定了193个专业的统一教学计划，修订教学大纲348种，采用苏联教材的课程共有620门。从1952年开始，全国高校在教学计划中改学分制为学年制。

自20世纪50年代初期被引入我国后，专业教育就成为我国高校一统天下的人才培养模式，一直延续至今，仍没有一种其它教育模式能发挥更大的影响力。专业教育不是问题，但专业教育的绝对化、过度化，便是一个不能忽视的问题。专业教育的地位一经确立，便成为一种绝对的教育模式，主要表现为过度的专业教育。过度专业教育与专业教育不是一个概念，现代高等教育无一例外都不能不重视专业教育，即便是最重视文理基础教育、自由教育或博雅教育、通识教育的高校，也重视对学生进行某种形式的专业教育，以培养学生的专业性，使学生对专业有所涉猎，为他们将来在专业方面有更专深的发展打下基础。虽然专业教育是高等教育的基本属性，但过度专业教育则已经背离了专业教育精神，因而成为高等教育教学改革不能不予以重点关注的对象。所以，改革开放四十年来，改革过度专业教育一直伴随着高等教育改革的始终，不曾中断。

过度专业教育的突破

一、专业教育的“注定过度”与“适度突破”

专业教育自引入我国便注定会成为一种过度教育模式，主要表现在四个方面。一是在所有各级各类高校实施过度专业教育，过分放大了它的适应性，忽视了不同层次、不同类型高等教育人才培养的特点。它是一种以国家力量引入并推动实施的教育模式，几乎一夜之间在全国所有高校独占高等教育人才培养的舞台。与国家需要的结合更强化了专业教育的合法性，服务国家需要，培养国家经济建设急需的专门人才，使高等教育的人才培养功能一下子成为国家战略层面不能不高度重视的问题。二是全国高校教育教学过程的过度专业化使专业教育绝对化，且过度专业教育刚性、孤立的实施更使其获得了至高无上的地位和影响力。专业教育是一种根据专业需要建构起来的专门人才培养体系。在这里，专业的建构和相关的人才培养体系建构应当具有适度的开放性和灵活性，这样才能适应各级各类高等教育的办学要求，但过度专业教育则不然，它是一种将专业绝对化，一切从培养专门人才的要求出发构建起来的一套刚性的人才培养体系。过度专业教育以一种彻底的方式重构了我国高校教育教学过程，使我国高校人才培养在专业上刚性有余，弹性不足。三是在高度计划经济体制下，过度专业教育有其适应性，但是，一旦经济体制改变了，经济社会发展需求变化了，人的社会身份和价值取向更多样了，过度专业教育的问题就显露出来了，其有限的社会适应性和片面的人的发展追求弱化了其教育功能，窄化了各级各类高校的人才培养能力。四是过度专业教育背离了高等教育以人的养成为根本的宗旨，把人看作单纯的经济工具，以培养能够满足经济生产需要的人为目的，而不是基于人的全面而自由发展的需要。这样就把复杂的高等教育简单化到只需满足就业岗位需要就可以了。

改革开放以来，计划经济体制的逐渐松动和国门开放后世界文化科技发展成果的涌入使过度专业教育的适应性捉襟见肘。提高高等教育人才培养能力，提高人才素质，满足新的经济社会发展需要，满足人的多样性发展要求，成为我国各级各类高校面临的新形势和新任务。最初，人们并没有对过度专业教育的问题有多少认识，主要是从满足社会和人的新需要出发，采取了一些改进措施。例如，允许学生在公共课和专业课之外，选修一到两门课程，以扩大学生的知识面。这样的改革虽然不可能动摇过度专业教育的地位，却受到了高校和学生的欢迎，今天已经司空见惯的选课制就是这样发展起来的。在无法突破专业限制的情况下，个别高校开展了主辅修制的改革，允许学生在学有余力的情况下另外辅修一个专业，这样学生就可以有两个专业的教育经历，无形中扩大了学生所接受的高等教育范畴，实际上也就突破了过度专业教育的限制。有的高校开始允许学生转换专业，使原本非常刚性的专业不再是“铁板”一块。尽管这些改革只是在少数高校尝试，且并不改变过度专业教育的基本体系和形态，但毫无疑问，改革发挥了弱化过度专业教育的作用，使高校和学生开始看到了高等教育发展的新方向。

二、突破过度教育：解铃还须系铃人

要突破过度专业教育不是少数高校的几项改革措施所能达到目的的，必须从宏观和微观多层面进行尝试，当然也需要在高等教育教学理念、制度、标准和要求等多方面开展研究和探讨，在理论和实践两方面不断探索。改革开放提供了这样的环境和条件。随着经济社会改革逐步全面展开，高等教育改革也提上了党和政府的议事日程，过度专业教育的问题受到了高度重视。1985年《中共中央关于教育体制改革的决定》提出：要针对现存的弊端，积极进行高等教育教学改革的各种试验，如改变专业过于狭窄的状况，精简和更新教学内容，增加实践环节，减少必修课，增加选修课，实行学分制和双学位制，增加自学时间和课外学习活动，有指导地开展勤工助学活动等。决定的发布标志着我国教育改革的大幕全面拉开，教育不再只是为现实社会生产培养人才的工具，还要面向现代化、面向世界、面向未来。高等教育教学改革已经不再只是少数高校的试验，而是在全国开始全面铺开。教育部对全国高校专业设置进行了多次调整，每次调整的具体动机都有所不同，但改变专业设置过于狭窄、社会适应性不强的问题是一条不变的主线，每次调整都力图减少专业数量，扩大所设专业的覆盖面，以优化专业结构，使专业设置能够更好地满足经济社会发展的需求。改革开放以来，大规模地修订学科专业目录就有四次，仅从四次对本科专业总数的规定就可以看出专业设置变化之大：1987年将专业总数从1,343种调整为671种；1993年进一步削减为504种；1998年再次大幅度削减，总数为249种；2012年将专业总数由635种调减为506种，其中，基本专业352种，特设专业154种。[①] 在教育部控制本科专业设置目录的机制下，教育部与高校之间似乎形成了一种“拉锯战”的格

① 教育部高教司：《普通高等学校本科专业目录和专业介绍（1998年颁布）》，高等教育出版社1998年版，第275—279页。

局，教育部总是想尽可能减少专业种数，但高校似乎总有一种力量在与教育部博弈，希望在教育部公布的目录外增设新专业。所以，就出现了修订目录必定会减少专业种数，专业目录公布后高校又在目录外增设新专业种类，专业种数随之增加，直到教育部再次修订专业目录。从道理上讲，严控新专业设立的不应当是教育部，而应当是高校。对开办新专业，高校应当高度谨慎：在内外条件没有完全达到要求的情况下，绝不开办新专业；凡是能通过改进或更新现有专业就能达到适应社会需求的，也绝不开办新专业。但实际情况恰恰相反，高校对开办新专业往往动力十足，教育部则常常"踩刹车"，严控专业扩张过快，专业划分过细。

三、破解过度专业教育的问题需要综合治理

在人的培养问题上，培养目标越来越清晰，对人的本质的理解和认识越来越深刻。这不仅仅体现在学者的研究著述中，也写入了党和政府的重要教育政策文件。例如，中共中央、国务院 1993 年发布的《中国教育改革和发展纲要》提出："必须从我国国情出发，根据统一性与多样性相结合的原则，实行多种形式办学，培养多种规格人才，走出符合我国和各地区实际的发展教育的路子。"[①] 中共中央、国务院 2010 年发布的《国家中长期教育改革和发展规划纲要（2010—2020 年）》指出：把育人为本作为教育工作的根本。关心每一个学生，促进每个学生主动地、生动活泼地发展，尊

① 《国务院关于〈中国教育改革和发展纲要〉的实施意见》，[EB/OL].（1994-07-03）[2019-07-25].http://old.moe.gov.cn//publicfiles/business/htmlfiles/moe/s6986/200407/2483.html。

重教育规律和学生身心发展规律，为每个学生提供适合的教育。努力造就数以亿计的高素质劳动者、数以千万计的专门人才和一大批拔尖创新人才。[①] 在国家政策激励下，高校渐次从多方面展开破解过度专业教育的工作。文化素质教育的提出和实践对过度专业教育是一种有益的补救。曾经风靡全国高校的人文讲座是高校突破过度专业教育的主动作为，反映了学生对拓展专业以外知识领域的浓厚兴趣。很多高校实行的按学科大类招生和培养的方式，不仅突破了单一专业培养可能带来的缺陷，而且将培养与招生相联系，在更大范围解决过度专业教育的问题。部分高校进行了比较大胆的尝试，成立实验学院，对部分学生开展一种新的专业教育改革试验。例如，北京大学成立了元培学院，中山大学成立了博雅学院，南京大学成立了匡亚明学院，清华大学成立了新雅书院，湖北大学成立了楚天学院等，这些新成立的学院要么不分专业，要么只分大文大理，要么到了大学三年级开始进入专业学习。这些探索或做法与过度专业教育有很大区别，富有创意。还有很多高校开展通识教育改革，在公共课和专业课之外，开设一批通识课程，要求学生必修或选修，以弥补学生过度专业教育的缺失。这一改革产生了广泛的影响。现在即便是一些职业技术教育学院也开出了自己的通识课程，对学生进行必要的通识教育，以避免学生只是学习规定的公共课程和相关专业课程带来的知识和视野的局限。有的高校自身师资力量有限，难以开出更多高质量的通识课

---

① 《国家中长期教育改革和发展规划纲要（2010—2020年）》，［EB/OL］.（2010-07-29）［2019-07-25］. http://old.moe.gov.cn/publicfiles/business/htmlfiles/moe/info_list/2014。

程，采取购买慕课（Moocs）的方式满足学生更好的发展所需。[①]更多的高校通过开展创新创业教育实践，组建跨学科、跨专业的创新创业团队，让学生在团队协作中相互交流、学习，取长补短，培养学生的创新创业能力，以达到知识、能力和素质全面发展的目的。[②]破解过度专业教育的方式方法很多，但有一点是可以肯定的：几乎所有高校都在努力解决过度专业教育所带来的问题，以保证自身的人才培养能够适应时代发展的要求。

突破过度专业教育可能是比较容易的，要超越过度专业教育则要困难得多。总体上看，经过近四十年的不懈努力，突破过度专业教育的改革在一些局部、项目、制度或领域取得了重要进展和成就，教育教学思想观念的进步可能大于实践探索的进展，但即便在北京大学、复旦大学、中山大学等在文理基础教育、通识教育等方面改革上取得重要成就的高校，也只在极少部分学生的培养和少量课程教学上发挥了积极的作用，并没有动摇全校过度专业教育的基础，过度专业教育依然是教育教学的主要模式。这也说明过度专业教育依然根基牢固，为各级各类高校所重视，改革仍然任重道远。

走向多样化的专业教育

超越过度专业教育，既是一场高等教育教学模式改革，更是

---

① 别敦荣、齐恬雨：《论我国一流大学通识教育改革》，《江苏高教》2018 年第 1 期。

② 别敦荣：《创造性人才培养的新视野》，《中国高教研究》2016 年第 12 期。

一场高等教育教学思想革命。四十年高等教育教学改革的理论和实践探索表明，超越过度专业教育需要厘清专业教育与过度专业教育的差异，明确专业教育的合理性，认清过度专业教育可能带来的危害。专业教育是高等教育满足现代社会各行各业专业化发展要求，为社会各行各业培养高级专门人才的主要路径，具有普遍的适应性。尽管如此，专业教育在不同类型、不同层次高校的实施方式方法存在明显差别。也就是说，专业教育有多种模式，没有一种专业教育模式可以在所有高校通用，不同的高校应当根据自身的办学定位和实际条件，构建自身的专业教育体系。将专业教育绝对化、刚性化必然带来过度专业教育，扭曲专业教育的本质，使高等教育教学丧失应有的活力，以致可能贻误学生个性化成长，危害国家社会发展。

走向多样化的专业教育，是未来我国高等教育教学发展的方向。我国高等教育已经从精英化阶段迈向了大众化阶段，即将跨过普及化阶段的规模门槛。根据教育部《2018 年全国教育事业统计公报》的数据，2018 年我国高等教育总规模已经达到 3,833 万人，高等教育毛入学率达到 48.1%。全国共有普通高校 2,663 所，其中，本科高校 1,245 所，高职（专科）高校 1,418 所。可以预料，未来的普及化阶段高等教育将更加发达，学生的构成将高度多样化，面对不同社会阶层、不同教育经历和基础、不同求学动机和职业理想的学生，高等教育只能是个性化教育。高校办学将日益自主，内涵式和特色化发展是所有高校的不二选择。① 高等教育的

① 别敦荣：《论高等教育内涵式发展》，《中国高教研究》2018 年第 6 期。

社会环境已经发生了重大改变，我国高等教育既要面向地方、面向全国，还要面向国际、面向世界；既要遵循国家计划的要求，接受政府部门的领导和管理，又要积极主动参与国内和国际高等教育竞争，在国内和国际两个市场开拓生存和发展空间。作为全球最大规模的高等教育体系，我国高校办学一要服务国家和社会需要，满足国家经济建设和社会发展对各级各类高级专门人才的需要；二要开放办学，主动融入国际、走向世界，为人类文化科学事业发展作出中国贡献；三要服务每一个学生的发展，为每个学生提供合适的教育。这样的教育环境和要求绝不是产生于特定历史时期的过度专业教育所能适应的。继续改革过度专业教育，建立与新时代高等教育发展要求相适应的教学模式，是我国高校建设和发展需要解决的课题。①

专业教育适用于各级各类高校是毋庸置疑的，但没有适用于全国各级各类高校专业教育的万能模式。从这个意义上说，对全国高校而言，专业教育主要是一种教育教学理念，而不是一套固化的规则和要求。每一所高校甚至每一个学科专业都可以有自己的专业教育模式，不能简单化，更不能绝对化，用一种专业教育模式包打天下的经验教训值得汲取，要走向多样化的专业教育。

第一，要求各高校根据自身办学定位，明确有自身特色的人才培养目标。不同高校因办学层次不同、学校类型各异，所要培养人才的知识、能力和素质要求存在较大差异，体现在专业教育

① 别敦荣：《大学课堂革命的主要任务、重点、难点和突破口》，《中国高教研究》2019 年第 6 期。

的方式方法上也应有明显的不同。[①] 如果一所综合型大学与一所多科型大学的专业教育是相同或相似的，那必有一方或两方的专业教育可能是不适当的；如果一所多科型大学的专业教育与一所专门学院，如美术学院、音乐学院等是相同或相似的，也必有一方或两方在教育教学上偏离了自身应有的路径；如果一所研究型大学与一所教学型高校在专业教育上没有什么差别，那它们的专业教育的适应性也是值得怀疑的。这就是说，每一所高校都要根据自身的办学定位和实际条件，建构与自身人才培养目标相匹配、有自身特点的专业教育体系。

第二，要求不同学科专业根据自身逻辑和规律建构专业教育体系。高等教育教学是按学科专业组织的，教育行政部门将高校学科专业划分为 13 个学科门类，其中又划分了更多的学科大类、学科类、专业等教学单位。实际上，不同学科专业不但知识体系差异悬殊，而且影响人发展的方式也有明显不同。例如，人文学科与社会科学差异显著，社会科学学科与自然科学学科又差异显著，自然科学学科与工程技术学科、医学学科等也差异显著。这样一来，并不存在一个适用于所有学科专业的专业教育模式。学科专业教育必须尊重学科专业特点，根据不同学科专业的发展规律来组织教育教学方案，确定实施过程，只有这样才能培养特定学科专业的高水平人才。

第三，专业教育要走出专业本身，在与其它专业和学科的融合中实现更大的教育价值。专业是高校根据社会职业人才需求

① 别敦荣、易梦春：《普及化趋势与我国高等教育发展的战略选择——兼论两岸高等教育交流与合作》，《清华大学教育研究》2017 年第 3 期。

而建构的教育教学单位，这个单位往往由一套课程所包含的知识组成。[①] 在过度专业教育中，专业不仅越分越细，而且构成专业知识体系的课程具有排他性，专业的课程之间极少交叉，更不可能融合，这就造成了专业教育的极端化，弱化了专业教育的适应性。实施多样化的专业教育，就要使专业具有开放性，所有专业都拥有适度的弹性，不同专业之间可以相通，包括人文社科专业与理工医专业可以交叉或融合，使人的教育不致因专业而走向孤立、走向极端，达到在专业教育中培养具有复合素质、跨学科专业修养的人的目的，从而促进人的自由、全面发展。

（原载《北京教育（高教）》2019 年第 10 期）

---

① 别敦荣、齐恬雨：《国外一流大学本科教学改革与建设动向》，《中国高教研究》2016 年第 7 期。

美国大学教育观察

本科教育

美国有四年制本科大学2,500多所，注册本科学生700多万。本科教育在美国大学中发挥着承上启下的作用，向上支撑着近300万在校生规模的研究生教育，是研究生教育的重要基础，向下则是高中毕业生求学和两年制学院毕业生继续深造的首选通道。那么，美国大学本科教育究竟是如何进行的呢?

一、本科教育被置于大学教育的中心地位

在哈佛大学2002届毕业典礼上，颁发学位时，首先颁发文理学院和各专业研究生学院的硕士和博士学位。各专业研究生院按成立的先后顺序由院长将学位获得者候选人介绍给校长和校董会等，候选人在指定的座位前全体起立，校长根据授权宣布授予候选人相应的学位。高级学位颁发结束后，最后颁发学士学位。学士学位分文学士和理学士两种。颁发学士学位时，哈佛学

院院长将学士学位候选人介绍给校长和校董会等，大多数候选人在指定的座位前起立，部分候选人代表则离开座位，来到主席台前，校长也走向前台，授予他们学士学位，并宣布他们自此是“受到良好教育的男人和女人”。这是哈佛大学毕业典礼上的一幕，也是哈佛大学的重要传统。之所以学士学位获得者受到这样的特别待遇，是因为哈佛大学认为，“本科生教育在哈佛大学居于中心地位”。

哈佛大学如此，其它大学也不例外。学校不只是在毕业典礼这种礼节性场合表明本科生教育的重要性，在日常教育教学工作中也是这样实践的。哈佛大学的本科生教育由哈佛学院专门负责，商学院、政府学院、教育学院、医学院等都不开展本科生教育，只进行研究生教育。哈佛的本科生宿舍管理与指导实行导师制，导师一般要求具有教授的学术水平和资历，导师的配偶也要求能够承担学生指导责任，导师全家要求与学生同住宿舍楼。导师既要负责指导学生的日常生活，又要帮助学生解决学术方面的问题。导师可以兼任课程教学任务，但指导学生才是他们的“主业”。从事导师工作的教授的待遇比其他教授的待遇也高得多。美国各大学的学生工作部门摊子都较大，负责招生、注册、学籍管理、学生财政支持、学生指导等事务，院系也设置学生顾问办公室，为学生提供必要的指导与帮助。大学教授一般都要求承担本科生教学任务，特殊情况下经过批准可以只承担研究生课程的教学与指导。教师都要求每周有固定的时间在办公室办公（时间要公布），以接待学生来访。在这些时候，学生可以不经预约直接到教师办公室与教师见面，探讨学习及其它有关问题。博士生担任本科生教学工作的情况比较普遍（在很多大学被作为博士生学业要求的一部分），但博士生往往都有一定的专业工作经历，有的在学术上还作出了一定的成绩，且修完了全部或大部分博士课程，即便如此，一般也是作为导师的助手从事教学工作的。

本科教育不但是大学教育的中心工作，也是高等教育研究的主要领域。美国高等教育研究中关于本科生发展的研究很多，在一些高等教育学专业硕士和博士课程中，本科生发展是核心课程之一。一些全国性研究机构把本科教育列为重点研究课题，经常有重要研究成果产生。各州高等教育管理与协调部门在评估大学办学效率的指标体系中，本科教育是重中之重。各大学自身的政策与计划研究办公室大都重点研究本校本科教育问题，为校长和校董会决策提供咨询建议。

二、本科教育的基础是通识教育

通识教育是美国大学本科教育自 19 世纪后期以来的又一重要传统，几乎所有大学都有详尽的通识教育计划。在美国，通识教育一般被定义为主修和辅修专业教育之外服务于学生的智能、情感和社会化等方面发展的教育。传统上，通识教育主要包括人文教育、社会科学教育、数学和自然科学教育等。在当今信息技术日益发达，全球化和国际化愈益加强的时代，通识教育的范畴也相应地得到了拓宽，很多大学都将信息技术应用、外语、多元文化等内容包括进去了，并在通识教育中融入了跨学科、跨文化教育的理念，更注重通识教育的整合性、目的性和确定性。如洛杉矶加州大学 1998—1999 年修订后的通识教育原则就包括普通知识、整合学习、公民教育、文化多样性、经典原著学习、智能教育等。

通识教育的实施形式有多种，这些不同的形式都是各大学在长期的历史发展过程中逐步形成的，或经过专门委员会充分研究后确定的，具有鲜明的本校特色。但概括起来讲，最普通的形式还是核心课程。多数大学根据自身的通识教育理念，组织一组或多组课程，作为核心课程，要求本科生必修或限制性选修。如哈佛大学的核心课程包括外国文化、历史研究、文学与艺术、道德思维、数量思维、科学与社会分析等领域；斯坦福大学的核心课程包括人文概论、自然科学、应用科学、工程科学与数学领域、人文与社会科学领域、世界文化、美国文化和性别研究等领域；波士顿学院的核心课程包括艺术、历史、文学、写作、数学、哲学、自然科学、社会科学、神学、多元文化十个方面的课程；麻省理工学院的要求则是核心科学课程、人文、艺术与社会科学课程、限制性理工选修课程和实验室工作。各校的通识教育课程在本科生教育计划中占有十分重要的地位，但具体要求则相差很大。如哈佛要求本科生修满 32 门课程方可毕业，其中 16 门课程为主修专业课程，8 门课程为核心课程，8 门课程为任意选修课程。一般而言，学校都要求本科生在入校后的头两年内完成核心课程学习，第三年开始则进入主修专业课程的学习。通识教育的课程不是随意确定的，而是经过研究，精心挑选、组合而成的。如波士顿学院核心课程研究小组经过长达两年的多方征求意见和深入研究后，于 1991 年 6 月向学校提出了重组核心课程的建议，内容主要包括核心课程的学科分布与特征和成立学校核心课程开发委员会及其组成方式等。研究小组提出的核心课程的特征主要是：(1)持久性问题讨论；(2)重视学科历史；(3)重视学科方法论教学；(4)重视将写作融入课程教学；(5)包含多元文化的观点；(6)关注学生的道德观与实践。根据这些要求，研究小组精选了10大学科领域的15门课程作为核心课程，供学生选修。担任通识教育课程教学任务的教师必须是教授和高级讲师，教学效果经评估是优良的。之所以这样，都是为了确保通识教育达到预期的教育目标。

三、本科教育的学费"随行就市"

2001年以来，美国经济开始步入低潮，政府因财政吃紧，削减了对大学的拨款，慈善家也捂紧了口袋，大学的财政收入减少。为了维持正常的教育、科研及其它活动，一些大学不得不或忍痛裁员，或降低教职工工资，或减少招生，或增加学费。哈佛大学是美国大学中财力最雄厚的，今年也不得不靠增收学费来保证各项开支。2001—2002学年（9个月）一名本科生的学费是25,050美元，加上住宿、伙食、书本等各项开支一共需要42,570美元；但2002—2003学年（9个月）一名本科生的学费则涨到了26,300美元。

由于大学的性质、学术水平和地理位置等相差很大，各大学的收费各不相同。一般而言，私立大学，尤其是知名的私立大学，像麻省理工学院、哈佛大学、斯坦福大学、耶鲁大学等收费都比较高，公立大学收费比较低。公立大学对本州学生和他州学生的收费也不一样，对本州学生的收费要低得多。如阿莫斯特麻省州立大学 2002 年对本州本科学生所收学费、住宿费、伙食费等共计 10,327 美元，比去年增长 2.2%，而对外州来校就读的本科学生相同项目所收费用达到 18,880 美元，比去年增长 2.8%。为此，一些相邻的州为了维护学生的利益，减少学生到其它州的公立大学上学的学费负担，经过协商相互给予那些跨州上学的大学生享受本州学生的待遇，或对等承认学生在原大学所修课程学分。

美国大学教育收费不菲，但人们并不觉得上大学是一个沉重的经济负担。一个重要的原因就是美国联邦政府、州政府和各大学为学生提供了比较充分的财政支持。在哈佛大学，每年接受各种财政支持的学生在 70% 以上，麻省理工学院接受财政支持的学生达到 75%。美国联邦政府今年向大学生提供的财政资助达到 670 亿美元，各州政府也都有自己的大学生财政资助项目。如加州大学生奖学金项目每年资助 30,261 名加州大学生，奖学金用于支付大学生的学费、住宿费、伙食费、书本费、交通费等。除各种奖助学金和学生贷款外，政府还对低收入家庭子女上大学实行减免税政策。各大学一方面提供奖学金，奖励学业优秀和有各种特长的大学生，另一方面提供众多的勤工助学工作岗位，学生可以一边学习，一边挣上学所需的学费。在很多大学，几乎每一个办公室里都聘用了学生助理。有了这些资助措施，美国大学生的生活过得不是那么沉重。

本科教学计划、教学大纲与教材

美国大学没有适用于全校全体本科生的统一的教学计划，也没有适用于各院本科生的统一的教学计划，甚至没有适用于各专业本科生的统一的教学计划，他们所称的教学计划是一个由各类必修课、限选课和任选课所组成的具有很大弹性、适应本科生各种学习需要的庞大的课程体系。大致而言，一所大学的教学计划主要包括低年级本科生所必修的核心课程计划、高年级学生应当主修的专业课程计划以及其它供学生任意选修的课程计划。有的大学还有不占学分的课程计划、培训课程或活动计划，由学生自愿参加。各大学的核心课程计划通常都包括人文与社会科学、自然科学等几大基础学科领域的数十门课程，学生根据对不同学科领域课程选修的规定，在有关教师的指导下，根据自己的学习基础和兴趣爱好，选择规定学分或门数的课程，作为自己的核心课程计划。如斯坦福大学要求本科新生在人文入门计划，自然科学、应用科学、工程科学与数学领域，人文与社会科学领域，世界文化、美国文化与性别研究等四大领域修满 9 门课程，在自然科学、应用科学、工程科学与数学领域选修 3 门课程，但其中 2 门课程不得同属一个学科领域；在人文与社会科学领域选修 3 门课程，其中必须在人文科学和社会科学各选 1 门课程。这样一来，即使同时入学且在相同学院或学系或专业注册的学生，所修的核心课程也都是各不相同的。各大学的专业课程计划一般为三、四年级本科生所开设，通常分为初级专业课程和高级专业课程两类，选修高级专业课程之前，必须修满初级专业课程所要求的学分或课程门数。有的大学要求学生选修高级专业课程后应写出本科毕业论文，或在专门组织的高级研讨班上发表自己的发现与见解。有的大学在专业课程计划中也列出专业核心课程或课程组合，要求学生必修或限选。对于任意选修课，学校一般不作具体要求，凡本校开设的课程都可以选修。当然有的课程本身附加了选修的条件，学生如果任选，也要达到相应的要求。任选课一般在大学一、二年级选读，为学生拓宽视野，增加知识，培养兴趣服务，也为高年级学习专业课打基础。因此，可以说大学没有针对某一个年级或某一个专业大学生贯通整个本科四年学习过程的教学计划。每一个大学生的教学计划都是在一定原则指导下由学生自由选择的各类课程所组成的，具有对学生个体的适应性，但不具有普遍适用性。所以，在一届学生毕业时，一个专业的毕业生所修的全部课程可能是五花八门，各不相同的。各大学对学生转换专业持十分宽松的政策，只要学生提出申请，一般都能满足，学生还可以多次转换专业。当然转换专业后，就要按所转专业的要求来选修专业课程。美国大学本科生中有很大比例的继续教育学生、从其它大学转学来的学生以及从初级学院或社区学院升上来的学生，还有一些学生来自开设了大学低年级课程的高级中学毕业生，对这些学生的教学计划，学校都有详细的规定和要求。

教学大纲在美国大学本科教学中发挥着十分重要的作用，每一门课程都有详细、充分的教学大纲。教学大纲不仅是作为备案存档的主要教学文件，也是教师教学的基本依据，是学生进行课程学习的主要指南。有的大学将各门课程的教学大纲录入学校的教学资源库，在学校网站公布。但这并不意味着任何人都可以查阅，一般只有在学校注册的学生才可能获得相关的用户名和密码，可以上网查阅。教学大纲的主要内容包括课程教学目标、教学方法、考核要求、教材、参考书目、参考资料和本门课程每一次课的教学内容与要求等。教学大纲由担任课程教学任务的教师编写，在上第一次课的时候发给学生。教师按照教学大纲授课，学生按照教学大纲预习和复习功课。在教学过程中，教师一般不得随意更改教学大纲所列出的教学内容和教学时间安排，否则，在学期结束时的课程评价中，教学组织或完成教学任务情况就可能难以得到积极的评价。不同课程的教学大纲尽管在编写体例上大致相同，但详略不同。由于每一位教师对教学要求的理解也不一样，所以不同教师所编的教学大纲都有自己的特点。有的一门课程的教学大纲只有五六页纸，有的达十多页；有的对教学内容只列出每次课的主题及必须阅读的主要文献，有的则不仅列出每次课的主题，而且列出具体将要讨论的各种问题，甚至通过教学所要达到的教学目的。教学大纲是经常变化的，有的教师每一轮授课的教学大纲都不一样，都要根据自己的研究和学术界的新进展，对教学内容进行增删或调整。

教材是学生学习的基本素材。通常一门课程教师都要列出至少两至三本专业书籍作为教材，在教材之外，教师还要列出数目不等的教学参考书和数十篇或更多的相关报纸、学术期刊的论文。有的教师将重点论文或一些著作中的重点章节编辑成册，通过书店或通过院系办公室向学生出售，收回成本。有的教师还在教学过程中印发一些新的论文或资料，确保教学能够跟上学术的新发展。在教师建议阅读的材料中，有关专著达到 36 本之多。教师在每次上课时还为下次课带来一些复印的阅读材料，分发给学生。所以，一门十几次课的课程的阅读量非常之大，有人说一堂2.5小时的课的阅读材料可能需要20到30个小时才能阅读完。因此，美国大学生的学习压力是很大的，课后大量的时间都用在阅读教材和教学参考资料上，因为如果不读完全部或大部分的阅读材料，就很难在课堂上参与讨论，很难参与小组活动，很难完成每次课后的作业，也不太可能通过期中和期末的课程考试，即使勉强通过了，也很难得到好成绩。

教材的供应与管理是市场化的。一般每所大学都设有一个教材书店，专门负责教材的采购、供应与管理。学期开始时出售教材，学期结束时收购学生用过的教材，所以书店里的教材不仅有新书，而且还有往届学生用过的旧书。当然，新书和旧书的价格是不一样的，一般差价在三分之一至二分之一之间。教材书店只供应本学期所需的教材，一学期过后，书架上都摆上了新学期要用的教材。

课堂教学

一、教室“灵活机动”

本科教学的教室有大有小，但多数教室是中型的，可容纳20—30人上课。教室的设备也有所不同。学术报告厅一般是固定的桌椅，阶梯式，有的呈半圆形。我看到有的房子并不是不规则的，但也被装修成扇面报告厅。报告厅的教学设备比较齐全，配备了多媒体设施、投影仪等。中小型教室桌、椅都是可以移动的，根据教学的需要可以灵活组合。这些教室里有的安装了多媒体教学系统，有的安装了闭路电视，但都有投影仪。黑板是各类教室必不可少的，有的还放置了白板，有的教室里两面墙上都装上了黑板。

美国大学的教学班规模通常都不大，除有的学术报告规模较大外，一般课堂的规模在20—30人。如果有更多的学生选修某一门课程，就可能分班上课。所以，有的教师一学期可能承担一门课两个班的教学任务。不过，这并不是很重的教学任务。美国大学教师每周的教学时数一般要求至少6课时，所以，一名教师通常都要承担两门课或每周6课时以上的教学任务。有的资深讲座教授科研课题较多，研究任务很重，每学期也必须至少承担一门课的教学任务。

由于桌椅是灵活的，所以课堂也是经常变化的。一般来讲，教师比较喜欢圆桌会议的形式，即使是在配备拐手椅的教室，教师也较多地让学生呈弧形坐在自己的周围。这样能够方便教师与每一位学生交流，也便于学生相互之间进行交流。如果安排分组讨论或小组工作，学生就顺势移动桌椅，在教室的各个方位形成不同的组合，开展小组工作。

二、课堂生动活泼但井然有序

据调查，美国大学83%的教师主要采用讲授法进行课堂教学。尽管如此，讲授法并不是教师使用的唯一的教学方法。一般来讲，在一门课程的整个教学过程中，教师大都在使用讲授法的同时，会穿插使用答疑、小组工作、读书报告、社会调查、实习、实验等教学方法。就教学技术而言，在使用传统的板书、幻灯、投影等技术设施的同时，现代信息技术也开始普遍采用。在第一堂课上，教师都要将自己的 e-mail 地址告诉学生，以方便师生通过 e-mail 进行交流。有的教师不仅通过 PPT 向学生授课，而且利用多媒体技术组织课堂教学。不过，现在能够利用多媒体技术组织一门课程的全部课堂教学的教师还只是极少数。一些大学正通过开发相关的教学软件、更新网络设施、开展新技术培训、提供技术服务和典型经验示范等方式支持和鼓励教师在课堂教学中运用新技术。

在一堂典型的课堂教学课上，教师的讲授时间大致在一个小时到一个半小时。教师讲授的内容主要是总结和回顾上一次课所学习的主要内容、本次课学习内容介绍、要点讲解以及相关的教学资料和信息等。在讲授结束后，教师通常都要安排讨论或小组工作等活动。小组工作可能是仅次于讲授法的主要教学方法。教师通常将一个教学班分为三到四个小组，课堂上组织小组工作时，可以是按这三四个小组开展活动，也可以根据具体情况临时分组。教师针对具体教学内容提出问题供小组讨论，或布置案例由小组研究，或由小组汇报课前布置的课外小组工作的结果。这时学生开始成为课堂的主角，他们解答老师、其他同学提出的问题，介绍自己的看法和相关经验，提出自己的疑惑。学生的参与通常都非常积极，当然，也有个别学生参与较少的，外国留学生一般发言不多。

不论是在哪一个教学环节，学生随时都可以举手提出问题，也可以发表自己的看法。学生提问已成为大学课堂教学的一景，教师也十分欢迎学生提问，哪怕是在讲授中，教师也会不时地询问学生是否有什么问题。教师并不在意自己的讲授为学生提问所打断，相反，会不厌其烦地解答学生提出的问题，直到学生清楚、满意为止。正因为课堂上有较多的师生问答交流，所以，课堂气氛往往比较活跃。

每一次课结束前，教师都要针对下一次课的教学内容，布置学生需要重点阅读的文献，包括有关教材的章节和重要论文、研究报告等。正是这种承上启下的安排，使得教师和学生在课堂上都是有备而来，师生都希望通过课堂教学中的交流解决各种问题，使教学富有成效。

三、教师考学生，学生评教师，各尽其责

考试仍然是美国大学检验学生学习成绩的主要手段。有人认为，美国大学的考试过多，让学生疲于应付。不仅有例行的期中、期末考试，而且有的课程还举行月考，有的即使不举行月考，教师也会布置一些需要上交的作业，且这些作业的好坏都会影响最终的学习成绩。考试的方式有当堂闭卷考试、课后开卷答题或撰写课程论文等，在课程考试中采用口试的较为少见。学生一门课的最终成绩往往由平时作业、期中考试和期末考试成绩等几部分构成。不管是平时作业还是期中、期末考试情况，教师都要将评阅意见及时告诉学生，以便学生了解自己的学习情况。由于美国大学在一些主要宗教节日和政治性节日都停课放假，有的课程遇上节日就要停课，所以，各门课程的期中考试时间有先有后，但期末考试时间则是统一的，通常利用一学期的最后一周的课时进行课程考试。采用当堂闭卷考试的，当堂答题，当堂交卷；课后开卷答题或撰写课程论文的，往往在一周前公布题目或要求，

最后一次课时交卷。学生对考试成绩非常重视，因为各门课程成绩综合后的优劣，将决定学生能否评优，能否享受某些特殊的待遇。比如，有的学校允许高年级学生修第二学士学位课程，波士顿学院还允许学习优秀的学生在三年级时同时选修研究生课程。

课堂教学的最后环节除了考试以外，就是课程教学评价，由全体修课的学生对教师的课堂教学情况进行评价。课程教学评价一般在最后一次课的前一周上课时进行，教师在完成当堂教学任务也就是完成全部课程教学内容后（因为最后一次课是考试时间）留下 5—10 分钟发给学生统一印制的课程教学评价表，由学生填写。评价表既有选项题，也有表述填充题，但都简明扼要，便于学生填写。在波士顿学院，教师将评价表发给学生之前，要选出一位学生志愿者负责将学生填好的评价表收集起来装袋并封好后，连同填表所用铅笔，直接交给系主任办公室。教师发完评价表和填表铅笔后，即离开教室，学生独立填写评价表，互不讨论，互不交流。课程教学评价表包括五个部分：第一部分是问题回答，主要问题是该教师的长处是什么，应该如何改进教学；第二部分是选项题，主要选项内容是教师可以评为哪一等级（优秀、很好、好、可以接受或差），能否定期接待学生来访（是或否），有否缺课现象（有或无），在学校教学手册和注册资料中关于该课程内容与方法的介绍是否清晰（是或否）；第三部分是对教学过程的评价，包括 14 个问题，如课程组织是否良好，教师是否清楚明白地解释资料，作业是否对学习很有帮助，教师对教学是否负责，教师对课程内容是否充满热情，教师对学生的学习需求是否敏感，课堂气氛是否有助于学习，教师在课堂上是否关心学生，教师是否最大限度地激发学生的学习热情，学习成绩的考核方式是否公平，等等；第四部分也是选项题，包括 8 个问题，分五种程度，学生选其一，主要问题有：每次上课对学习内容的学习是否必要，这门课是否有助于你获取实际信息、掌握有关原理和概念、获得学术技能、获得实用技能、人格发展，教师在课外是否提供帮助，与其它相同学分和学时的课程相比，这门课的时间安排是否合适等；第五部分是留给教师提问的，如果教师要求学生就某些问题进行补充回答，学生可以在这部分所留空间予以回答，如果没有则不必填写。

（原载《中国大学教学》2002 年第 12 期）

第二编

大学教学改革焦点

大学教学改革不是一个环节一个要素的小改小革，而是系统、全面、深刻的改革，是一种系统性跃升和蜕变。我国高等教育完成了从小规模精英化向大规模普及化的转型发展，大学也从袖珍型办学转变为大规模和超大规模办学。国家经济产业创新发展和中国式现代化建设对大学人才培养的要求发生了重大改变，创造性人才成为社会稀缺资源，造就数以千百万计的创造性人才是大学不能推卸的使命。

大学教学改革进行了四十多年，触及了方方面面。由于社会的复杂性和大学的多样性，加上科技持续加速创新发展和产业日新月异，大学教学面临的形势和任务变化不定，改革总在路上。改革既要解决大学人才培养与经济社会发展相适应的体制机制问题，又要解决大学内部人才培养的组织体系和具体方式方法问题。头绪多、任务重，改革任重道远。

大学教学改革需要突破口，在一定时期还需要聚焦。本编聚焦大学课堂教学、教学文化两大主题，主要围绕创造性人才培养、人才培养模式、课堂教学革命、教学文化创新和外国部分一流大学教学改革动向展开探讨，旨在为大学教学改革重大主题提供新思路。

创造性人才培养的新视野

如何培养创造性人才？遍览世界各国，不论是一流大学还是一般大学，都不太可能从其在校生中选出极少数人，编成专门的班级，集中全校最优质的教学资源，进行封闭式培养和教育，以使他们成长为出类拔萃、富有创造性的人才。这是为什么呢？难道这些大学不愿意培养创造性人才吗？显然不是。造就一批又一批创造性人才几乎是所有大学都孜孜以求的。那为什么不采取上述办法呢？难道大学不知道心理学研究结果表明，智力超常者往往只占社会人口的5%左右，将这极少数人培养成为创造性人才是最可能、最经济的吗？答案是否定的。高校之所以不那么做，另有更深刻的社会和教育方面的原因。

其一，那样做是不公平的。将最优质的教育资源集中用于极少数人的教育，是特权社会时代的产物。在高等教育民主化时代，不论智力超常者，还是经济地位优越者，或是社会资本突出者，与其他人的受教育权利是平等的。一所大学只能致力于为全校所有学生提供平等的优质教育，不能为了少数人更好的发展而剥夺其他人的平等受教育权。

其二,那样做可能破坏大学的教育生态。开放的教育环境有助于个性相异的同学相互学习,相互激励,取长补短,良性竞争,在常态化的人际环境中发展自己的能力和素质。而封闭的教育环境不仅会将极少数学生与大多数学生隔离开来,使极少数学生接触不到更多各具特点的同学,从而弱化极少数学生的人际交往,而且还可能将极少数同学孤立于大多数同学之外,恶化极少数同学的人际关系,以至于他们走向社会以后还可能受到这种人际关系的影响。

其三,那样做可能弱化高等教育的魅力。高等教育固有的魅力在于其不确定性和不可预测性,大学向学生提供的所有教育都不可能有直接对应的教育结果,大学教育与其结果之间的奥秘仍是高等教育研究未能解答之谜。在高等教育的不确定性中,每一个大学生都有其不可预知的发展潜力。大学如果给大学生贴上了确定性的发展标签,也就意味着高等教育丧失了其原本的魅力。

那么,为什么长期以来我国大学却习以为常地采用“开小灶”“圈养”的方式来培养创造性人才呢?而且人们还都认为理所当然,极少有人提出批评或抗议。这可能与我国一定时期的社会文化有关系,也可能与我国高等教育发展的阶段性特点相关联,还可能与我们对创造性人才培养的科学规律缺乏更深入的研究有联系。本文把创造性人才培养置于我国新的社会背景和需求下,从高等教育发展即将迈入普及化时代的特点出发,运用更广阔的国际视野,探讨创造性人才培养新路径。

培养创造性人才的思维定式:"开小灶""圈养"

培养创造性人才是现代大学教育目的的应有之义。19 世纪初期,有"现代大学之母"美誉的德国柏林大学将科学引入大学,为了实现由科学达致修养的教育目的,在教学中采取了科研与教学相统一的方法,建立了创造性人才的培养机制,从而开启了大学培养创造性人才的大门。我国现代大学是在教育救国的时代背景下发展起来的,在科技落后、经济不彰的历史时期,培养创造性人才更多地表现为一种期盼,培养传承性人才成为大学教育实践的主要目的。改革开放以来,我国大学一直致力于探索培养创造性人才的有效途径。1985 年颁布的《中共中央关于教育体制改革的决定》指出,教育体制改革的根本目的是提高民族素质,多出人才、出好人才。对于人才的素质,文件要求"有理想、有道德、有文化、有纪律,热爱社会主义祖国和社会主义事业,具有为国家富强和人民富裕而艰苦奋斗的献身精神","不断追求新知,具有实事求是、独立思考、勇于创造的科学精神"。显然,具有献身精神和科学精神的人才,是时代需要的创造性人才。

我国大学是重视培养创造性人才的,尽管有的在做法上并没有冠之以培养创造性人才,但其目标指向与培养创造性人才差别不大。传统上,大学通过认定一部分优秀学生或高分学生,将他们集中在一个班(组)或特设的学院,纳入重点培养计划,在师资、实验设备条件、经费支持、国际学术交流机会等方面给予倾斜,目的是将他们培养成为毕业生中的佼佼者,也就是人们心目中的创造性人才。因此，不论是高等教育理论界还是大学教育教学改革实践，大多是围绕如何去组织这些特设的班组或学院，如何公平地挑选所谓的优秀学生，如何保证重点培养计划的落实。人们似乎都认为这是天经地义的事，因为优秀学生或创造性人才只可能是极少数，只要选出了这极少数人，加以适当的教育培养就能达到目的。

尽管高等教育理论研究和大学教育教学改革实践不乏对创造性人才培养的关注，但创造性人才培养的体系并没有在大学建立起来。原因可能是多方面的，但其中一个不能忽视的原因就是理论上和实践中关于创造性人才培养的视野发生了偏差。长期以来，我国大学将创造性人才定义为一种特殊的人才，只能通过特殊的途径来培养。如在国家层面，实施拔尖创新人才计划、基础学科人才培养计划等，资助部分大学对极少部分学生进行特殊教育；在大学层面，采取各种实验班、试点学院、××计划等方式，集中优势教育资源对部分学生进行培养，以造就创新型人才。这种只关注极少数学生的聚焦式培养创造性人才的方式常常被称为“圈养”。为什么要“圈养”而不是“放养”或“散养”？有人可能认为是因为我国大学优质教育资源不足，不足以满足培养更多的创造性人才的需求，所以只能将这些资源集中起来，用于极少数学生的培养。如果面向更多的学生，优质资源就会被稀释，达不到培养创造性人才的目的。尽管这种看法不无道理，但不能否认的是，在传统的计划体制下形成的“重点培养”的思维定势也发挥了重要影响。

“重点培养”是我国各级各类学校教育中的一种特殊现象。

在高等教育层次，“重点大学”“××工程”“拔尖班”“基地班”等成为大学显示教育成就的标志。在这些项目中，大学往往选择少量的学生进行所谓的教育教学改革试点，集中学校优质教育教学资源，包括高水平教师、先进的教学设施、科学研究机会、校际或国际学术交流机会等，为少数大学生服务。[①]

“重点培养”就是关注极少数，将他们圈在一起，与其他学生隔离开来。有人用“开小灶”来形容这种人才培养方式。“小灶”与“大灶”，“圈养”与“散养”，目标相同，但路径各异，哪一种路径更有效，要做出一个准确的判断并不容易。数十年来，“重点培养”一直是我国大学教育的重要战略举措，尽管对大学教育中“重点培养”在创造性人才培养中所发挥的作用缺少专门的评估研究，但可以肯定的是，我国高等教育系统本身已经发生了根本的变化，所面对的经济社会环境也有了翻天覆地的改变，创新人才培养模式，造就大批创造性人才是时代赋予大学教育的新使命。

创造性人才是指通过教育所培养的具有创造精神和创造能力的人才。从类别看，可以是一种特殊类型的人才，即创造性人才，也可以是普通的具有创造性素质的人才。我国大学培养的创造性人才是特殊类型的人才，还是具有多种素质而创造性素质只是其一的人才？如果是前者，可能需要比较特定的高等教育形式、层次或方式来培养；如果是后者，则可能需要在各级各类高等教育中注入创造性素质培养的元素，是所有接受高等教育的人都具有一定的创造性素养；如果二者皆有，则可能需要将两类创

① 别敦荣：《一流大学本科教学的性质、特征及建设路径》，《中国高教研究》2016年第8期。

造性人才的教育在大学结合起来，既有分工又有统一，达到培养多种类型人才的目的。创造性是现代社会对高等教育人才培养的一个基本要求，也就是说，培养人的创造性素质是现代高等教育的基本目的所在。在高等教育实践中，人们对创造性人才的认识还是不充分的，不但对创造性人才的素质构成很少认知，而且对创造性人才培养的机理及相关要求也了解不多，所以，很多所谓的实践探索都带有盲目性，也少有实践效果评价与反思，更没有见到何种有效的创造性人才培养的经验得到推广和验证。

教育心理学的研究表明，人的智能具有多样性，不同的人拥有各具优势的智能，教育应当针对不同学生的智能特点，扬长补短，造就个性鲜明的、各式各样的人才。我国大学教育习惯于抓重点而不太顾及其余，对极少数所谓的优异生或尖子生采用特殊的培养途径，而无视其他学生的优长与发展需求。这种偏爱极少数学生，放弃大多数学生的做法，不是负责任的教育，有意无意导致了特权教育，与现代社会理念和高等教育理念的要求相去甚远。发展现代高等教育应当秉承现代民主理念，公平地对待每一位大学生，尊重每一位大学生的个性与发展需求，因人制宜，造就大批高素质创造性人才，让每一个走出校园的大学生都怀抱远大理想，以一种阳光快乐的心态和良性的人际关系融入社会，迎接职业与生活的挑战，享受创造性素质所带来的愉悦。

创造性人才培养的新视野：经济社会发展的呼唤

培养创造性人才既是现代人自身发展的需要，更是经济社会发展的需要。我国已经步入全面建成小康社会的发展阶段，经济总量位居世界前列，经济质量得到了显著改善，现代化水平大幅提高。经济社会发展对创造性人才数量和质量的要求是历史上任何时期都不能比拟的，创造性人才培养必须改变传统的思维，以更加广阔的视野、更加开放的态度、更加有效的途径造就大批创造性人才，以适应新时期经济社会发展的要求。

新时期经济社会发展要求创造性人才培养必须有新的视野，这既是经济规模和社会现代化发展的需要，也是经济质量、产业结构调整，尤其是高新技术产业发展的需要。改革开放以来，我国步入了经济社会快速发展的轨道，通过三十多年的积累，我国经济不仅在规模上有了巨量的增长，而且结构和质量都得到了显著改善。据统计，1978 年我国国内生产总值（GDP）为 3,678.7 亿元，[①] 经济总量位居世界第 10 位，经济总量占世界的份额为 1.8%；1986 年超过万亿元，达到 10,309 亿元；2000 年突破 10 万亿元，达到 100,280.1 亿元；2010 年为 413,030.3 亿元，按美元折算，超过日本，跃居世界第二位；2014 年达到 636,463 亿元，超过 10 万亿美元，除美国外，远超世界其它国家；2015 年达到 676,708 亿元，[②] 经济总量占世界的份额达到 15.5%，表明我国经济发展进入新常态后，整体规模仍呈增长趋势。与 1978 年相比，2015 年的国内生产总值增长了 183.95 倍。三十多年来伴随我国

---

① 中华人民共和国国家统计局数据，[EB/OL].[2016-8-4].http://data.stats.gov.cn/search.htm?s=1978 年 GDP。

② 《2015 年国民经济和社会发展统计公报》，[EB/OL].(2016-2-29)[2016-8-4].http://www.sts.org.cn/nwdt/gndt/document/2015/2015 年国民经济和社会发展统计公报.pdf。

经济规模持续走高、节节攀升的发展势头，产业结构不断调整和改善，三类产业增加值在国内生产总值中所占的比例，则由1978年的28.2∶47.9∶23.9调整为2015年的9.0∶40.5∶50.5，第一产业所占比重显著下降，第三产业所占比重明显上升。不仅如此，第二产业和第三产业的质量也得到了显著改善。经济总量、结构和质量的不同，对创造性人才的需求也相应地不同，既有数量上的不同要求，又有结构和质量上的不同要求。

在经济发展中，对创造性人才需求最大的是高技术产业，高技术产业是创造性人才施展才华和抱负的领地。我国经济结构和质量的改善有很多表现，其中一个重要的标志是高技术产业的兴起和发展。有研究表明，我国在很多高技术领域中的研发活动几乎与发达国家同时起步，1958年就已开始数控机床的研究，20世纪60年代中期开始集成电路研究，但高技术产业化发展还是1985年第一个高新技术产业开发区在深圳市建立以来的事情。20世纪80年代，在国家一系列科技计划的直接推动下，我国开始在高技术的基础研究、应用研究与科技成果转化等各个层面上，大规模地促进高技术产业的发展，高技术产业成为拉动经济增长、促进出口和经济结构调整的最为活跃的力量。[①] 据统计，到2003年，我国高技术产业工业总产值达到20,556亿元，高技术产业实现增加值5,034亿元，高技术产业从业人员达到477万人。[②] 2010年，我国高技术产业总产值创历史新高，突破7万

① 王元：《我国高技术产业发展回顾与展望》，《科学新闻》2002年第3期，第35页。

② 《2003年我国高技术产业发展概况》，[EB/OL].[2016-8-4].http://www.sts.org.cn/tjbg/gjscy/documents/2003/1029.htm。

亿元，达到74,709亿元，其中内资企业占比超过1/3；[①]高技术产业从业人数达到1,092万人。[②]2014年，我国高技术产业主营业务收入达到12.7万亿元，内资企业自主创新能力持续增强，高技术产业中内资企业规模不断扩大，内资企业的主营业务收入占比达到46.6%。[③]另据统计，2013年我国高技术产业从业人员达到1,294万人。[④]与2003年相比，2014年我国高技术产业总产值增长6倍以上，2013年我国高技术产业从业人数增加了819万人，增幅达171.69%。面对高技术产业数以千万计的从业人员需求，大学的创造性人才培养不能小打小闹，应当解放思想，突破传统思维，创新思路，面向更广大的大学生群体，建立新的教育和培养体系。

现代产业发展需要创造性人才，现代科技在产业发展中应用越广泛深入，对创造性人才的需求越大。与此同时，产业发展为创造性人才所提供的支持也越来越多，包括创造性人才发挥作用所必不可少的研究、开发和试验的经费支持。反过来，也可以通过国家研发经费的变化情况来分析产业发展对创造性人才的需求状况。据统计，2003年我国研究与试验发展（R&D）经费支出为1,539.6亿元，占当年国内GDP的1.31%，其中，基础研究

---

① 《2010年我国高技术产业发展状况分析》，[EB/OL].[2016-8-4].http://www.sts.org.cn/tjbg/gjscy/documents/2012/20120206.htm。

② 中华人民共和国科技部:《中国高技术产业数据（2012）》，[EB/OL].[2016-8-4].http://www.sts.org.cn/sjkl/gjscy/data2012/data12.pdf。

③ 《2014年我国高技术产业发展状况分析》，[EB/OL].[2016-8-4].http://www.sts.org.cn/tjbg/gjscy/documents/2016/2014年我国高技术产业发展状况分析.pdf。

④ 中华人民共和国科技部:《中国高技术产业数据（2014）》，[EB/OL].[2016-8-4].http://www.sts.org.cn/sjkl/gjscy/data2014/data14.pdf。

经费支出为 87.7 亿元，应用研究经费支出为 311.5 亿元，试验发展经费支出为 1,140.5 亿元；从执行部门看，各类企业支出 960.2 亿元，科研院所支出 399.0 亿元，大学支出 162.3 亿元。[①]2010 年，我国 R&D 经费支出达到 6,980 亿元，占全国 GDP 的比重达到 1.75%。[②] 到 2015 年，我国 R&D 经费支出达到 14,220 亿元，与 GDP 之比为 2.10%。[③]R&D 经费的持续增长，包括与全国 GDP 的同步增长，表明我国经济社会发展，尤其是产业发展，对创造性人才提供的经费支持是持续不断增长的，也表明我国产业发展对创造性人才的需求是持续不断增长的。

另有统计表明，2014 年我国科技人力资源总量达到 7,512 万人，其中，大学本科及以上学历的科技人力资源总量为 3,170 万人。无论是按人头数还是按全时当量计，我国投入研发活动的人力规模都已经达到全球最高。根据世界经合组织（OECD）对 41 个主要国家和地区的统计，我国 R&D 研究人员全时当量数占全球总量的比重从 2009 年的 18.4% 上升到 2014 年的 21.4%。但国际比较同时也表明，我国研发人力投入强度指标在国际上仍处于落后水平。我国每万名就业人员的 R&D 人员数从 2010 年的 33.6 人年 / 万人上升到 2014 年的 48.0 人年 / 万人。但每万名

① 《中国科技统计》，［EB/OL］.（2004-11-29）［2016-8-4］.http://www.sts.org.cn/nwdt/gndt/document/2004/036.htm。

② 《中华人民共和国 2010 年国民经济和社会发展统计公报》，［EB/OL］.（2011-2-28）［2016-8-4］.http://www.sts.org.cn/nwdt/gndt/document/2010/2010 年国民经济和社会发展统计公报.pdf。

③ 《2015 年国民经济和社会发展统计公报》，［EB/OL］.（2016-2-29）［2016-8-4］.http://www.sts.org.cn/nwdt/gndt/document/2015/2015 年国民经济和社会发展统计公报.pdf。

就业人员的 R&D 研究人员数增长相对较慢，从 2010 年的 15.9 人年 / 万人上升到 2014 年的 19.7 人年 / 万人。2014 年我国每万名就业人员的 R&D 人员在 R&D 人员总量超过 10 万人年的国家中仅高于土耳其和巴西等发展中国家。韩国、法国等国家的万名就业人员 R&D 人员数量是我国的 3 倍以上。2014 年我国每万名就业人员的 R&D 研究人员在 R&D 人员总量超过 10 万人年的国家中排名倒数第二，发达国家这一指标值大多是我国的 4 倍以上。[①] 这也就表明，我国培养创造性人才的步伐跟不上发达国家的步伐。创造性人才的不足对我国高技术产业发展和经济社会的转型升级都有重大影响。

对我国大学而言，经济社会发展对创造性人才包括创造性人才的需求，是挑战，更是机遇。我国高等教育即将进入普及化发展阶段，生源、招生人数和在学人数都不是问题，我国大学必须适应经济社会发展的新需要，转变人才培养方式，构建创造性人才培养体系，源源不断地为经济社会发展培养具有创造精神和创造能力的高素质专业人才，促进我国经济社会持续健康发展。

创造性人才培养的背景：
高等教育由精英化走向普及化的趋势

创造性人才培养应当与高等教育体系的发展和变化相适应。我国高等教育长期呈小规模、精英化发展态势，直到 20 世纪末

---

① 中华人民共和国科技部：《2014 年我国科技人力资源发展状况分析》，[EB/OL].（2016-3-17）[2016-8-4]. http://www.most.gov.cn/kjtj/。

期，才开始快速迈向大众化。与其它国家不同的是，经过一个短时期的发展和积累，我国高等教育已经进入大众化后期，正稳步向普及化迈进。

历史地看，我国高等教育发展表现出精英化时期较长，大众化时期较短，普及化成为不可逆转的趋势，可以说，在我国高等教育发展史上，大众化注定只是一个短暂的过渡阶段。所以，我国大学的创造性人才培养可能难以形成大众化阶段特有的模式，很可能出现一个从精英化阶段的创造性人才培养向普及化阶段的创造性人才培养的跨越。

高等教育体系是培养创造性人才的蓄水池，蓄水池规模的大小对创造性人才培养有着重要影响。我国现代高等教育有100多年的发展历史，到本世纪才迈入大众化的门槛。从招生规模看，1997年我国大学年招生规模达到100.04万人。1999年，我国启动了高等教育的“大扩招”，本专科生招生总数达到159.68万人，比上一年增加51.32万人，增长速度达到史无前例的47.4%，之后的2000年扩招幅度为38.16%，2001年为21.61%，2002年为19.46%，到2003年，大学本专科在校生人数超过1,173万。新世纪我国高等教育快速发展的步伐在大学年招生人数的变化上有明显的反映。如果以京师大学堂建立为起点，我国大学用了100年时间实现了年招生100万人以上，从100万人以上到200万人以上只用了三年，再到300万人以上和400万人以上都只用了两年，到500万人以上仅用了一年，到600万人以上用了四年，到700万人以上则用了六年。尽管到以后增长速度明显放缓，但由于基数庞大，即便小幅增长也会带来高等教育总规模的显著扩大。据统计，“大扩招”前的1998年，大学在校生总数为340万人，到了2015年达到2,625.30万人。如果加上其它各类高等教育在学人数，2015年我国高等教育总规模为3,647万人，高等教育毛入学率达到40.0%。这就是说，我国高等教育发展进入了大众化的后期阶段，离普及化的及格线不远了。[①] 据预测，未来三到五年内，我国高等教育毛入学率将达到甚至超过50%，高等教育发展将走向普及化。有研究表明，2020年至2024年，我国高等教育在学总规模很可能突破5,000万人；到2025年，我国高等教育在学总规模可能达到5,187.08万—5,929.88万人，比2015年年末增加1,000万—2,000万人，高等教育毛入学率可能达到63.42%至78.27%。[②] 我国已建立全球最大的高等教育体系，与精英化的高等教育相比，大众化和普及化的高等教育受众对创造性素质的需求是不同的。在一个超大规模的体系中，开拓和创建创造性人才培养新模式是一个全新的课题。

我国高等教育发展不只表现在规模的增长上，而且还表现在结构的完善上，突出地体现在多样性越来越显著。在不同层次、不同类型的高等教育中，创造性人才培养有共性的要求，有教育的关联性、贯通性，也各有自身的特点。以研究生教育发展为例，1978年以前，我国曾有过研究生教育，但没有持续发展，也没有建立起研究生教育体系。1978年我国研究生教育得到恢复，到1980年，我国在学研究生已达2.1万人。同年，《中华人民共和

---

① 别敦荣：《普及化高等教育的基本逻辑》，《中国高教研究》2016年第3期。

② 易梦春：《我国高等教育普及化进程及其影响因素——基于时间序列趋势外推模型的预测》，《中国高教研究》2016年第3期。

国学位条例》由全国人大常委会审议通过，研究生教育发展走上了有法可依、有章可循的轨道。自此以后，研究生教育规模不断扩大，学科门类不断丰富，学位类别不断增加，到现在已经构建起一个规模庞大、结构完善、类别多样的研究生教育体系。据统计，2015 年，我国研究生招生数达到 64.51 万人，其中，博士生 7.44 万人，硕士生 57.06 万人；在学研究生达到 191.14 万人，其中，博士生 32.67 万人，硕士生 158.47 万人；毕业研究生达到 55.15 万人，其中，毕业博士生 5.38 万人，毕业硕士生 49.77 万人。[①] 有了如此大规模的研究生教育体系，整个高等教育的创造性人才培养应当有新的思维，创造性人才培养的任务应当更加多样而丰富，创造性人才培养应当根据不同层次、不同类型高等教育的任务要求采取不同的方式方法。从比较严格的意义上讲，不论是硕士教育还是博士教育，不论是学术学位教育还是专业学位教育，都要以创造性人才培养为直接目的，甚至是第一目的。在有近 200 万人规模的研究生教育的今天，整个高等教育体系培养创造性人才应当有新的思路。在近 200 万的研究生之外，2,625 万本专科大学生的创造性素质培养应如何去做？应以什么样的理念和思想为指导？很显然，长期沿用下来的“重点培养”的思想和做法需要改变。

由精英化向普及化发展是我国高等教育的深刻变革，不仅反映了经济社会发展对各级各类人才培养的需要，也反映了高等教

---

① 中华人民共和国教育部《2015 年全国教育事业发展统计公报》，[EB/OL].(2016-7-6) [2016-8-6].http://www.moe.edu.cn/srcsite/A03/s180/moe_633/201607/t20160706_270976.html。

育自身发展的需要。在高等教育大众化和普及化阶段，受教育者来自平民阶层的比例越来越高，平民子弟接受高等教育的需求是不同的。多样性、个性化成为新时期我国高等教育发展的突出特点，我国大学培养创造性人才必须尊重新时期高等教育变革的特点，既要关注创造性作为人的基本素养的需求，又要重视经济社会发展对创造性人才的呼唤。

创造性人才培养的土壤：一流大学本科教学

大学是创造性人才培养的最佳场所。大学如何规划和实施创造性人才培养，不仅反映大学对创造性人才培养的认知，而且决定创造性人才培养的质量与成效。"重点培养"可以看作是大学选择了"温室"培育，其成效可以看作是温室功能的发挥，与大学整体的教育差别很大；"散养"则可以看作是大田耕作，既可能广种薄收，也可能广种广收。我国大学在创造性人才培养中罕有采用所谓"散养"方式的，所以，也就难见有计划、有目的"散养"的成效。

现代高等教育始于本科教育。现代高等教育肇始于 18 世纪中后期，成型于 19 世纪初期，当时的大学层次、类型单一，教育教学目的单纯，只开办本科教育，因此，有人将这一时期的大学生称为"第一代本科生"。[①] 在后来的发展中，高等教育在类型和层次上不断发展，体系越来越复杂多样，教育的规模和目的也随

① 谢尔顿・罗斯布莱特著、别敦荣等译：《现代大学及其图新：纽曼遗产在英国和美国的命运》，北京大学出版社 2013 年版，第 108 页。

之发生变化。尽管如此，本科教育的基础地位未曾被动摇过，发挥了承上启下、服务经济社会发展的重要功能。

在两百多年的发展中，本科教育自身也在发生改变。传统的本科教育主要是普通教育，培养牧师、教师、医师、律师等高级专业人才。时至今日，本科教育服务于经济社会各行各业，而且人才培养的类型、规格和水平也多种多样。实施本科教育的大学亦变得各式各样，不再是一个模式、一种形态，有精英化、小规模的，也有大众化、大规模的；有综合性、多学科的，也有单科型、专门化的；有注重学科人才培养的，也有专注培养应用型人才的；有将研究置于首位的，有教育与研究并重的，也有首重教育、兼顾科研与服务的；有数百年、上百年的老校，也有数十年、若干年的新校；教育教学形式不再局限于课堂教学、校园教育，而是在课堂、校园、网络和社会现场之间建立多样化的合作教育形式；等等。现在，除了能够从学制和所授予的学位上找到各式各样的大学本科教育的共同点之外，恐怕再难以找到它们的共同之处了。

高等教育不论如何变化，不论有多少种形式，本科教育培养创造性人才的目的是不变的。两百多年来，研究生教育规模不断扩大，层次、类型和学科门类不断增加，创造性人才培养向高等教育体系上移的步伐没有终止过，但本科教育并没有轻视和放弃造就创造性人才的使命。与此同时，为了满足经济社会发展对职业人才的需要，在传统的本科教育之外，高等职业教育或专业学位教育得到了发展，尤其是20世纪中期以来，高等职业教育和专业学位教育发展迅速，在有的国家甚至占据了高等教育的半壁江山，创造性人才培养并没有因为高等教育向职业领域拓展而遭到削弱。相反，由于知识经济发展迅猛，信息技术的应用日益广泛、深入，社会变革越来越快，创造性成为普通民众必需的基本素质，所以，包括本科教育在内的所有高等教育，都不能不重视创造性人才的培养。显然，今天的本科教育与两百年前已经有了显著的差别，但不论是面对少数精英人群，还是面对社会各阶层的普通民众，培养受教育者的创造性素质仍然是大学本科教育目的的应有之义。如果说早期的现代大学培养创造性人才是教育功能上的一种开拓创新，今天大学本科教育对培养创造性人才的坚持就是大学在新的时代背景下对高等教育和经济社会双重需要的有效应答。不舍初心，本科教育方能历久不衰，坚守高等教育的基础地位。

一流大学本科教学是培养创造性人才的沃土。尽管开展本科教育的大学都培养创造性人才，但不同层次、类型和水平的大学所担负的任务是不同的。对大多数大学而言，本科教育主要培养大学生基本的创造性素质，而一流大学本科教育既担负着培养大学生基本的创造性素质的任务，还承担着创造性人才培养的使命。一流大学的办学资源和条件更优于其它大学，在培养创造性人才方面理应发挥更重要的作用。

创造性人才培养的条件：大学教学文化创新

创造性人才培养需要创造性的大学教学文化。大学是一种文化组织，它像一间大染坊，染坊里有什么染料，就能染出什么颜色的布料。大学教学文化如同染坊里的染料，它能给大学生的素质打上一个鲜明的烙印。创造性人才只能在富有创造性的大学教学文化里培养，大学教学文化的浸润力不但能够影响大学生的学习态度和效果，形塑大学生的思维方式与认知倾向，还能够深刻地影响他们的精神世界和价值观，在其思维和认知中植入创造的种子，在其态度、价值观和精神中注入创造的喜好，使其养成一种创造性的人格特质。创造性的教学文化对大学生的影响是潜移默化的，体现于大学生的校园生活和教学活动全过程。创造性的教学文化的典型表现为：（1）大学教学崇尚创造价值，对师生的创造性动议、思想、行为等高度认可、尊重和重视；（2）大学教学各要素、各环节、全过程充满创造性要求、设计、活动安排，教学过程的创造性氛围浓厚；（3）师生创新在教学中常态化，教与学都富有创造性；（4）大学教学宽松包容，师生的创造性行为及其结果是大学教学不可或缺的。创造，包括失败的创造，都是能够为师生和学校所接受的，相反，循规蹈矩、不思进取、照本宣科、本本主义等都是不受欢迎甚至不能容忍的。

我国大学培养创造性人才存在诸多障碍，教学文化的影响不容忽视。我国大学教学文化过于因循守旧，缺乏创造性。长期以来，在计划体制下，我国大学教学形成了唯上的习惯，各级政府部门、大学各级教学行政部门，以及有关领导都对教学拥有权威的发言权，各级政府部门和大学行政部门对教学制定了诸多强制性的法律法规和规章制度，对各种教学要素、教学环节和教学过程，包括人才培养方案、课程、教材、教学考核等，都做出了明确而具体的规定和要求。从大学教学的要求看，外部的价值追求，尤其是来自政府行政部门的指令，发挥了主导作用。改革开放以来，我国大学教学进行了多方面的改革，包括扩大办学自主权，增加师生的学术自由，减少干预，尊重人才培养与成长规律等，教学文化得到了一定程度的改善。但在大学教学中，由于唯上的背景和基础仍然非常强大，唯上的习惯还没有根本改变；行政化色彩浓厚，行政主导和支配教学过程的现象没有改变；应试教学、以教材为中心的照屏宣科、照本宣科大行其道；教学管理控制有余、激励创造不足，满足于按课表上课、教师完成工作量、学生及格率高、毕业率高等，说明我国大学教学文化与培养创造性人才的要求相距甚远。唯上、行政化、应试、控制是我国大学教学文化中比较典型的表现，它们的基本指向是因循守旧，其结果只能是少自主、少进取、少自由、少个性、少创造。从这个意义上讲，有什么样的大学教学文化，就有什么样的人才培养。我国大学要培养创造性人才，必须创新教学文化，调配富有创造性的染料，打造能够培养多姿多彩的创造性人才的新染坊。

创新教学文化，将创造的基因植入教学过程的各要素、各环节，是大学培养创造性人才的不二选择。创造性是现代大学教学的主要特征，但大学教学不可能无所作为就表现出创造性，实现造就创造性人才的教育目的。大学需要改革教学，在有形和无形的教学思想观念、教学组织形式、教学标准与要求、教学设施条件、教学活动、教学管理与服务等各方面，根据创造性的要求进行持续不断的改革，使创造成为一种教学习惯，为师生和所有参与教学行政管理与服务人员所认同和践行。改变一种文化很难，创新教学文化不可能一蹴而就，需要长期持续的努力。改变我国大学教学文化的因循守旧问题，涉及大学内外多方面的因素，有的甚至超出了教育范畴，需要有更宏观层面的改革，但大学并非只能等待，大可以有所作为。三十多年的改革开放已经赋予我国大学必要的教学自主权，大学可以在其自主权的范围内，从教学标准与要求、学科专业发展、课程体系、教学制度与管理、师生教学行为、教学活动设计、教学条件配备、教学服务支持等各方面，强化创造性导向，使创造成为教学的核心价值之一，成为师生的自觉意识和行为，成为大学领导与管理者珍视和追求的教育价值。

创新教学文化，大学应当守望精神家园。教学文化是大学文化的核心，但这是从其重要性来说的。现代大学面对的需求太多了，面临的压力太大了，面前的诱惑太难拒绝，现代大学已经成为多样性的复杂组织，内外多种多样的文化冲突常使大学迷失自我，教学文化并不必然因其重要而占据主导或优势地位，相反，很可能在文化博弈中成为其它文化的附属，甚至可能发生变异。在学科文化和学术文化传统薄弱的国家，教学文化往往处于弱势地位，为其它文化所干扰和制约，包括可能受到某些社会文化的钳制与统整，丧失自身的个性。因此，创新教学文化，不能只就教学文化谈教学文化，还应当从更宏观的角度来探讨。大学还应当加强自主办学能力建设，自觉遵循高等教育规律和现代大学的逻辑办学，营造宽松、包容的环境。

创造性人才培养的策略：一流大学建设

培养创造性人才，一流大学建设是一个绕不开的问题。世界上有两种大学：一种是世界一流大学，另一种是非世界一流大学。

已经是世界一流的大学只需常规化地办学，便能达到其目的，包括教育目的；非世界一流的大学，多数也在不断提高办学实力和办学水平，但无意成为世界一流，少数确立了成为世界一流的目标，意图通过建设达到世界一流，我国就有这样一批大学。“211工程”“985工程”以及将要实施的“双一流”建设，都将目标对焦世界一流大学。“211工程”立项建设的大学一共112所，“985工程”立项建设的大学共有39所，“双一流”建设虽然没有正式启动，但有关政策文件已经发布。从建设情况和要求看，前两大工程更加重视立项大学的基础设施和条件建设，如果说在人才培养上有关制度的话，也主要是研究生教育，尤其是博士生培养，对本科生教育而言，其影响主要是间接的或附带的；“双一流”建设与两大工程建设有所不同，国务院印发的《统筹推进世界一流大学和一流学科建设总体方案》在建设任务的第二条指出：“培养拔尖创新人才。坚持立德树人，突出人才培养的核心地位，着力培养具有历史使命感和社会责任心，富有创新精神和实践能力的各类创新型、应用型、复合型优秀人才。加强创新创业教育，大力推进个性化培养，全面提升学生的综合素质、国际视野、科学精神和创业意识、创造能力。”可见，培养创造性人才在“双一流”建设中占有突出的地位，这也说明一流大学建设将步入大学的核心功能，把培养创造性人才作为主要目标，将使一流大学建设更加名副其实。

一流大学不仅是科学研究的生力军，而且是创造性人才培养的主力军。在对一流大学的认识上，一种偏颇的认识很有市场，这就是一流大学主要是科研产出的一流，只要能够产出国际主流刊物的论文，名列前茅者便是一流。在一流大学排行榜上，排名靠前的都是科技论文产出较多的大学，评价标准也以科研论文产出所占比重为最大。这样的认识和排名方法更强化了科研在大学的地位，所以，在一流大学建设中，往往会将科研及其产出放在第一位。毫无疑问，一流大学是科学研究的生力军，不论是在基础科学研究方面还是在应用开发研究方面，一流大学都拥有强大的实力和优势，是科技创新的中坚力量。但即便如此，科学研究也只是一流大学第二位的使命，第一使命在于人才培养。在很多世界一流大学，尽管科学研究受到高度重视，但人才培养受重视的程度远在科学研究之上。倒是一些正在建设世界一流的大学，为了追求一流的世界排名，对科学研究倾注了过多的资源和关注，而将人才培养放在了次要位置。大学是教育组织，人才培养是大学的根本使命，其他都是第二位、第三位的。普通大学如此，一流大学也是如此。与普通大学不同的是，在创造性人才培养中，一流大学应该更注重培养创造性的人才。

加强创造性人才培养能力建设，是一流大学建设的重中之重。建设世界一流大学是我国高等教育发展的必然要求，是建成高等教育强国的重要标志。建设世界一流大学，应当把建设一流的人才培养能力放在首位。“双一流”建设将一流学科与一流大学并列，有人误以为建设世界一流大学是学科导向的，人才培养在学科导向中不是主要的。殊不知，人才培养与学科须臾不可分离，离开了师生的学科是残缺的学科，离开了人才培养的学科不是大学的学科，学科导向的第一指向是人才培养，世界一流大学建设的根本目的就是创造性人才培养。一流大学拥有优越的教育设施条件，拥有高水平的师资队伍，拥有创造性的教学文化，培养创造性人才当仁不让，舍我其谁！我国建设世界一流大学，不仅应当转变思想认识，将培养创造性人才置于各项决策和设计的首位，而且应当实实在在地加强创造性人才培养能力建设。为此，应当剪除一切阻碍和限制创造性人才培养的羁绊，建设富有创新性的教学文化，构建尊重创造、敢于创造、乐于创造、鼓励创造的教育教学的软硬件体系，特别是要营造能够激发师生创造激情与灵感的环境，从而最大限度地激发师生的创造潜力。如果是，我国大学离世界一流也就不远了。

（原载《中国高教研究》2016 年第 12 期）

论高等学校人才培养模式及其改革

高等学校人才培养模式改革已经成为政府主管部门、高校和社会广泛关注的课题，为此，政府和有关高校设置了一大批人才培养模式改革试验区，进行创新探索。但关于高校人才培养模式究竟是什么，还没有一个人们普遍接受的看法。在参与一份有关高校人才培养模式改革意见咨询报告的起草时，笔者发现，专家学者尽管不乏共识，但也存在诸多分歧。因此，科学地界定高校人才培养模式的内涵，对有效推进高校人才培养模式改革具有重要的意义。

高等学校人才培养模式的三重维度

高校作为高等教育机构，尽管承担了重要的科学研究、社会服务职能，但高级专门人才培养仍然是不可动摇的核心职能。在现代开放社会中，高校的人才培养工作不只是高校自身的事情，政府部门、科研院所和企事业单位也发挥着积极而重要的作用。因此，高校人才培养模式不仅包括高校内部教育教学各要素之间建立起来的关系样态，而且包括高校、政府部门、科研院所和企事业单位等各相关主体之间相互作用的关系样态。

高校人才培养模式是高校在人才培养过程中所建立的稳定的、对人才培养质量具有显著影响的关系样态。不论它涉及多少主体，高校都是其中承担主动建构功能的主体，其它主体的作用是由高校所要求和规范的。当今时代，高校已经成为社会发展与进步的重要推动力量，高校人才培养工作的利益相关者多元而复杂，致使其超越高校而成为需要多种社会组织参与的活动。高校人才培养模式具有稳定性，一经建立便对人才培养具有广泛而深远的规范和调控作用。由于路径依赖的原因，改革往往只能针对存在的问题或弊端进行矫正或更新，若非经过长期而艰苦的努力难以达到重建之功效。高校人才培养模式一旦形成，不仅决定人才培养的方式和途径，而且决定各种相关组织机构在人才培养过程中所能发挥的作用，决定人才培养的各种要素的影响方式和程度，从而从总体上规范人才培养过程，决定人才培养质量。高校人才培养模式是一种关系样态，人才培养涉及校内校外多元主体和多种要素，这些主体和要素之间所建立起来的稳定关系，即主体关系样态和要素关系样态就构成了人才培养模式，高校的教育理念和办学方略对其有着直接的重要影响。这种稳定关系可以是主动建构的，也可能是在人才培养过程中日积月累“自发”形成的。

就高校人才培养模式的构成元素而言，可以从宏观、中观和微观三重维度进行认识，当然，三重维度之间并非截然分开的关系，而是存在诸多交叉联系。宏观维度的高校人才培养模式是在高校之外更广泛的范围所建立或形成的多样化主体关系样态。在社会经济和文化科技欠发达的时代，高校的人才培养工作主要局限在内部，宏观层面所发挥的影响有限。在当今社会经济和文化科技发达的时代，高校人才培养工作的开放性日益增强，外部的政府部门、科研院所和企事业单位的影响越来越重要。在不同时期、不同社会环境中，有关政府部门、科研院所和企事业单位对人才培养的要求不同，发挥的作用也存在差异，因此，人才培养模式也具有鲜明的时代性和地域性。宏观维度的人才培养模式主要涉及高校、政府部门、科研院所和企事业单位等，有的国家或高校建立了产学研相结合的人才培养模式，有的则建立了官、产、学相结合的人才培养模式。不论宏观维度的人才培养模式表现为什么形式，高校都是建立或形成这些模式的主导力量，其目的是汇聚各方的资源和条件，为人才培养工作创造更优越的外部环境。

中观维度的高校人才培养模式是在高校层面建立或形成的多种教育教学要素的关系样态。[①] 高校人才培养工作是多种教育教学要素交互作用的过程，如何将各种教育教学要素组合起来，建立与办学理念和特色相吻合的人才培养模式，实现高等教育目标，是所有高校都不能回避的课题。高校教育教学要素主要包括人才培养目标、学科专业、课程与教学内容、教学技术与方法以及教学环境与条件等，其中，人才培养目标具有重要的导向作用。从一定意义上说，有什么样的人才培养目标，就可能构建什么样

① 别敦荣、万卫：《论我国专业学位研究生教育人才培养模式改革》，《研究生教育研究》2011 年第 4 期。

的人才培养模式。比如，通才和专才是高校两个主要的人才培养目标，显然，与之相应的培养模式是不同的。在教育实践中，有的高校倡导建立应用型人才培养模式，有的高校则选择了学术型人才培养模式。在不同的模式下，各教育教学要素之间的组合方式及其在人才培养过程中所发挥的作用是不同的。由于受我国高等教育历史传统和集权管理体制的影响，所以，我国高校人才培养模式表现出明显的共性突出、个性不足的特点。

微观维度的高校人才培养模式是在高校实际教学活动中，主要围绕师生之间的交互作用方式所形成的关系样态，在一定意义上，等同于教学模式。教师和学生是高校教学活动中的关键要素，任何人才培养工作的努力最终都要通过教师和学生方能产生实际的教育效果，所以，师生关系是人才培养过程中最重要的关系，典型的师生关系样态是高校重要的人才培养模式，比如，以教师为中心的人才培养模式、以学生为中心的人才培养模式等。《国家中长期教育改革和发展规划纲要（2010—2020年）》第三十二条“创新人才培养模式”就主要是从微观维度阐发人才培养模式改革要求的，它所提出的注重学思结合、注重知行统一和注重因材施教的改革措施，赋予了师生关系以新的内容，对于构建新的师生关系，完善高校人才培养模式，具有重要的指导意义。

高等学校人才培养模式存在的问题

高校人才培养模式是高校在长期的人才培养工作中逐步建立起来的。在不同的历史时期和社会背景下，高校人才培养模式具有显著的差异性，当然，由于历史继承的关系，不同时期的高校人才培养模式也有其合理的关联性。改革开放以来，我国高校对人才培养模式进行了不懈的改革，不论是主体关系样态还是要素关系样态都发生了积极的变化，取得了重要的成果，但也应该承认，由于人才培养模式本身的复杂性和改革的长期性，改革还没有取得根本的突破，任务依然非常繁重。

总体而言，我国高校人才培养模式仍然是传统的。它是在传统的社会背景和高等教育环境中产生的，所培养的人才符合当时高校的人才培养目标，适应了当时经济社会发展的要求。但在当今时代，传统的高校人才培养模式已经不能适应经济社会发展对高校人才培养工作的要求，因而成为高等教育进步的阻碍力量。

在宏观维度，高校人才培养模式存在的问题主要表现为开放性不足，高校与政府部门、科研院所和企事业单位未能形成有效的互动与合作关系。人才培养模式的封闭性不但影响到高校开拓人才培养的社会资源，弥补自身教育资源的缺陷，而且更为重要的是削弱了人才培养的社会适应性。适应经济社会发展需要是高等教育发展的永恒主题，有学者称之为教育基本规律。[①]但在高校人才培养过程中，不但理论教学脱离经济社会发展的实际，而且实践教学遭到弱化或虚无化，有的高校的实习、见习采取“放羊”的方式，让学生各显神通自己寻求实习、见习单位，其根本原因在于高校封闭办学，没有建立起有效的开放的人才培养模式。当今时代，高等教育人才培养已经不单纯是高校的责任，

① 潘懋元：《教育基本规律及其在高等教育研究与实践中的运用》，《上海高教研究》1997 年第 2 期。

政府部门、科研院所和企事业单位不仅是高校所培养人才的接纳者，而且还是高校人才培养的合作伙伴。因此，建立开放的人才培养模式是高校改革与发展的重要任务。

在中观维度，高校人才培养模式存在的问题主要表现为各种要素之间关系的建构主要是为了培养知识传承性人才，没有着眼于培养创新型人才的要求。在高校的人才培养工作中，知识的学习和掌握成为主要的目标，甚至是全部的目标，人才培养计划的制订、资源的配备、活动的组织安排、技术和方法的运用以及管理考核评价等，都是围绕知识的传播、理解和记忆进行的，尽管创新精神、创新能力和素质的培养得到了提倡，但从人才培养模式及其运行看，这些提倡并没有落到实处，没有能够对人才培养质量产生实质性的影响。毫无疑问，知识的学习是重要的，但知识的学习并非人才培养的本质目的，学习知识是为了培养态度，开发认知，训练技能，陶冶感情，使学生成为热爱生活、敢于创新、脚踏实地、勇于担当的现代社会公民。所以，高校人才培养工作不能止于知识的学习，应当在知识学习的基础上，进一步向前迈进，培养创新型人才。①

在微观维度，高校人才培养模式存在的主要问题表现为学生学习的自主性不足。在师生关系上，教师始终是教学过程的主导者，学生只是盲目的知识接受者和被动的学习任务承担者。在高校人才培养过程中，教师担负着知识传授的责任，讲授成为教师最常用的教学方法，课堂成为教师的一言堂，教师是课堂教学的

---

① 别敦荣：《论大学本科弹性教学》，《现代大学教育》2001 年第 3 期。

主讲人，学生的主要任务是掌握教材知识或教师所传授的知识，所以，学好教材、听教师讲课成为学生学习的主要方法。一门课程的学习时间基本上都是教师的讲授时间，学生成为课堂上的听众或看客；[①]学生在校期间的所有课堂教学时间都被教师的讲授所占用，课外的学习也主要是预习和巩固教材知识，以及应付英语、计算机等级考试等，基本上没有主动探究和研讨的时间，而且课程学习一般也没有探究和研讨内容与活动安排。这样一来，高校人才培养模式就被简化为“满堂灌”模式或“填鸭”模式。显然，这样的人才培养模式不可能培养适应当代社会需要的高素质人才，尽管有关各方已经认识到了问题的存在及其严重后果，但由于问题的解决涉及人才培养工作的方方面面，并非只是师生的事情，所以，改革的进展还不尽如人意，师生关系还需要进一步转型。

高等学校人才培养模式改革的策略

高校人才培养模式改革是一项系统工程，千头万绪，错综复杂，涉及宏观、中观和微观维度的方方面面。总体而言，高校人才培养模式改革应当以构建现代人才培养模式，提高高校人才培养工作的科学性、针对性、适应性和有效性，培养信念执著、品德优良、知识丰富、本领过硬的高素质专门人才和拔尖创新人才为根本目标，周密设计，分步推进。由于密切相关的社会背景和高

---

① 别敦荣：《大学教学方法创新与提高高等教育质量》，《清华大学教育研究》2009年第4期。

等教育环境的变革具有渐进性和长期性的特点，所以，当前高校人才培养模式改革应当以微观维度的改革为重点，大力改善师生关系，与此同时，对中观和宏观维度的模式进行适应性改革，为师生关系的改善创造更有利的条件。

微观维度的改革应当紧紧抓住教学过程中的师生行为，改善师生关系，建立自主学习的新模式。教学不是简单的信息传播和接收过程，而是师生通过信息媒介，进行精神互动、生命意义再造的过程，是学生在教师的指导和帮助下养成态度、发展认知、训练技能和陶冶情操的过程。教学任务的完成不在于教师讲完了全部教学内容，而在于学生通过自主学习，达到了掌握知识、发展能力和培养素质的目的。因此，高校人才培养模式改革应当重新定位教学过程中师生的角色，改革旧的“满堂灌”模式或“填鸭”模式，全面解放学生的学习生产力。教师应当转变角色，由传统的“讲师”转变为导师，减少讲授，增加问题设计、答疑解惑和方向引导，增强教学工作的学术色彩，真正实现教书育人的目的。学生应当转变角色，由传统的被动接受者转变为主动的自主学习者，在教师的指导和组织下，合理计划学习时间、任务和进度，通过个体或集体的探索研究，完成学习任务，实现自身的全面而自由的发展。①

中观和宏观维度的改革应当针对师生角色的转换和关系的调整，提高政府部门、科研院所和企事业单位的支持能力，优化教学资源配置，构建更灵活、更开放的新模式。高校人才培养工

---

① 黄爱华、别敦荣:《论学习自由与弹性教学管理》,《高教探索》2001 年第 4 期。

作的落脚点在师生行为，人才培养质量高低的决定因素在于教学过程中师生行为的有效性，从根本上说，中观和宏观模式作用的发挥取决于其与师生行为的互动效果，也就是其对师生教学活动的支持作用。传统的模式对师生教学行为与活动规范限制多，支持服务少。因此，高校人才培养模式改革应当变限制为支持，在中观维度，更新人才培养目标，由继承型倾向转向创新型导向，深化教学管理与评价，给予师生更大的自主发挥的空间，使师生真正成为教学的主体；在宏观维度，高校应当主动走出去，扩大人才培养工作的开放性，加强与政府部门、科研院所和企事业单位在人才培养工作上的深度合作，将合作关系落实到教学活动上来，为提高人才培养质量创造更有利的条件。

高校人才培养模式改革要求对高校行政管理进行相应的改革，要求政府主管部门制定相关的配套政策。在高校行政化体制下，师生往往被作为管理对象而接受管理，丧失了人才培养的主体地位。建设现代人才培养模式，高校应当改变行政化倾向，行政部门应当转变职能，由以行政管理和监督为主转变为以服务和协调为主，切实做到为教学服务、为教师服务、为学生服务，为新的师生关系的建立创造良好的条件；政府主管部门应当改革过度集权管理，变刚性的、统一的政策要求为弹性的、多样化的政策激励，减少直接干预，为教师和学生转变教学行为，建立新的师生关系，创造宽松有利的环境。

（原载《中国大学教学》2011 年第 11 期）

大学课堂革命的主要任务、重点、难点和突破口

作为教育部高等教育教学评估专家，笔者参加了部分大学的本科教学审核评估。在评估考察一所大学的时候，选择听了一位省级教学名师的课。如果用传统的教学要求看，这位名师的课几乎无懈可击，严格按教材内容结构组织教学，教学内容充分而逻辑清晰，教学态度认真且情绪饱满，不时提问对学生进行启发，按铃声上下课，运用了PPT课件授课。在课后交流时，他希望我对他的课提出改进建议，我说没有具体意见，但我有个问题："让学生自己去看您这节课的教学内容，他们可不可以看得懂？"他脱口而出答道："完全可以。"我问："既然学生可以自己看得懂，您这节课教学的意义何在？"他沉默了一会儿回答："这个问题我没有想过。"笔者还发现几乎各种类型、各种层次的本科院校课堂基本上都是一个模式，就是讲教材内容，教师的任务就是把教材内容讲清楚，学生的任务就是掌握教材内容。今天，信息技术和国际互联网已经得到了广泛应用，知识革命带来了海量且巨变的知识，高等教育正在走向普及化，这样的课堂仍然是主要的教育教学方式，让人感觉很像陶渊明在《桃花源记》中所描述的

情景:“问今是何世,乃不知有汉,无论魏晋。”不可否认,我国部分大学已经建设了先进的智慧教室,开发了网络教学平台和学生自主学习平台;部分教师正在尝试翻转课堂、混合式教学、项目教学、CDIO 教学等新的教学模式,但总体上看,我国大学教学还是传统的,这种状况必须改变。

课堂革命的主要任务

至少在我国,大学课堂革命的要求是基于大学人才培养实践存在的问题而提出的。恢复高考制度后,大学在重建教学秩序的同时,也开始了不间断的教学改革。四十多年来,大学教学改革涉及了很多方面,如学科门类和专业的设置与调整、课程体系和教学内容的更新、学分制和选课制的实行、文化素质教育和通识教育的推行、小班化教学和教学评价方式的改革,等等。当然,也涉及了课堂的一些方面,如教学理念、教学方法、教学环境、教学技术、考试考查等。但大多数改革是在课堂之外进行的,是围绕人才培养方案展开的,课堂并没有成为教学改革的重点,教学效果并没有得到实质性的改善。

课堂革命可以看作是大学教学改革的深化,是大学教学改革从教学工作外围进入核心的体现,是大学人才培养适应新时代经济社会发展与变革要求的反映。概括来讲,课堂革命的根本目的有两个。一是完善人才培养规格。当今世界,科技革命日新月异,经济产业更新换代加快,社会文明进步的脚步不断提速,高等教育不但要培养更多高级专门人才,而且要培养具有适应经济社会转型发展和科学技术变革要求的新型人才。这样的人才最突出的特点主要表现为“两强一高”，即创新创业能力强、应用动手能力强、品德修养综合素质高。传统课堂的优势在于学生掌握基础知识系统而牢固，但对“两强一高”的人才培养规格作用不大。推进课堂革命，就是要让大学课堂教学更富有创新性和实践性，在学生手脑并用中锻炼做事做人的综合素质。二是提高人才培养质量。我国高等教育已经解决了社会“人才荒”问题，近4,000万人的在学规模和超过800万人的年毕业生规模展示了高等教育强大的人力资源开发能力，但人才质量的竞争力不足也是由来已久的问题。传统课堂的作用主要在于培养学生的基础知识素质和一般能力，对学生的核心素养和竞争力的培养比较乏力。大学课堂革命就是要从根本上扭转人才培养质量不高的局面，升高我国高等教育质量重心，奠定高等教育强国的牢固基础。

课堂是大学师生教学活动的场所，是大学人才培养的落脚点。课堂革命不只是理念要求，更是解决我国高等教育质量问题的实际行动。与以往的大学教学改革不同，课堂革命聚焦于大学人才培养的主渠道，专注于改变传统课堂面貌，建设现代课堂，以达到培养新型人才、提高人才培养质量的目的。具体来讲，主要有五项任务。

（一）建立一种新的教学场域。课堂是由师生的教与学所构成的场所，师生、教学活动、教学环境、教学条件和教学文化等是课堂不可缺少的要件。传统的课堂因为追求的目标过低，这些要素的作用，尤其是师生的主体作用，没有很好地发挥出来，课堂成为了比较单纯的基本知识的授受之所，学生的能力发展和素质养成被局限于较低层次。课堂革命就是要充分发挥师生的主体性和能动性，使课堂焕发出生命活力，在知识授受的过程中激发出智慧、情感和信念，从而营造一种促进学生知识、能力和素质全面发展的场域。

（二）建立一种新的教学范式。课堂是教师教书育人的舞台，可以说，教师的教学活动在哪里，课堂就在哪里；教师有什么样的教学，就会有什么样的课堂。这就是说，课堂是由教师的教营造出来的，教师的教学范式决定课堂的性质、特点和质量。在传统的课堂，教师以讲授教材知识为主要教学方式，以学生掌握教材知识为主要目的，教师是课堂的主宰，备课、讲课、批改作业、辅导答疑和考试考查是教师教学范式的基本形式。课堂革命要求教师贯彻以学生为中心的教学思想，更多地发挥引领、指导、组织、激励作用，做到课内与课外相结合、讲授与学生自主学习相结合、教材知识与其它理论和实践知识相结合、校内教学环境与校外现场环境相结合，形成服务学生高质量、高效率自主学习的教学方式方法。

（三）建立一种新的学习范式。课堂是为学生建构的，学生是课堂的主人。学生应当在课堂上自主学习，完善自我，升华人格修养，锻炼意志品质，提高能力水平，完成个人社会化的过程。传统的课堂是教师的领地，学生是教师的工作对象，往往被动地学习，课前预习、上课听讲、课后练习、考前突击复习、考试通过是学生学习范式的基本形式。课堂革命要求学生转变角色，充分发挥主体性，以知识、能力和素质的全面发展为目的，实现由被动学习向主动学习转变，由主要学习教材知识向以教材为基础的学科知识和实践知识学习转变，由主要是一个人独立学习向个人、团队和现场学习转变，[①] 由一般性知识和能力发展的浅表性学习向融高级知识、智慧、情感和信仰于一体的深度学习转变，形成高质量学习范式，提高学习的自觉性、计划性和有效性。

（四）建立一种新的师生关系。师生关系是师生在教学过程中建立起来的一种特殊的人际关系。师生关系的优劣对课堂教学效果有重要影响，优良的师生关系能使师生双方体验愉悦之情，激发教与学的内在动力，从而使课堂充满生机活力，师生可将满满的正能量辐射到课堂内外。传统的课堂不但是沉默的，还是枯燥乏味的，师生之间除了基本的信息交流外，缺少相互了解，少有深层互动，更难以相互走近心灵，展开情感和灵魂的对话。在课堂之外，师生形同陌路。课堂革命就是要改变这种状况，发展互动频繁、教师关爱学生、学生亲近教师的师生关系。新的师生关系应当有助于学生身心健康发展。

（五）建立一种新的教学环境。课堂是一种教学环境，是为实现教学目标而建立的。除了能动的师生和教学的媒介——知识以外，课堂往往还包括物理空间、技术设施条件以及学校在办学中所形成的文化氛围。教学环境主要是物理空间和校园文化氛围，教学环境不同，课堂及其效果常常存在差异。课堂的物理空间可以是教室、研讨室、实验室等固定的地点，也可以在校园的运动场（馆）、草坪或林荫下，甚至还可以是校外生产或工作现场。传统的课堂主要在教室，教学的环境条件主要是围绕教室

---

① 别敦荣：《大学教学方法创新与提高高等教育质量》，《清华大学教育研究》2009 年第 4 期。

来建设，教室的格局和布置则主要基于教师向学生传授知识的需要而设计，比较刚性而呆板，其它的教学条件也是为了辅助师生授受知识而配备。课堂革命就是要根据教师教学范式和学生学习范式的变化，建设更加宽松自由、灵活机动，满足师生为达成新的教学目标而能采取多种教学方式的环境和条件。新的教学环境更有利于学生的自主学习，更有利于师生的互动交流，从而打造更有深度、更有质量的课堂。

课堂革命的重点

课堂是大学师生在一定的场所组织开展的课程教学活动。场所为课程教学所用，尽管不同的场所都有不同的物理特性和差异化的设施条件，但其选择和配置往往以课程教学需要为指南。所以，课堂革命主要是要对大学课程教学进行系统、全面、深入的改革，以期改变传统的课程教学体系，建立新的课程教学体系，使课堂发挥新的功能。我国大学课堂主要还是传统的，所以，课堂革命的任务繁杂而艰巨。这也是为什么使用“革命”一词的原因。《周易·革卦·彖传》：“天地革而四时成，汤武革命，顺乎天而应乎人。”意思是说天子受天命称帝就是“革命”，所以，历史上凡朝代更替，君主改年号，便称为革命。到了近代，“革命”一词的含义有所拓展和延伸，泛指自然、社会或思想发展过程中产生的深刻质变。从这个意义上说，课堂革命就是要使课堂发生质的改变，就是要对大学课程教学进行全面的、深刻的、系统的、全要素的、重大的、根本性的或彻底的改革。

课堂革命是一项系统工程。这不仅是因为它涉及大学课堂构成的各要素，需要各要素的改革相互协调配合，共同发挥作用，而且是因为我国大学课堂存在的问题由来已久，要使课堂发生质的改变不是一项简单的任务，也不是短时间能够达成的目标，需要进行长期的、持续不断的变革。课堂革命的任务不是齐头并进、同步展开的，在课堂革命的不同阶段，要解决的问题各有差异，各有所侧重，需要随课程教学改革的不断深化来确定或调整。实际上，笼统地谈大学课堂革命不具有现实性，因为大学课堂都是具体的，是由一门门课程教学的形态构成的，课堂革命必须落实到每一门课程教学中去才具有现实意义。每一门课程教学的形态都是个性化的，与任课教师和修课学生的教与学直接相关。概而言之，课堂革命的任务很多，要求很高，从我国大学课堂存在的突出的共性问题和高等教育适应经济社会发展的需要看，现阶段课堂革命的重点主要有两个方面。

一、突破教材中心地位

教材是一种课程教学用书，广义的教材是指凡在课程教学中师生所使用的教学材料，狭义的教材则专指按照课程目标所编写的教学用书。大学教育主要是学科基础上的专业教育，培养学生的职业素养、实践能力和创新精神，所以，大学教材应当表现出学术上的专深性、实践性、探索性和创新性。在大学教学中，教材应当与其它教学材料一起使用，以扩大学生的知识面，拓展他们的视野，培养他们综合运用多方面的学科知识解决实际问题的能力。但是，在传统的大学课堂上，教材成了“定于一尊”的教学用书，每一门课程只有一本教材，整个课程教学过程只是围绕一本教材来组织。几乎所有课程教学都是这个模式，这就导致了“一本书的大学”的局面。[①]“一本书的大学”不可能培养创新型、应用型和复合型人才，更不可能发展一流的本科教育。

教材中心地位不只是体现在课堂上，还体现在大学的教学管理上。我国教育行政部门十分重视大学教材的编写和使用，部分课程还有国家统编教材，有政府部门资助编写的教材；大学教学管理部门一般都对教材选用有明确要求，如《北京大学教材选用管理办法》规定：“鼓励优先选用获省部级以上奖励的优秀教材、国家级规划教材、北京市经典教材和精品教材、北京大学优秀教材、规划教材和立项教材；优先选用高校哲学社会科学学科专业核心课程教材目录中的教材；提倡选用近三年出版的新教材或修订版教材（特别是理工类、财经政法类各专业）。”[②]《吉林大学本科生教材选用管理办法》规定：“必须根据学校教学计划、开课计划，按照一定的管理和审批程序选择每门课程的使用教材。每门课程（即课程代码）要求只能选用一种主用教材和一种备选教材。”[③] 毫无疑问，这些要求和规定在某种程度上更强化了教材的中心地位，限制了大学教师在课程教学用书上的选择空间。

突破教材中心地位，让教材回归本位，是大学课堂革命初期的重点之一。忽视或否定教材的作用是不恰当的，但大学课堂过

---

① 别敦荣：《“一本书”的大学培养不出一流人才》，《文汇报》2019年1月4日。

② 《北京大学教材选用管理办法》，［EB/OL］.（2018-04-24）［2019-03-24］. http://www.dean.pku.edu.cn/web/rules_info.php?id=43。

③ 《吉林大学本科生教材选用管理办法》，［EB/OL］.（2016-07-06）［2019-03-24］. http://jwc.jlu.edu.cn/info/1009/1626.htm。

分依赖教材，甚至将教材视为课程教学的唯一依据，所有教学活动都根据教材来组织，课堂评价也以学习教材知识的态度和结果为标准，就有误用教材之嫌。教材是大学课程教学的基本用书，每一门课程所包含的知识都远远超出了教材所能涵盖的内容。推进课堂革命，教师就要使学生在学好教材的基础上，拓展学习范围，阅读与课程教材内容相关的各种文献，使知识学习在广度和深度上超越教材，与此同时，引导学生进入实践领域，锻炼动手能力，掌握实际操作技术，养成、提升解决现实问题的能力。在可能的情况下，还要使学生开展探究活动，进入未知领域，发展创新能力，培养创新精神。概而言之，突破教材中心地位，就是要让教材、相关学术著作和期刊文章等文献进入课堂，让实验室、工程中心和创业中心进入课堂，让企事业单位现场进入课堂，扩大课堂知识活动的容量，增加课堂知识的内涵，使课堂成为广阔的已有知识、实践知识和未知知识的学习与探究场所，师生置身其中，能够充分发挥自身的潜力，得到最大限度的发展。

二、培养学生自主学习的习惯

学生的学习是大学课堂的主要构成要素，学习习惯不仅决定学生的学习状态和学习质量，而且决定大学课堂教学质量和水平，从而影响大学人才培养质量。学生的学习习惯既是学生个人的事情，也是与大学课堂直接关联的因素。在传统的大学课堂上，学生被动学习成为一道“风景”：课前学习敷衍走过场，很多学生宁可整夜打游戏、看韩剧，不愿在学习上下功夫；上课只是听教师讲课，部分学生分心走神，睡觉、玩手机、开小差；考前突击复习考试内容，着重复习教师上课的课件或指定的重点内容。更有甚者，从宿舍到教室去上课居然不是自觉去的，而是被辅导员从宿舍赶出去的，有的是为了进教室点名“刷分”。还有部分学生片面地认为学习就是听课，听的课越多越好。

当被动学习、无效学习成为常态的时候，尽管大学课堂依然根据人才培养方案和开课计划在正常运转，但已经丧失了现代高等教育的人才培养功能。现代高等教育崇尚以学生为中心的理念，追求学生个性化发展，注重培养学生创新精神、实践能力和综合素质。被动学习、无效学习与现代高等教育的要求是格格不入的。课堂革命的所有其它改革都是为了保证和促进学生更好地学习、更好地发展，但如果学生是被动学习、无效学习，那些改革都是白费力，不可能从根本上提高办学水平、达到提高人才培养质量的目的。所以，课堂革命的关键在于学生转变学习方式，从被动学习转变到主动学习，从无效学习转变到有效学习，养成新的自主学习习惯，建立个性化的学习范式，从而扭转大学学习风气。

培养学生自主学习习惯是大学课堂革命的重点任务。经过高考“拼搏”后，很多大学生将应试学习习惯带入大学，在没有了高考指挥棒以后，他们似乎就迷失了学习的方向，也难以体会大学学习的真正意义。课堂革命就是要改掉学生由应试学习衍生出来的被动学习、无效学习，使学生学会自主学习，增强学习的主动性，提高学习效率和质量。自主学习是学生根据自身基础和社会需要，基于对学习意义的判断而采取的主动学习行为。自主学习要求学生能够敏锐地感知和分析学习需求，并做出自己的判断和选择，从而有效地进行时间管理，合理规划学习任务与学习进度，善于开展自我激励，不断激发学习的内动力，享受学习过程，并能对学习过程进行反思，以促进学习能力和水平的不断提高。学生自主学习不是脱离教师指导的自由放任学习，大学课堂不能没有教师，学生的自主学习是教师整个课程教学的重要组成部分。

课堂革命的难点

课堂革命的要求提出后，得到了高教界的积极响应，很多大学领导和教学管理部门快速行动，出政策、发通知，呈现上下呼应的景象。但不能否认，真正落地的措施不多，显得有些雷声大雨点小。这表明尽管人们对课堂革命的必要性和紧迫性没有异议，但要真正开展课堂革命却是困难重重，要使课堂革命取得成效、达到目的更难，原因主要有四个方面。

（一）课堂革命的任务很多，且关系错综复杂，难以确定优先秩序。很多大学在推进课堂革命的时候，往往有无从下手的窘迫感。前述五项任务只是概括性的描述，实际上，课堂革命涉及课程教学的各个方面，实现从传统课堂向现代课堂的转变，既要解决思想观念问题，又要解决行为方式问题；既要解决课堂内的问题，又要解决课堂外的问题；既要解决人的问题，又要解决各种物质条件问题；既要解决课程教学过程问题，又要解决教学活动背后的文化问题；既要解决校内问题，又要解决校外相关问题。牵一发而动全身，任何单一的努力、部分人的参与都不足以达到课堂革命的目的。更为棘手的是，由于各种问题相互交织，关系错综复杂，即便明确了课堂革命要做的事情，要确定轻重缓急、优先秩序也并非易事。

（二）课堂革命的障碍有显性的，也有隐性的，而且都不容易消除。革命就是要破旧立新，打破现行的习惯，建立新的习惯；改革现行的制度，建立新的制度；转变现行的行为，建立新的行为；既牵涉利益分配，又涉及文化转型。课堂革命需要破除传统的教学观念，改变师生教学行为，运用新的教学技术，建立新的教学制度，形成新的教学习惯，培育新的教学文化。实际上，即便是物质性和技术性的变革，也是非常困难的。如在笔者参与评估考察的大学，几乎都在教室安装了互联网设施，为师生采用多媒体进行教学创造了条件。但真正应用多媒体进行教学的不多，多媒体设施仅仅发挥了简单的 PPT 演示功能。良好的愿望、实际的措施并不必然产生积极的效果，思考课堂革命不能采用线性思维。

（三）课堂革命的主体有积极性，但自我革命意识不强。课堂革命的主体很多，在课堂内所有参与课程教学过程的人都是课堂革命的主体，在课堂外所有影响课程教学的人也是课堂革命的主体。两类主体在谈论课堂革命时，往往不在同一频道上，虽然都认为这是一项重要的事情，但往往都认为是对方的事情，至少对方应当先改，对于自我革命则缺乏自觉。如教师往往认为学生应当转变学习态度和学习方式，管理人员应当改革教学管理制度，更新人才培养方案。学生认为教师应当采用新的教学方式，管理人员应当提供更周到柔性的服务。管理人员认为教师应当改革传统的教学方式，落实以学生为中心的教学理念，学会运用现代教学技术和手段；学生应当更积极主动地学习，学会做人做事。领导更是认为管理人员、教师、学生等都要积极行动起来，参与课堂革命。所有主体的看法都有其道理，有其合理性，但都看不到自身的责任。这种矛盾现象，对推进课堂革命非常不利。

（四）课堂革命的结果具有不确定性。课堂革命的效果不是由良好的意愿决定的，甚至即便是有关主体转变了教学行为，也不必然带来积极的课堂革命效果。从根本上讲，课堂革命的效果体现在学生个体和集体的发展质量上。如果发展质量更高，则意味着课堂革命的效果比较好；如果发展质量一般或没有积极变化，则意味着课堂革命的效果不尽如人意。课堂革命与其效果之间不完全是线性因果关系，效果往往是由多种因素决定的，任何单一的改革都有可能徒劳无功。例如，很多教师积极用心地投入课程教学改革，却并不为教学管理部门或教学督导所认可，也不为学生所理解和接受，有时还会因为对学生要求过高过严，而招致学生的"投诉"或差评。正是这种不确定性增加了相关主体开展课堂革命的心理压力，使他们轻易不敢主动地改。

课堂革命的任务很多，既要破也要立。在这些任务中，有两项工作更具难度。

第一项工作是教师转变教学行为。课堂说到底是师生教学的场所，教师在课堂上拥有独特的地位。列宁曾经指出，"任何监督，任何教学大纲，等等，绝对不能改变由教学人员决定的课程的方向。"[①] 大学教师是课程教学的发动机，其作用不只是在课堂内，课堂外部的因素也主要通过教师发挥作用。在课堂革命中，教师转变教学行为包括每一个教师由传统的教学转变为现代

① 《列宁论国民教育》，人民教育出版社 1958 年版，第 109—110 页。

的教学。之所以说这是一项艰巨而困难的工作，首先是因为主观上教师需要有自我否定精神。教师都有自己的学科专业修养，在或长或短的职业生涯中，形成了自己的教学行为风格以后，如果要改变，他们个体的自觉意识是至关重要的。教师通常以学者专家著称于世，他们要转变教学行为，也就是要通过自我否定来实现自我升华。这常常要经历一个痛苦的过程。这种痛苦更多地表现在精神上。其次，客观上需要有适宜的氛围和条件。教师转变教学行为，除了需要有自我否定精神，还需要很多客观条件，包括学生的理解和接受、教学管理制度创新、教学技术和资源相匹配、教学服务能得到保证等。此外，还需要有宽宥包容的氛围，给予教师开展教学改革探索的空间。再次，任务多样而复杂。教师的教学方法不仅与教师自身的教学理念和习惯有关，还与学生、教学内容、教学活动等教学过程的诸要素有密切关系。只要教学方法发生改变，就会引发一连串的连锁反应，其它相关教学要素也可能发生改变。且不说可能发生哪些改变不可预料，而且有些变化并不必然带来所预期的结果。

第二项工作是创新教学文化。大学教学文化无影无形，有所谓的物质文化，如教室橱窗文化、装饰文化等，但更重要的还是教学主体意识中的教学价值观、教学行为方式中所包含的价值追求等。教学文化还有一个特点是它需要经过长期的积累、沉淀，成为习惯或人们共同遵循的行为准则，是一种无形的影响力。[①] 任何人置身其中都能感受到它的存在，受到它潜移默化的感染或

① 别敦荣、李家新、韦莉娜：《大学教学文化：概念、模式与创新》，《高等教育研究》2015 年第 1 期。

约束，但它又不属于任何个人，犹如空气一般。我国传统课堂下的教学文化是滋生各种传统的教学行为和现象的土壤，是孳生各种教学问题的温床，具有教材本位、封闭且保守等特性。创造一种人本、开放和创新的教学文化，是大学课堂革命的需要，是我国高等教育不负时代使命的要求。显然，创新教学文化是一项难度更大的任务，原因主要有三个。其一，缺少明确而具体的工作抓手。在大学课程教学过程中，教学文化无时无处不在，且在所有课堂都“润物细无声”的，但若要推进教学文化创新，却不易找到工作的抓手。所有课程教学改革都可能对创新教学文化发挥影响，但影响有多大、有哪些影响都不确定。其二，需要多主体共同的参与和努力。创新教学文化需要课堂主体发挥作用，不仅如此，大学内外凡与教学有关的人和机构都与教学文化有着或紧密或松散的联系。所有这些机构都要参与到课堂革命中来，才更有利于教学文化创新，否则，单方面的努力难以达到预期的效果。其三，需要长期不懈的积淀。教学文化不可能短时间内形成，需要长时间培育、积累与沉淀，所以，创新教学文化非一日之功，需要有久久为功的精神，进行坚持不懈的改革、创新。时间长了才能形成习惯，才能将新发展的课程教学要求和模式稳定、固化下来，成为文化，发挥影响师生和其他相关人员的无形力量。

课堂革命的突破口

课堂革命难，但大学不能因为难而止步不前。课堂革命由谁来发动？从哪里开始？如何推进？这些问题都是大学不能回避的。课堂革命是大学的行动，是在大学课堂、在课程教学过程中发生的变革，所以，课堂革命要取得成果，必须在大学内部找到突破口。大学领导和管理部门担负着提出课堂革命的要求、制定政策、激发动力和创造条件的责任；院系担负着制定课堂革命的工作计划、协调教学资源、为师生提供教学服务和激励师生改革课程教学的责任；师生是课堂的主角，课堂改革的重点和难点在课堂内，在师生教学行为的转变上，所以，师生的积极响应和变革是课堂革命的根本所在。笔者长期研究大学教学，深感课堂革命之重要，同时也发现尽管各方都不质疑课堂革命的意义和必要性，但各方的努力往往表现为各奏各的调，难以形成“和弦”，主要原因在于没有找到突破口。

教师培训是大学课堂革命的重要突破口。教师培训能将现代课堂的理念、技术、方法和要求等大范围地传播给教师，促进教师转变教学思想观念，改善教学方法，完善教学活动组织，优化学生学习过程，从而提高课堂教学水平和质量。这种影响是大学领导和教学管理部门所不具有的。教师发展中心可以作为课堂革命的策源地，以教师培训为突破口，既可以使课堂革命获得源源不断的新动能，又可以不断校正课堂革命的方向。近年来，在教育部相关政策的引导下，很多大学开始重视教师培训，成立教师发展中心，组织了各种形式的教师培训工作，[1] 如新教师岗前培训、青年教师教学技能培训、教学研讨、说课评课、教学工作坊等。毫无疑问，教师培训已经开始发挥促进课堂革命的作用。部

① 别敦荣、李家新：《大学教师教学发展中心的性质与功能》，《复旦教育论坛》2014 年第 4 期。

分教师经过培训后，明确了课堂革命的方向，掌握了现代课程教学的要求和技术，身体力行，成为现代课堂的尝试者。但也毋庸讳言，很多大学教师发展中心还只是开发了培训功能，没有在研究、交流和传播等方面发挥作用，导致教师培训还远未能发挥应有的作用。教师发展中心应当成为大学教学的研究中心、培训中心、交流中心和传播中心，成为大学教育教学新思想、新方法和新技术的孵化器，课堂革命的播种机和现代教学的宣传站。在此基础上，教师培训才能更好地发挥课堂革命突破口的作用。

教师培训应更加重视现代教学理念与方法的应用。目前，很多大学限于师资力量，教师培训往往只能提供一些常规的教学内容，缺少现代大学教学理念和方法的内容。常规培训往往主要涉及教师如何备课、讲课，如何制作 PPT 课件，如何注意师德师风等。这个问题直接影响到教师培训发挥课堂革命突破口的作用。推进大学课堂革命，教师培训应当加入更多的现代高等教育原理与思想、现代大学教学理论、现代大学课程原理、现代大学教学组织形式与设计、现代大学教学方法及其应用等方面的内容，使教师理解和掌握现代大学教学基本理论与方法，从而自觉地在自己的课堂上扎实地开展教学改革，主动致力于建构现代课堂。

教师培训应更加重视提高教师指导学生自主学习的能力。在大学教师培训中，大多比较重视训练教师教的能力，包括教学基本功训练、教案编写、试讲、教学技能大赛、微课比赛等。这些对提高教师教学能力有一定帮助，但由于基本不涉及教师指导和组织学生自主学习的方法与技术，所以，教师培训对课堂革命的影响非常有限。课堂革命必须解决学生被动学习的问题，教师培训应当增加相关内容和要求，包括如何指导学生查找和阅读文献、如何发现问题和设计解决问题的方案、如何开展小组学习、如何在学习中锻炼心理素质以及如何管理时间和提高学习效率，等等。通过这些内容的培训，教师可以提高指导学生自主学习的能力，将教与学的改革结合起来，二者相互促进，相得益彰。

教师培训应更加重视教学研究。很多大学教师发展中心只有行政办公人员，没有配备教学研究人员，单纯依靠邀请相关学科教师和校外专家承担培训任务。这就使教师培训不可避免地存在两个主要问题：一是培训的针对性不强，培训内容和重点失之于宽泛，抓不住本校课堂存在的主要问题；二是培训质量难以保证，培训者缺乏专业而深入的研究，理论修养不足，个人教学能力本身的现代性不高，应付或走过场的情况不鲜见。很多大学教师发展中心都是独立设置的，与学校教育学院（研究院）、高等教育研究院（所、室）互不隶属，互不交叉；还有的大学没有设置高等教育研究机构，缺少高等教育研究力量。这两种情况都不利于提高教师培训水平和质量。教师发展中心应当利用校内外专业力量，组织开展现代大学教学、教师发展、教学与学生学业指导等方面的研究，只有将教师培训建立在专门研究的基础之上，用研究成果反哺培训，才能提高培训的针对性和质量，促进课堂革命向纵深发展。

（原载《中国高教研究》2019 年第 6 期）

论大学本科弹性教学

弹性教学是改革开放以来我国大学本科教育教学改革的一种重要倾向，也是当前高教界广为关注的一个问题。笔者认为，弹性教学已经超出了改革实践活动本身，而成为了一种具有深远影响的新的本科教育教学思想。它不仅应当受到大学管理人员和教师的重视，而且应当成为高等教育理论工作者研究的重要课题。加强弹性教学理论研究，为大学本科教育教学改革实践提供理论指导是高等教育研究义不容辞的责任。

大学本科弹性教学的表现形式

大学本科弹性教学是改革实践的产物。自 20 世纪 70 年代后期以来，弹性教学越来越受重视，许多大学在教育教学改革中针对以往教学中存在的高度统一、严重僵化等问题，进行了多方面的探索和试验，取得了可贵的经验。根据对 70 多所大学教学改革材料的研究，我们发现，本科教学的弹性主要表现在以下八个方面。

一是学制方面。传统上，我国高等学校的学制是固定的，本科教育四年或五年，专科教育两年或三年。就一定学校的一定专业而言，其学制是没有任何弹性的。一个专业一份培养计划，一个专业的全部同年级学生都同时入学，同时毕业，获得相同的毕业证书或学位证书。实行弹性教学改革后，一些大学首先突破了原先固化的学制，实行弹性学制，学生的毕业时间可以比原先的要求提前或推后。这就使得不同学校、不同专业甚至相同专业同时入学学生的毕业时间都可以不一致。

二是学校边界方面。尽管大学生在入学前都填有几所志愿学校，但他只能被一所学校录取。大学生入学后就只能在所录取的学校学习直至毕业，不管他有多么渴望去学习临近学校的课程，去聆听邻校教师的精彩讲课。学校与学校之间在教学上是互不往来的，许多大学甚至一墙之隔，却可以在教学上数十年没有什么交流。学生为一校所有，学校对学生的整个培养过程一包到底，学生所受到的教育教学也只能听天由命地由学校提供。跨校听课尚且难上加难，更不要说转学了。这种状况持续了几十年。有的学生对其它学校羡慕有加，却只能要么先委屈一时，待毕业后投考他校的研究生；要么退学，再参加高考去上他校。实行弹性教学后，通过邻校之间联合办学，共享教学资源，学生可以跨校选修自己感兴趣的课程，选读自己喜欢的专业（作为辅修专业），不同学校之间的壁垒开始被拆除，边界逐渐变得模糊。

三是专业边界方面。我国大学长期实行按专业招生，分专业培养的本科教育制度，因此，专业在大学教学中是一个核心要素。各专业教学计划除公共必修课和基础课外，其它都是专业范围的课程，少有不同专业之间的交叉和综合。培养计划既是如此，学生也就不能跨专业选课，转专业、转系的就更少。这就是我国大学毕业生知识面比较窄的主要原因。在弹性教学改革中，专业是一个备受重视的问题。首先是专业的概念发生了很大的变化，提出了拓宽专业的问题，并对以往狭窄的专业设置进行调整。有的学校实行按专业大类招生，按专业大类培养：很多学校拓宽专业面后，设置了新的专业方向；跨专业、跨学科教育通过主辅修制、双学位教育、跨学科学分要求等方式逐步得到落实；学生转专业的可能性增大，有的学校甚至实行两段式培养，学生在第一阶段不分专业接受大学基础教育，第二阶段接受专业教育。

四是学分制方面。学分制改革之前，我国大学普遍实行学年制，学生毕业所要求修读的课程门数是规定的，各专业的要求是统一的。所以，不仅一个班级、一个专业，甚至全校的学生，都是同时入学同时毕业。实行学分制以后，改变了单纯以学年作为衡量学生是否能够毕业的标准，加入了学分要求的内容。学生在学习过程中，不但要考虑修读多少门课程，还要考虑应修满多少学分。学分也不仅仅只有数量上的意义，还逐步形成了一套比较完整的结构体系。对学生的学习而言，很多学校既提出了总学分要求，又提出了学分配置组合要求，如公共必修课学分要求、专业课学分要求、跨学科学分要求、文化素质教育学分要求、实践学分要求等。随着学分制改革的不断深入，很多学校在学分的分布与组合上越来越灵活、越来越多样化。虽然不少学校对学生毕业总学分要求一再减少，但学分的内涵却越来越充实。

五是课程设置方面。传统上我国高教界把课程看成是教学计划中所列出的各门教学科目，不同科目之间的相互联系即所谓的课程结构，也被机械地固化为公共课、基础课、专业课等。本科教学改革以来，人们对课程的认识不断加深。课程不再只是教学计划中所列出的各种教学科目即显性课程，还包括没有列入教学计划的各种教育教学活动即隐性课程，学生的学习量不但包括显性课程，而且包括隐性课程。对课程的分类也逐渐多样化，出现了必修课、选修课，在必修课中又分公共必修课、专业必修课等，在选修课中又分任选课、限制性选修课等；出现了校级课程、院级课程、系级课程等。模块课程概念的引入更是既丰富了课程的内涵，又使课程结构的组合与变化更加多种多样。

六是学习时间分配方面。在本科教学改革以前，学生对学习时间没有多大选择余地，整个教学计划都是由学校事先制定的，全部课程及开课先后顺序也是由学校规定的，学生只能按照学校规定的课程和上课时间被动地学习，即使是自习时间，也往往被各种课程作业占用。在整个大学学习期间，学生自己所能掌握的学习时间极为有限。改革以后，学生在一定程度上获得了自主安排学习进程的权利。一些学校实行累积学分管理机制后，学生不仅能够选择学什么课程，而且还可以决定自己什么时候学习，什么时候不学习。通过免修、重修机制，一些学校的学生在学习时间的分配与用途上享有更大的自由。

七是教师工作安排方面。大学所开出的每一门课程的主讲教师都是由学校确定的，哪些学生或哪个班级的哪一门课程由哪一位教师讲授，这在以往都不是学生能够或应该关注的问题。即使学校安排的教师不受学生欢迎，学生也只能无奈地接受。在本科教学改革中，有的学校实行教师挂牌授课制，有的学校规定学生有权选择任课教师。这样，在师生互动过程中学生不再完全被动，而是可以有所选择，在自主选择中构建新型师生关系。

八是人才培养目标设计方面。以往我国大学本科教育培养目标是高度统一的，不论从国家对大学生的培养规格来看，还是从学生的培养计划、学生所受到的知识教育、技能训练来看，大学生都具有高度的同质性。所以，关于大学和大学所培养的人才有“千校一面”“千人一面”之说。实行弹性教学改革后，本科教育所培养的人才必然是多样性的，再不可能是一个模子塑造出来的。所以，许多学校都提出了培养复合型、综合型人才的目标，要让大学生更有个性和创造性。

大学本科弹性教学的本质与特性

上述关于弹性教学的八个方面的表现不是相互孤立的，而是相互关联、相互作用的，其明显的学生导向使传统的大学本科教学的学校中心、教师中心和知识中心特征受到挑战。在传统的大学教学中，学校的意志、教师的意志主导了教学计划和教学过程，知识的传授成为教学活动的主要、有时甚至是全部目的。学生不论是在教学计划中还是在教学活动中都是无足轻重的，他们被看成是单纯的受动者，学习被看成是被动地接受学校和教师提供的“教育”。学生对“教育”既没有发言权也没有选择权，就好比工业生产流水线上的“原材料”，经过教育的“加工”变成“成品”。但在弹性教学中，学生的意志、兴趣、爱好、特点、希望和志愿开始为人们所注意，学生对自己的成长过程开始有了一定的选择性，并具有了在一定程度上把握自己发展目标的可能性。也就是说，学生不再是生产流水线上的“原材料”，而成为了有头脑、有意志、能动的人，学生之为人的主体性在教学过程中开始得到体现。

尽管我国大学本科弹性教学改革还很不完善，必要的相关制度和规范还没有完全建立起来，但是，从已经进行的改革及其发展趋势来看，弹性教学本质上是一种有别于传统教学的新的教学理念。这种新理念建立在被传统教学所忽视的“学习自由”信念基础上，其基本的内在逻辑是：大学本科教学应当以学生为本，以学生主体性的充分和自由发展为目的。“学习自由”是近现代国际高教界普遍重视的高等教育信念，其主要内涵包括学生有选择修习课程的自由、决定什么时间学习和怎样学习的自由以及形成自己思想的自由。因此，弹性教学的根本宗旨就是把“学习自由”还给学生，使学生成为大学生活的主人。与传统的大学教学相比，弹性教学具有五大特征：

第一，可选择性。弹性教学使大学本科教学的强迫性不断减弱，本科教学不再完全是学校行政甚至更高层次的管理部门的强制性意志的产物。本科教学成为了大学为学生成长提供的服务，这种服务与传统的教学相比，一个显著特点就是具有了可选择性。学生可以在多种多样的教学服务中根据自己的要求做出自己的选择。选择什么、不选择什么由学生的主体判断所决定，学校、教师等可以为学生做出明智的判断提供咨询服务，也可以与学生一起共同设计其培养计划，但不能违背学生的意愿。

第二，灵活性。弹性教学使大学本科教学不再是呆板的、僵化的、缺少变化的“千校一面”“千人一面”的统一模式，而成为能够适应不同学生个体要求的、具有随机组合和配置功能的“服务”。学校不仅可以根据本校各学科专业的条件和优势，为学生提供高质量的教学服务，而且可以根据学生的愿望和要求，在高校之间寻求合作与交流，满足学生的发展需要。正是由于这种“服务”具有跨专业、跨学科、跨院系，甚至可能跨学校的特点，打破了传统本科教学中的各种限制和壁垒，因而具有了更强的适应性。

第三，多样性。传统的教学是单一的，培养目标单一，教学计划单一，教学过程单一，学制要求单一，而弹性教学是多样的，从培养目标到具体的教学组织形式和教学活动都是多样的。从单一到多样的转变反映了高等教育的进步，反映了人们对大学教育、社会需要和学生发展三者之间关系的变化有了更深刻的认识。多样性保证了大学教学能够满足学生的多样化发展需求，也增强了大学适应日新月异的社会变革的能力。

第四，个体性。个体差异是客观存在的，传统的大学本科教学无视学生个体差异，过分强调社会的共性要求，用一个模式、一个标准去要求全体学生，导致学生个性的丧失。弹性教学尊重学生的个体差异，以满足学生个性的发展、主体性的完善为宗旨，积极探索因材施教的途径和方法，构建适合学生个性特征的教育模式，使大学教学凸显出个体性的特征。

第五，创造性。传统教学过程以知识的传承为出发点和落脚点，教学模式单一、教学活动枯燥乏味，缺少创造性。尽管知识的传承在弹性教学中也占有重要地位，但传承知识的目的已经发生了改变。知识的传承在弹性教学中除了其自身的目的之外，还具有教育手段的意义。在知识的传承与探索过程中，教学的目的已经转向了学生，包括学生个性的发展和创造性的开发。因此，可以说，弹性教学孕育着创新的可能性，弹性是创新教育之源。在弹性教学中，随着学生个性的张扬、各种束缚和羁绊的拆除，大学将培养出一代又一代充满活力和创造性的人才。

大学本科弹性教学面临的主要矛盾

自20世纪70年代进行弹性教学改革以来，大学本科教学的各方面都或多或少地发生了一些变化，但应该承认，改革的进程是缓慢的，改革的阻力还很大。这里仅对弹性教学所面临的几个主要方面的矛盾展开分析。

首先是观念方面的矛盾。弹性教学是一种有别于传统的新的本科教育教学思想，人们要完全接受并主动实践这种教学思想需要有一个过程。长期以来，我国大学的教学都是统一的，在某些时段，甚至实行全国统一教学计划、统一教学大纲、统一教科书。由统一的教学观转变到弹性教学观，有些方面可能比较容易，有些方面可能比较困难。在专业教育方面，由于社会需要越来越多样化，单一模式的专业教育显然难以满足社会的人才需求，加之社会主义市场经济体制下市场对人才的选择性加强，人才之间的竞争性加剧，大学只有提供多样化的教育，才能适应人才培养的新要求。所以，专业教育方面的弹性改革往往比较容易为人们所接受。但是,弹性教学中如何保证思想政治教育的有效性,如何实现人才培养中在加强个性化教育的同时,群性或称集体主义精神的培养不被削弱,常常成为人们担忧的问题。这种担忧也不无道理。在当代社会,团队精神已经成为社会和人类的重要精神寄托,如果不能在大学教学中培养学生的团队精神,不能开发学生的群性,不能使学生养成爱己乐群的品格,避免极端个人主义的蔓延,则不仅将对学生未来的个人社会生活带来消极的影响,而且也不利于社会的进步与发展。再则,将学生的学习与发展交给学生去决定,他们能够做出正确的选择和判断吗?实行弹性教学,会不会出现无政府主义的混乱局面?这些正是人们对学分制、选课制等心存疑虑的主要原因。

第二是资源方面的矛盾。实行弹性教学与传统教学对教学资源的要求有很大不同。弹性教学改革之所以推动起来不很容易,其中一个主要原因就在于相关资源不足。首先表现为教学科目的不足。在传统教学中,一个专业一套教学科目,加之专业面窄,所以,专业教学科目的局限性很大,横向迁移的可能性较小。实行弹性教学改革后,不仅需要大量的教学科目供学生选择,而且各教学科目之间还要有较大的迁移性,能够为不同学科、专业的学生选修。很多学校刚刚开始实行选课制的时候,开不出什么选修课,所以,往往把选修课的比例定得很低,弹性不大,作用不明显。其次是教师的不足。由于我国大学课程观的限制,加上教师素质的欠缺,教师大多都只能承担一门课程的教学任务。实行弹性教学,就要大量增加选修课程,包括通选课程和专业选修课程,这就势必要大量增加教师,或者大面积提高教师的素质。由于财力、编制等方面的限制，这些都不是学校在短时间内所能达到的。再次是学校图书资料、仪器设备的不足。仅就学校新开出的各门课程来讲，就要增加相应的图书资料和实验仪器设备。我国大学受办学模式影响，图书资料和实验仪器设备建设往往与各学科专业的需求联系在一起，也就是说，在传统的专业教育体制下，学校的图书资料和实验仪器设备是可能满足各专业教学需要的。但是在弹性教学体制下，教学对图书资料和实验仪器设备的需求是成倍增加的。在学校财力捉襟见肘的状况下，要解决图书资料和仪器设备不足的问题谈何容易？

第三是体制方面的矛盾。这主要表现在两个方面：宏观方面和高等教育系统本身。传统教学的计划性与我国长期实行的国家计划体制是相适应的，尽管我国社会正在由计划体制向市场体制转轨，但这种转换是有一个过程的，与教育相关的国家劳动、人事、分配、社会福利等方面管理制度的改革相对滞后，这就造成了大学本科弹性教学与宏观的社会事业管理体制之间不协调的问题。比如，实行学分制后，与过去学年制不同，学生可以提前或推迟毕业，但我国国有企事业单位人事编制是按年度下达的，学生如提前一年或推迟一年毕业，问题还不大，但如果提前半年或推迟半年毕业，就可能难以赶上进入国有企事业单位的时机。户口管理上同样存在这样的问题，提前或推迟毕业的学生的户口迁移与落户常常不是很顺利。在高等教育系统内部也存在一些不利于实行弹性教学的问题。比如，我国大学现在仍然实行按专业招生，分专业培养的招生培养体制，这一体制不改变，学生在专业选择、课程选择、自己发展方向与路径选择上的灵活性就很小了，学生的主动发展、个性发展和创造性发展就受到很大的限制。研究生招生考试一般每年举行一次，提前或推迟毕业的学生如果赶不上当年的研究生招生考试，就得等下一年。对毕业生来讲，这中间的时间就不好安排，就业吧，现在的用人单位都要签合同，一定几年不得离开；不就业吧，除了回家别无安身之处。再如，有些大学之间达成了学生相互选课、学分互认的协议，但选课费由谁支付？很多学校都采取了由学生支付的办法，但学生不是已经向学校缴纳了每年的学费吗？又如，两年或三年制院校的学生是否可以通过某种学力或学历确认程序到四年制院校继续深造以获取更高层次的毕业证书和学位证书？总之，上述体制因素在很大程度上限制了弹性教学向纵深推进。

第四是机制方面的矛盾。弹性教学需要有不同于传统教学的管理机制。在学籍管理上，要针对学生的不同学习进度和不同选科方向实行动态跟踪管理，传统的按班级管理方式应当进行调整；在毕业标准和条件的衡量上，应当根据学分制的要求，设计完整的毕业学分结构要求，改革按统一的教学计划进度为标准和简单地按课程学分累加的办法；在选课与排课方式上，除应当开出充足的教学科目供学生选择外，还应当设计科学合理可行的选课方式与排课方式，因为选课制所带来的工作量及教学班组合的变数都是惊人的，传统教学的课程安排方式完全不能适应；在教材供应服务上，从所需教材的信息统计、采购到发放，都要根据工作量和工作复杂性的增加建立相应的工作流程与规范，在课表的制定、教师工作的安排、学时的调度、教学质量控制等诸多方面，都要根据弹性教学的要求，建立新的工作机制。

总之，大学本科弹性教学改革涉及观念与实际、宏观与微观等多方面的问题，这些问题决定了本科教学的弹性限度，因此，必须高度重视解决各种相关矛盾，以增强教学的弹性。二十多年的改革已经积累了可贵的经验教训，只要我们能够进一步解放思想，大胆创新，弹性教学改革就能够不断取得新进展。

（原载《现代大学教育》2001 年第 3 期）

大学教学文化：概念、模式与创新

大学教学文化是近年来高等教育界广泛关注的话题。2012 年 7 月，教育部发布《关于启动国家级教师教学发展示范中心建设工作的通知》，明确将“推动营造重视和研究教学的氛围，建设具有本校特色的教学文化”[①] 作为国家级教师教学发展示范中心建设的重要内容之一。许多学校，如厦门大学、上海交通大学、北京师范大学等，纷纷将“建设潜心教学、追求卓越的大学教学文化”[②]、“推广先进的教学理念，弘扬优良的教学文化”[③]、“传承和发扬大学教学文化”[④] 作为本校教师教学发展工作的重要目标。尽管大学教学文化正逐渐得到各级教育主管部门和各类高校的重视，但人们对它的理解大多还停留在口号与形式的层面，少有

---

① 教育部高等教育司：《关于启动国家级教师教学发展示范中心建设工作的通知》，[EB/OL].[2014-09-16].http://www.moe.gov.cn/publicfiles/business/htmlfiles/moe/A08__sjhj/201207/139396 .html。

② 《厦门大学教师发展中心概况》，[EB/OL].[2014-09-16].http://ctld.xmu.edu.cn/Item/list.asp? id=1176。

③ 上海交通大学教学发展中心：《关于教学发展中心》，[EB/OL].[2014-09-16].http://ctld.sjtu.edu.cn/index.php? q=about-CTLD。

④ 北京师范大学教师发展中心：《中心简介》，[EB/OL].[2014-09-16].http://fd.bnu.edu.cn/zxgk/zxjj/73113.Html。

理性、专门的分析讨论。人们对一些相关的基本理论问题，如大学教学文化的源流和性质是什么、应该如何认识大学教学文化的变迁、追求什么样的教学文化、如何才能实现教学文化的创新等并没有清晰的认识。从这个意义上来说，建设和创新大学教学文化，首先要解决这些理论和认识问题。

大学教学文化的概念

虽然大学与文化之间的关系一直为理论界所关注，但对“大学教学文化”这一概念进行专门探讨与阐述的研究著作还比较少见，仅在部分关于大学教学改革、大学教师发展等问题的研究中有所涉及。从研究现状来看，人们一般认为教学文化源自欧美的教育社会学研究，最早由美国社会学家华勒 1932 年在《教学社会学》一书中提出，主要用于指学校教育中教师群体的教学方式、风格与价值观。[①] 自 1986 年美国教育研究协会出版的《教学研究手册》（第 3 版）将“教学文化”列为专门一章予以阐述以来，欧美学者对教学文化的研究日渐增多，研究范式也日趋多样，但在基本的概念阐释上仍大体延续了此前的界定方式，即将教学文化视为教师群体主观世界的体现，以指称教师群体的思维方式与行为方式。[②] 例如，加拿大学者哈格里夫斯（Andy Hargreaves）将教学文化视为教师群体的信仰、价值观、习惯和假定的行为方

① Waller W. Willard, *The Sociology of Teaching*, New York: John Wiley and Sons, 1965.

② M. C. Wittrock (ed.), *Handbook of Research on Teaching* (3rd Edition), MacMillan & Co Ltd, 1986.

式。[①]这种传统定义方法通常从文化的本质出发，将阐释的焦点集中于文化主体的集体特质或内在性格上，将教学文化等同于（或近乎等同于）教学主体（主要是教师）的内在信念、思维与行为方式。目前国内学者对大学教学文化的主流解释也主要沿用或借用了这种阐发方式，如有学者将教学文化定义为“教师在教学中形成的语言行为、习惯化思维与价值观”[②]、“教师群体共享的关于教学价值观念体系及其相应的行为方式”[③]、“教师和学生在课堂教学过程中所表现出来的关于教与学的信念、理念、行为方式及支持性要素”[④]等。

尽管这种基于社会学、文化学的界定方法基本符合人们对文化的一般理解，但从本质上来看，这种定义方法并没有准确地揭示大学教学文化与大学、大学教学之间的内在规定性。

首先，这种定义方法在一定程度上模糊了教学文化的主体。在上述那些定义中，学者无一例外地将教学文化看作是教师个体或群体所具有的某些特质，毫无疑问，教学文化与教师有着不可分割的联系，但如果教学文化只是教师的某些特质的话，为什么教师对教学文化的变迁往往表现出既无所作为，又无可奈何呢？唯一可能的解释就是，在教师之外，还有更具影响力的主体对教学文化起着主导作用。我们认为，教学文化的主体是大学。在

---

① 鲍同梅：《试论个人主义教学文化》，《扬州大学学报（高教研究版）》2004年第1期。

② 赵复查：《主体间性哲学视野中的教师文化》，《教育评论》2005年第6期。

③ 郭峰：《大学教师作为知识分子语境下的教学文化重构》，《教师教育研究》2012年第4期。

④ 韩延明、张洪高：《我国大学教学文化建设探析》，《大学教育科学》2014年第2期。

大学的概念下，教师、学生、教辅人员、教学管理人员、学校领导等主体都包含在其中并发挥着各自的作用。作为文化主体的大学并不完全等同于作为自然存在的大学，后者仅仅是一般意义上的社会机构或学术组织，是一种实体层面的社会存在；而前者则是具有某种独立价值追求的人类群体，是一种抽象层面的理念存在。这也就意味着，作为文化主体的大学实际上是不可化约的，在本质上是一个具有外部独立性与内部统一性的价值主体；虽然大学教学在现实中确实由教师、学生等具体的教学主体参与，但大学教学文化所反映的显然不仅仅是这些具体教学主体的价值观、信念或行为，而应该是"大学"这一抽象主体本身的教学价值追求与价值导向。

其次，这样的定义在某种程度上疏离了教学文化与其载体之间的关系。从本源上讲，大学是一种自中世纪产生并延续至今的人类组织，大学教学是一种随大学产生而出现、随大学发展而演进的人类活动，不仅具有明显的历史性，甚至具有不可抗拒的永恒性。因此，大学教学文化不仅是一个共时性的概念，更是一个历时性的概念。从历史源流的角度来看，大学教学文化并不是在朝夕之间突然出现的，也并非由某种外部势力强行造就，而是大学在漫长的教学史中逐渐形成、自然演变的。由此可知，今天的大学教学文化有着深刻的历史渊源与文化积淀。从历史承续的角度来看，大学教学文化具有再生产功能，能够为大学教学的具体实施提供路径指示与精神养料，确保大学教学能够按照既定的路径持续运行。

由此可见，尽管人们对大学教学文化的文化学界定有其合理性，但由于其单纯地从文化概念引申和解释大学教学文化，忽视了文化与其主体（大学）、载体（大学教学）之间的内在规定性，所以，这些定义在很大程度上遮蔽了教学文化与大学的关联性，割断了教学文化与教学之间的鱼水关系。文化学的定义不足以揭示大学教学文化的本质，需要有新的视角来对大学教学文化作出科学的界定，使人们能准确地把握其本质，正确地理解与之相关的各种现象和问题。在尝试运用各种学科的原理和方法的过程中，我们发现，生态学的原理对定义大学教学文化富有重要的启示意义。从生态学的角度来看，大学教学文化是“大学”这一抽象的人类群体在长期的教学活动中所形成的精神生态，是一种具有历史延续性与现实再生产性的非物质环境。大学教学文化所指称的这种精神生态或非物质环境，可以与现实中的自然生态与物质环境相类比：对于自然界的生物而言，生态环境意味着与其生存发展密切相关的资源条件与生态关系之总和，作为一种具有整合性的结构系统，生态环境既是自然界中各种生物、非生物要素长期互动、自然选择的结果，又对生物的生长繁衍起到支持、维系，乃至规定、限制的作用；对大学教学而言，教学文化意味着与教学运行密切相关的精神环境与要素关系的整体性存在，它既是大学教学持续存在和长期发展后的一种精神资源累积，又是指引和维系大学教学再生产的环境驱动力，其最重要的现实意义在于规定了大学教学再生产的具体方式，在潜移默化中影响并支持大学教学的延续与发展。正是在特定的大学教学文化之下，大学教学中的各种要素得以按照特定的形式相互关联并进行互动，从而使教学活动按照适当的方式得以实施，大学教学的目标得以实现。这样，我们就不难理解，为什么一代又一代的教师进入大学后，很快就“迷失了”自我，为教学文化所同化，表现出大学所特有的文化特征，成为大学教学文化的携带者和传播者。

作为一种精神生态或非物质环境，大学教学文化由若干抽象的精神性要素组成，从其与大学、大学教学之间天然的互动关系来看，其核心要素包含了大学对其教学活动所坚持的基本价值定位以及在其指导或影响下形成的行为方式。结合大学教学漫长的演进过程可以看到，这种基本价值定位与导向主要集中于三个方面：首先是以知识、学问为基本指向的知识本位价值，它反映了大学作为一种学术组织的精神旨趣，将对知识与学问的追求视为大学教学的根本目的；其次是以人的培育、养成为基本指向的人本位价值，它反映了大学作为一种教育组织的精神旨趣，将培养人、塑造人视为大学教学的终极指归；再次是以适应社会、服务社会为基本指向的社会本位价值，它反映了大学作为一种社会组织的精神旨趣，将提高社会公众素质、传播文明、促进现代化发展等视为大学教学的主要使命。这三种基本的价值导向在不同时代、不同地域、不同类型的大学中都是普遍存在的，但在不同的时空背景下，三种价值实践又有着不同的侧重方面与显现方式，大学可能会强调或抑制其中的某些价值，或某些价值的某些方面。三种价值之间多元、复杂的矛盾运动，使大学在其漫长的发展历程中形成并呈现出了形态繁复、异彩纷呈的教学文化，为大学教学的存续演进与特色彰显提供了源源不绝的内动力。

大学教学文化的模式

大学教学文化既是抽象的，又是具体的。抽象的教学文化表现为在长期的人才培养实践中大学所积淀下来并持续发挥作用的教学价值观等观念形态的东西；具体的教学文化则表现为在教学实际工作中大学相关人员的行为方式、制度及物质形态的存在物所展现的教学目标、喜好和追求等。任何大学教学文化都是抽象和具体的统一，教学文化的三种价值及其相互作用方式内在地规定了大学教学文化的基本属性，使不同时空背景下的教学文化各自呈现出鲜明的特点。总结不同时空背景下大学教学文化的内在价值矛盾与外在表现形态可以发现，大学教学文化存在两种基本模式，二者之间不仅表现出历史的承继性，在现代大学中还表现出相互的包容性。

一、大学教学文化的传统模式

大学经历了由古典向现代的历史演进，早期古典大学教学的内外部需求、物质条件、社会环境、追求旨趣与现代大学差异巨大。众所周知，大学最初是作为一种学术组织出现的，是中世纪中后期由集中于西欧城市中的新兴知识分子组成的社团组织，其最初的表现形态就是由城市中一些爱好知识、醉心学问的学者和求学者所组成的行会。这也就意味着，对知识的追求是大学得以产生的原动力。这使得大学教育与当时由宗教或世俗势力建立的主教学校、修道院学校或宫廷学校有所不同，其教学活动并非单纯地为了培养神职人员或教育贵族子弟，更渗透着追求知识、崇尚学问的知识本位追求。由于当时知识的总量较小，知识的分化水平较低，知识的来源主要是古典文献与宗教经典，与现实的社会生产实践并没有太大的联系，因此当时接受大学教育的只是社会中的少数人，大学教学也以继承、发扬古典知识与宗教经典知识为主。在这种知识价值的基础之上，大学形成了讲授与辩论两种主要的教学方法，前者强调通过教师的诵读（或讲解）把书本知识直接灌输给学生，使学生充分记忆和掌握所学内容；后者则强调学生对知识的进一步演练，是对学生思维状况与知识掌握情况的一种检验。13世纪的法学家奥多弗雷德曾对当时大学的法学教学有如下记载："关于教学的方法，古代和当今的教师们，特别是我自己的导师保持着下述惯例，而这一方式我也遵守：首先，在讲述原文前，我将就每一标题给你们作一个提要；第二，我将就每项法律的要旨向你们作尽可能清楚、明确的陈述；第三，我要从校正的角度阅读原文；第四，我将简单地重述法律的内容；第五，我将解决明显的矛盾，附带说明法律的一般原理，这通常叫做'Brocardica'。"[①] 由此可以看出，当时的大学教学中无疑渗透着强调知识传承、崇尚学术沿袭的知识本位价值，以传递已有知识、继承前人思想为主要表现形式。

然而，大学不仅要传承知识、保存学问，更要培养人、教育人。无论是在早期自发形成的大学，还是在之后由教会或国王支持、建立的大学，培养人、塑造人都是最重要的活动与职能。因

① 查尔斯·霍默·哈斯金斯著、夏继果译：《12世纪文艺复兴》，上海人民出版社2005年版，第166页。

此，大学教学中除了表现出以知识、学问为追求的知识本位价值外，同样渗透着以培养和塑造人为核心的人本位价值，二者彼此渗透，互为表里：对人的塑造离不开对知识的追求，因为知识是大学教学的主要载体，是大学教学的重要源泉；对知识的追求同样离不开对人的塑造，只有经过知识濡染的人才能更好地继承知识、传播学问，并真切地体验知识背后所凝结的意义。从这个意义上来说，当时大学教学的主要目的在于促进和实现人的"知识化"，即按照知识及其背后的指向，实现对人的教养和塑造。古典大学时期有两方面的知识传授在大学中占据统治地位，并从根源上影响和制约大学教学的基本价值取向：一是以宗教经典、经院哲学为基础的神学知识，强调培养信仰虔诚、循规蹈矩，能够解释并传播教义的神职人员或宗教人士；二是以古希腊罗马典籍为基础的古典知识，强调培养学识渊博、情操高尚、明事理、有修养的"自由人"。虽然两方面的知识在人才培养的具体形式上存在一定差异，但在大学教学的人本位价值方面是殊途同归的，都强调个人素质、道德修养和共同美德的养成，着眼于培养学识渊博、道德高尚，继承经典知识并发扬传统道德的"有教养的人"。由此可知，传统大学教学的人本位价值导向非常重视品德塑造和行为养成，更关注人自身表里的统一。比如，英国教育思想家纽曼所推崇的"学院式"大学教育，就强调通过"住宿学院"这一载体构建精致优雅的环境、全面深入的辅导以及和谐亲密的人际关系，培育博雅绅士与社会知识分子。

正是在知识本位价值与人本位价值的矛盾运动中，大学教学文化的传统模式逐渐形成、发展，并在相当长的一段时间里成为统御大学教育的主流教学文化。从本质上来看，这种教学文化贯穿着以传递知识、传承思想为指向的知识本位价值，以及重视通识素养、道德修为的人本位价值。尽管古典大学的教学中多少包含了法律、医学等与社会专业相关的教育要素，但由于当时社会职业分类粗糙简单，知识的分化与专业化程度较低，教育的覆盖对象也局限于少数社会特权阶层子弟，因此，大学教学的价值导向主要表现为上述知识本位与人本位价值的对立统一，很少体现指向于社会现实需要的社会本位价值。传统大学教学文化的二元价值矛盾关系主要包括以下特点：

第一，二元价值矛盾具有内在的耦合性。不论是古典知识还是神学知识，传承而非创新是教学的主要活动形式，因为稳定而少变化的知识是塑造和训练共同品德和操守的最佳原料。

第二，二元价值矛盾的互动方式在知识活动方式发生根本变化之前几乎保持不变。在古典大学数百年的历史中，大学教学文化少有变化，表现出高度的相似性。

第三，二元价值矛盾具有永恒性。从古典大学到现代大学，尽管教学的价值日趋多样化，但以传承为本的知识价值和以修德为本的育人价值之间的关系仍在教学过程中发挥着重要作用，受到不同国家的大学持续不断的重视。

二、大学教学文化的现代模式

教学文化虽然是相对稳定的，但绝非一成不变的，当大学自身及其面临的内外部环境发生深刻变化，大学教学的价值导向随之发生重大迁移时，大学教学文化必然也发生改变。大学在现代面对的最重要的变化是知识范畴的扩展与重心的迁移。在十七八世纪欧洲文艺复兴、宗教改革、启蒙运动、科学革命等一系列重大事件的影响之下，科学知识的价值与意义日渐彰显，科学在很大程度上改变了人类的生活方式与存在状态，并成为后来斯宾塞等教育思想家眼中最有价值的知识。尽管大学起初排斥、拒绝科学，但科学知识最终还是取代了经院神学知识与古典人文知识在大学中的统治地位，随着19世纪德国大学开创性地将科学研究引入大学，科学研究成为各国现代大学的一项基本职能。

从教育的角度来看，科学知识具有与传统宗教知识、人文知识截然不同的属性与传播方式。首先，科学知识是指向事物客观规律的专门学问，来源于经验主义的实验归纳与理性主义的逻辑演绎，是一种具有客观性、批判性而非主观性、先验性的知识体系。科学知识传播的重点在于使学生体验获取科学知识的过程，掌握探索科学知识的途径，养成实践科学知识的习惯，即所谓科学方法的习得与科学精神的养成，而并不只是传播已有的科学知识。正是在知识属性变化的影响之下，大学教学的知识本位价值发生了迁移，它不再追求对已有知识的传递与演练，而是将传授科学方法、探索未知知识、形成批判思维与创造力作为主要目的。尽管已有知识在教学中仍具有不可忽视的重要价值，但已不再具有传统的宗教知识与人文知识在大学教学中曾经拥有的权威性与控制力。在柏林大学等新兴的德国现代大学中，洪堡提出的“科研与教学相结合”的原则逐渐得到推广，习明纳、实验室成为与课堂、图书馆同等重要的教学场所，以科学研究为重要指向的研究生教育逐渐成为大学教育的一部分。这些变化反映了新的知识本位价值孕育并催生了新的大学教学文化。其次，科学知识还具有实用价值与现实意义，对客观自然规律的认知与探索使其很容易转化为服务社会生产的技术。随着科学技术在现代社会生产和生活中的广泛应用，大学逐渐开始重视知识的应用价值，将实践、应用科技知识作为知识本位价值的一个重要方面。以实用主义为导向的美国现代大学倡导产学研相结合的教学原则，在教学中重视学生在现实的生产情境中以实践的方式体验生产过程，掌握生产工艺技术，培养学生运用科学知识进行实际生产和技术创造的能力，说明这种知识本位价值导向的新变化同样为大学教学文化的内涵带来了新元素。

在现代社会，科学知识及其价值在大学教学中得到认同和尊重，民主平等思想得到广泛扩散和实践，大学与社会之间的联系不断加强，大学甚至成了社会的轴心组织。大学教育不再只是少数特权阶层子弟的特权，也不仅仅是为了满足少数人“闲逸的好奇”，而是要为广大的民众服务，为现实的社会生产和生活服务。随着高等教育大众化时代的到来以及大学社会服务职能的发展，大学逐渐成为与工业、市场和社会休戚与共、共存共荣的“动力站”，大学教学也越来越重视以市场需求、社会需求为指向的社会本位价值。因此，现代大学教学普遍重视服务生产、服务社会的价值，将社会现实诉求和市场需要注入教学的组织、机制与运行，追求人才培养的实际应用性与社会适应性。这种新兴价值导向的出现不但影响了大学教学的变化趋向，使大学教学表现出更鲜明的现代性特征，而且还与知识本位价值的迁移共同引发了人本位价值的演进。现代大学教学所倚重的科技知识、现实社会理想使人才培养目的发生了根本变化，它不再追求百科全书式的通才或侧重德行修养的绅士，转而强调培养兼具公民素养与个性品质，掌握、理解和运用科技知识、科技方法，可以在市场竞争中发挥重要作用，能够在适应社会、改造社会、引领社会进步的过程中发挥专业作用的高素质人才。与传统大学教学所重视的人本位价值导向相比，现代大学教学更重视人的个性、创造性、批判性与实践性。这无疑是科技知识主导的现代大学知识、以社会适应为依存的现代大学存在方式所带来的必然结果。

概言之，现代大学教学贯穿着重视科技知识及其发展、创新与应用的知识本位价值，追求个性、创造性与实践性的人本位价值，以及以社会生产、市场需要为导向的社会本位价值。这三种价值导向之间复杂的矛盾关系及其运动方式，构成了大学教学文化的现代模式，使大学教学文化呈现出与传统模式截然不同的状态与特征。现代大学教学文化的三元价值矛盾关系主要包括以下特征：

第一，知识的创新与应用是三元矛盾关系调整与变化的根本动力。知识活动方式的变化不只带来了知识本位价值的迁移，而且直接导致人本位价值重心的改变和对社会本位价值的认同与尊重。在一定意义上，三元价值矛盾关系的建立与结构框架是以现代知识的分类与活动方式为基础的。

第二，三元价值矛盾关系平衡的条件在于人本位价值的实现。大学教学的直接目标在于人的培养，离开了人的价值的实现，不可能有真正的大学教学。知识本位价值和社会本位价值在大学教学过程中必须统一于人本位价值的实现。

第三，三元价值矛盾关系的失衡往往意味着大学教学状态的恶化或现代大学精神的迷失。三元价值矛盾关系的稳定性远远低于二元价值矛盾关系，变化、调适、平衡贯穿于现代大学教学价值矛盾关系中，失衡则预示着大学教学现代性的丧失或被遮蔽。三元价值的对立统一是彰显大学教学现代性的基本要求。

三、传统教学文化与现代教学文化的关系

教学文化的传统模式与现代模式是两种既密切联系又迥然相异的文化模式，是对大学教学文化两种典型形态的概括。从文化的历史演进来看，现代教学文化的出现实际上并不是对传统教学文化的激烈颠覆，而是在后者基础上的适应性发展与渐进式演变，经过了一个自然而缓慢的文化迁移过程。在教学文化的历史演进中，对知识价值的追求、对人本身价值的追求贯穿于各个历史时期，但在大学从古典向现代的变迁中，知识价值和人的价值越来越多元化，不仅如此，知识形态与活动方式的变化更引发了多种价值关系的调整与重构，使大学教学呈现出多样化的文化样态。传统模式与现代模式只是大学教学文化样态中的两种典型模式，实际上大学教学的价值矛盾关系是错综复杂的，即便在大学教学文化的现代模式中，传统的二元价值矛盾关系仍然持续地发挥着重要影响，只不过具体的价值内涵与作用方式发生了适应性变化而已。正因为如此，尽管现代教学文化表现出了强烈的现代性特征，但传统教学文化仍然内在地在现代大学中延续下来，成为现代教学文化不可缺少的基因。无论是传统教学文化之中知识本位价值导向与人本位价值导向的双向互动，还是现代教学文化之中知识本位

价值、人本位价值与社会本位价值之间的矛盾运动，本质上都是不同时空背景下的大学存在及其与社会互动关系的必然产物。

大学教学文化的传统模式与现代模式没有对错之分，也没有高下之别，但如同在古典大学时期不可能出现现代教学文化一样，在现代大学时期也不可能允许传统教学文化独立存在并主导现代大学人才培养。大学教学文化存在于特定的时空背景下，因而不同教学文化的功能存在显著的差异。在古典大学，传统教学文化孕育了适应当时社会需要的人，即能够继承、发扬经院哲学与人文知识，具备为当时社会所推崇的情操与道德的承继性人才；而在现代大学，现代教学文化则主要着眼于培养现代社会所需的社会公民、专业人士，以及各行各业的高层次专门人才，在承继性要求的基础之上，又增加了批判性、创造性等符合时代精神的要求。因此，现代教学文化并不排斥传统教学文化，而是对传统教学文化进行扬弃性选择，保留其具有普适性的元素，摒弃其过时的要素。这样，现代教学文化自身的根脉得以历史地贯通起来，从而更显其文化的厚重感。所以，在现代教学文化中，仍可以发现传统教学价值的存在，传统教学文化的一些表现形式仍然发挥着重要作用。比如，传统的教学方式、教学要素（如课堂、图书馆、学位制度与教学制度等）很多都以其原生的或改造后的方式得到了继承，传统人才培养的很多要求仍然寓于现代教学之中。

大学教学文化的创新

尽管不同样态的大学教学文化没有对错、高下之分，但毫无疑问，它们的适应性是不同的，大学教学文化的传统模式是在古典大学时期出现的，其发挥作用的条件是当时社会的知识价值和对人的发展的追求；而现代模式则是在现代大学形成的，是为完成现代大学的人才培养使命服务的。就我国大学教学文化而言，现代性缺失不仅已经严重影响到大学与社会关系的良性发展，而且使大学自身陷入了令人尴尬的身份质疑。著名的“钱学森之问”说到底是对大学教学文化的激烈叩问。破解“钱学森之问”，不能只关注表象的教学内容、教学方法与技术等，更应当从大学教学文化的角度全面审视大学教学文化的转型，加快现代教学文化建设。

一、确立现代教学价值观的核心地位

教学价值观是大学教学文化的核心要素，是人们对大学教学的期望、追求与导向的反映。在知识本位、人本位、社会本位等不同教学价值观的矛盾运动之中，大学教学文化呈现出了形态各异的模式。大学教学价值观可以也应该是多元的，不同类型的大学可以依据自身的学科专业结构和特点追求有个性特点的教学价值观。但从时代发展的客观规律与现实需要来看，对教学价值观的选择和遵循并不能是随意的、无序的，必须符合现代社会的人才需求与现代大学的人才培养规律，简单地说，就是应当具有现代性。如果教学价值观偏离了时代的需要，必然会引起大学教学文化与时代要求的尖锐矛盾，造成人才培养与时代需要的脱节。因此，大学应当确立现代教学价值观的核心地位，并以此为基础超越传统的教学文化形态，建立富有时代气息的现代教学文化。从大学教学文化的构成来讲，现代教学价值观主要包括三个方面：

第一，是以知识创新与应用为核心的知识本位价值。现代社会生产为知识创新和应用创造了无穷的可能性，现代大学的教学不能再仅仅以知识的传播和承继为目的，而应将知识的发展、创新与应用作为根本指向。知识本身并无目的性，现代大学教学应赋予知识现代性的目的，使教学的各种活动和环境条件带有鲜明的现代价值色彩，使教学的多种无形的理念、要求、原则、标准等充分展现现代价值的魅力。

第二，是以个性、创造性与批判性为指向的人本位价值。现代人的存在形态及其与现代社会的相互关联，决定了现代大学的教学不能局限于培养承继过往智慧、思想与美德的人，而应更注重培养人的个性、创造性、实践性等具有时代气质、符合时代需要的品质。这就需要革新以知识与美德的承继为目的的传统大学教学价值观，树立尊重人的个性、创造性和批判性等现代品质的现代教学价值观，培养适应现代社会生产和生活要求的人。现代社会瞬息万变，只知墨守成规、循规蹈矩，就不能与时俱进，很可能被时代所抛弃。只有积极进取、勇于开拓、大胆创新，才能引领时代大潮，成为时代的骄子。

第三，是以社会生产、市场需要为导向的社会本位价值。现代大学与社会的密切关系决定了人才培养的开放性与外向性，重视人才培养的实践性、社会适应性是现代教学文化所追求的重要价值。现代大学在人才培养上不能孤芳自赏、闭门造车，从教学目标到教学过程等环节都应当敏锐地捕捉社会生产和市场变化的最新动向，将社会需求融入教学文化之中，成为与知识和人直接关联的教学文化元素，从而构建富有现代性的三元教学价值矛盾关系。

二、培育现代教学文化生长的环境

作为一种精神生态，大学教学文化的创新是一个缓慢而渐进的过程，既需要教学价值观的主动迁移，又有赖于内外部环境力量的助推。如果缺乏相应的环境、条件和制度支撑，教学价值观很难转化为现实层面的教学文化。从大学教学文化的演进历程来看，现代教学文化的形成与特定时空所催生的大学形态变化、制度变迁息息相关。例如，正是由于16—19世纪西欧启蒙运动和科学的兴起，才有了大学教学中对科学知识的引入和对科学教学的重视，才有了柏林大学践行“研究与教学相统一”理念的一系列制度变革、教学改革，如重视哲学学部的基础性地位、开创习明纳等新的教学形式等。[①] 19世纪后期美国扩大农业生产，直接催生了赠地学院的兴起，而社会民主的推进又带来了一般民众对高等教育的现实渴求，从而使初级学院得以广泛建立，正是由于这些新兴高等教育机构以制度、规范的形式倡导、推动实用主义教育，重视以社会生产、市场需求为导向的社会本位价值才成为了现代大学教学文化的一个重要构成要素。从这个意义上说，大学教学文化的创新需要培育适宜的环境土壤。

培育现代教学文化生长的环境，需要在内外环境两方面下

---

① 别敦荣、李连梅：《柏林大学的发展历程、教育理念及其启示》，《复旦教育论坛》2010年第6期。

功夫。就外环境而言,重在激活现代大学利益相关者的需求,构建大学外部治理结构,将利益相关者纳入机制中来,给予其表达自身需求的权利,使其需求融入大学教学价值之中。就内环境而言,应当针对大学教学进行一系列制度建设与环境变革,即按照现代教学价值观的要求,重新定位各教学元素、教学环境条件的存在形态及相互关系,积极改革与现代教学价值取向不相适应的教学制度、教学条件。当前,不少大学的教学运行制度、教学评价制度仍然与现代大学的教学价值、现代教学方法的创新要求相抵触,[①] 很多人仍以传统的思维与价值观看待大学教学,以追求知识传授的传统教学价值观评价教师与教学。培育现代教学文化生长的大学内环境,不是要采取激进式、颠覆性的改革行动,因为尽管文化的进步可以有多种多样的方式,但大学教学文化的历史连续性是不能忽视的。创新固然是必须的,也是必然的,但对传统的教学文化不能采取一笔勾销的方式,应当尊重并继承其合理的元素,摒弃其过时的内涵。同样值得重视的是,单纯依靠保护和继承传统教学文化的合理元素,不足以实现大学教学文化的创新。培育现代教学文化的内环境,应当采取积极的态度,对教学制度和条件等进行系统设计,有计划有步骤地进行改革与建设,并且不断总结经验教训,探索更有效的内环境建设路径。

三、探索现代教学模式及其实现路径

现代教学模式是现代大学教学文化的外在表现形态,是现代

① 别敦荣:《大学教学方法创新与提高高等教育质量》,《清华大学教育研究》2009 年第 4 期。

大学实现其教学价值目标的基本手段。现代教学模式与现代教学价值高度契合，重视知识的现代价值，尊重学生的选择权利与自我发展需要，将人才培养与社会需求融为一体，以造就同知识的永恒价值与现实功用、人的内在品德塑造与外适能力发展相统一的现代人。现代教学模式的典型特征主要表现为以学生为中心，即教学目标上重视学生的发展需要，教学过程中重视学生自主学习，教学结构上以学生发展为根本评价标准。与传统教学模式相比，现代教学模式的构成要素并没有根本的变化，但要素的品质、性质等发生了重大改变。比如，知识活动是两种教学模式都不可或缺的基本要素，但现代教学模式中的知识活动更注重知识的可探索性、工程性、应用性等。由麻省理工学院、瑞典皇家工学院等大学创立的 CDIO 工程教育模式，就是按照现代工业生产流程要求，设计出了以 Conceive（认知问题）—Design（设计方法）—Implement（付诸实施）—Operate（运行维护）为核心的一体化的知识活动。现代科技，尤其是信息技术和互联网技术的应用，为现代教学手段的更新创造了无穷的空间，更强化了现代教学模式的现代性色彩。

构建现代教学模式，除了应当加强以现代教学价值观为核心的教学思想教育外，还应当做好以下三个方面的工作：

第一，加强教师的现代教学能力建设。传统的教学能力建设重视教师的课本教学内容准备，重视教师“一桶水”的知识储备，以便教师在教学中能自如地给予学生“一碗水”的教学；另外，还重视教师讲授能力的训练，试图把教师训练成为口齿伶俐且能生动活泼、滔滔不绝地进行演讲的人。现代教学能力建设不但重视教师的知识水平和传授知识的能力，更重视教师组织学生学习的能力和指导学生发展的能力，包括课程设计能力、学生学习组织和协调能力、学生学业指导或辅导能力等。

第二，加强学生的现代学习能力建设。传统的学习能力主要包括接受教师讲授的知识和书本知识的能力，现代学习能力不但包括向老师和书本学习的能力，而且包括学生学习未知知识和默会知识的能力，以及运用知识解决问题的能力。不仅如此，还特别重视学生自主学习能力、自主实践和可持续发展能力。

第三，加强以信息技术为基础的教学体系建设。现代信息技术已经成为现代教学模式不可或缺的基础，不仅影响教师和学生的教学行为、课程的组织和实施方式、教学资源的开放与利用，而且影响教学心理和教学价值的选择与评价，成为制约教学效果与质量的重要杠杆。现代教学模式建设应当高度重视现代信息技术的作用，不断加强以现代信息技术为基础的教学工作体系、教学资源体系和教学设施体系建设，使大学教学文化建设立足于现代信息科技的基础之上。

总之，创新大学教学文化，应当根据现代教学价值关系原理，更新教学观念，在全校教职员工和学生中广泛宣传和普及现代教学理念，牢固树立现代教学价值观，使广大师生员工能够自觉地将现代教学价值观注入教学的各种构成要素中去；应当大力营造和培育现代教学文化生长的环境，对内外环境中不利于现代教学文化生长的各种制度、要求、标准以及硬件条件进行改造，不断壮大现代教学文化的基础，扩大现代教学文化的影响力；还应全面推进现代教学模式建设，积极探索富有现代特色的教学模式及其建构策略，发挥师生在现代教学模式建设中的主体作用，从转变思想、加强能力建设等途径入手，使师生成为引领现代教学文化前进方向的主力军；加强信息技术在教学中的应用，构筑以信息技术为基础的现代教学体系。当前，很多大学都在加强教师教学发展中心的建设，这是推进现代教学文化建设的重要举措。大学应当利用教师教学发展中心，组织开展现代教学文化的理论研究，研究并开发现代教学模式，通过组织各种专业活动和有效的激励措施，推动和鼓励教学模式创新。[①]

（原载《高等教育研究》2015 年第 1 期，
与李家新、韦莉娜合作发表）

① 别敦荣、李家新：《大学教师教学发展中心的性质与功能》，《复旦教育论坛》2014 年第 4 期。

国外一流大学本科教学改革与建设动向

进入21世纪以来，提高高等教育质量已成为世界高等教育改革与发展的重大课题。从外延发展向内涵发展的转型，是大学走向成熟的标志。丰富大学内涵、提升大学办学质量需要从人才培养这一基本职能入手。世界一流大学有一流的师资队伍与一流的教学水平，其教学制度与教学设施条件也相对完善。然而，从内部来看，大学生群体的异质性与多样化日益突出，如何使教学满足不同兴趣爱好、不同个性大学生的需求，是大学面临的新挑战；从外部来看，社会环境的不断变化对大学的人才培养，尤其是教学提出了新的要求。相对于其它学校来说，尽管一流大学在教学方面拥有明显的优势，但是，要提高自身的社会适应性，更好地引领世界文化科学发展方向，促进高新科技产业升级发展，一流大学本科教学必须变革。一流大学是一个不很严谨的概念，所以，考察一流大学本科教学也难以严格地框定范围。在为中国高等教育学会和厦门大学联合举办的"一流大学本科教学高峰论坛"编辑参考资料的时候，我们将国外一流大学的范围主要框定在发达国家和地区的高水平大学。查阅有关文献资料可知，国外一流大学针对制约本科教学质量提升的问题纷纷进行了改革，这些改革举措丰富而多样，尽管缺乏系统性，也很少见针对一个国家或一所大学的全面改革设计，但很多改革举措和要求都极富时代感和针对性，对我国大学建设一流本科教学有重要的启发意义。

国外一流大学本科教学理念的新发展

世界一流大学都有其深入骨髓的教学理念。一流大学成长的历程表明，先进的教学理念是其立身之本。教学理念的产生不是偶然的，也不是由人的主观意志所决定的。这是大学为了满足经济社会发展对人才素质与能力的需要，根据文化科学技术发展要求，结合自身的实际和大学生的成长规律，所提出的教学原则或指导思想。从这个意义上讲，大学教学理念不是一成不变的，而是在坚守与创新中发展的。国外一流大学将本科教学视为其根本职能，教学理念是核心的办学思想。在经济全球化、互联网无处不在，高新科技日新月异的21世纪，国外一流大学教学与时俱进，包括教学理念在内，发生了深刻的变革。国外一流大学本科教学理念的新发展内涵丰富，这里主要从三个方面略作归纳。

一、全面性、创新型、国际化的人才观

人才观是大学教学理念的核心。大学本科教学的人才观主要是关于将本科生培养成为什么样的人以及如何培养的思想认识。本科教学的人才观不是用来做做样子的，而是要实实在在地

在人才培养过程中发挥指导作用的，所以，本科教学的人才培养观主要体现在各大学的人才培养目标上。纵观国外一流大学本科教学的培养目标，有一个共同的特点，即造就社会各行各业的精英人才。这是这类大学本科教学长期坚持的人才观，但在今天，这种精英人才观又被赋予了新的内涵，就是追求更加全面性、创新型、国际化的人才培养目标。

首先，在本科教学中，国外一流大学更加注重学生全面素质的培养。国外一流大学的本科教学突破了专业和学科的壁垒，不仅从圈层上扩大学生对不同学科专业知识的认知和学习，使其掌握不同学科专业的知识和能力，注重培养学生的综合应用能力，而且重视培养学生的可持续发展能力，使其在离开校园之后能够主动建构自身新的知识体系，以应对复杂多变的社会环境。加拿大不列颠哥伦比亚大学校长斯蒂芬·图普认为，大学不能陷入一个错觉，认为大学有责任为所有学生的第一份工作提供培养，“事实上，我认为大学教授给你的知识和技术应该在你的整个职业生涯中都起到作用。”因此，不列颠哥伦比亚大学更注重学生发展的软实力，“让学生具有更好的交流、团队合作、批判性思维以及灵活思考的能力。”[①] 台湾清华大学校长刘炯朗则更形象地描述了大学生全面素质养成的思想，他希望企业能够在大学中得到的“不是很小很小的一块钻石，而是很大的一块已准备好但没有完全雕琢的美玉”。[②]

---

① 潘雅：《百年名校：突出特色永葆活力——访加拿大不列颠哥伦比亚大学校长斯蒂芬·图普》，《世界教育信息》2014 年第 3 期。

② 《刘炯朗谈通识教育理念：如何做一名大学校长》，[EB/OL].（2013-6-17）[2016-5-20].http://cul.qq.com/a/20130617/021295.htm。

其次，在社会变化节奏加快、高新科技发展日新月异的时代，国外一流大学越来越重视大学生创新素质的培养。很多大学将创新型人才纳入了培养目标。从客观上讲，创新型人才来自社会各阶层，分布在各行各业，也有人虽然接受的教育层次不高，但也有创新的天分。然而，创新型人才的主要聚集地和发源地在一流大学。国外一流大学在这方面有着高度的敏感性。近年来，培养创新型人才已经成为国外一流大学的共识。例如，美国麻省理工学院着眼于"培养创新世界的人"，提倡"文化浸润改造教育"。[①]斯坦福大学的本科教育重视培养和发展创造力，不仅创建了厚基础、宽口径的课程体系，而且还注重营造创造性的教育环境，构建完善的实践活动体系，让创造力培养找到生长点。[②] 为此，斯坦福大学不仅发展了硅谷，为培养创新型人才创造了得天独厚的环境，而且顺应时代变化，于 2013 年秋季启动了《斯坦福大学 2025 计划》，以师生为主导，开启了大胆的未来大学模式。

再次，在互联网时代，全球一体化步伐加快，国际化潮流锐不可当。国外一流大学越来越重视本科教学的国际化，以造就新一代的国际化人才。美国杜克大学认为，在当今相互依存的世界里，学生应该学会互相合作而不是互相竞争。该校于 2009 年提出"质量提升计划"（QEP，Quality Enhancement Plan），主题就是"全球化的杜克大学：提升学生作为世界公民的能力"，即培养学生的世界公民意识，向学生传授成为世界公民必备的知识、技

---

① MIT Career Development Center,"Internship and Recruiting Programs at MIT," [EB/OL]. (2015-10-12) [2016-5-2]. http://web.mit.edu/career/www/jobs/internship programs.html.

② 别敦荣等：《世界一流大学教育理念》，厦门大学出版社 2016 年版，第 243 页。

能、态度与价值观。[①] 美国普林斯顿大学更是将“服务国家，服务全球”作为校训，校长伊斯格鲁布说：“普林斯顿大学要培养具有全球风范和国际视野的毕业生。目前，我们的师生都得益于活跃的网络体系与项目安排，能联系到世界各地的教师与学生。在未来，普林斯顿大学将致力于加强这些伙伴关系。”[②] 一所大学的国际化程度并非仅仅取决于接收多少留学生或是外派多少交流生，更在于能否通过本科教学真正培养学生的全球化意识与全球化素养，培养出的人才能否加强世界各国之间的合作，服务全球，促进全球共同进步和发展。

国外一流大学本科教学理念的新发展是在新的时代背景下产生的。20 世纪后期以来，世界高等教育发展面临一系列共同的新课题，本科教育教学的不适应性越来越严重，各种挑战已不再针对一个国家或某一些国家，一种全球性的焦虑在各国大学蔓延。美国圣路易斯・华盛顿大学的心理学与教育学教授基思・索耶博士指出了授受主义这种古老教学方式的弊端，鼓励教学应运用创造性学习的思维。在他看来，学生需要教学向其展示知识之间的关联，而不是以一种孤立的方式记忆微小的主题。这些学习方式更有可能支持“迁移”（将所学知识用于更大范围的能力）和“适应性专长”。[③] 除了教学对学生的引导之外，学生的

---

① 孙志强：《杜克大学本科生科研训练措施对我国本科生创新能力培养的启示》，《创新与创业教育》2013 年第 4 期。

② 张伟：《跨学科教育：普林斯顿大学本科人才培养案例研究》，《高等工程教育研究》2014 年第 3 期。

③ 程佳铭、任友群、李馨：《创造力教育：从授受主义到有结构的即兴教学——访谈知名创造力研究专家基思・索耶博士》，《中国电化教育》2012 年第 1 期。

评价机制和激励机制对其能力的培养和发展也发挥着至关重要的作用，以成绩评价学生的传统评价体系已经不能适应现代教学的培养目标。普林斯顿大学校长伊斯格鲁布认为，“当且仅当一种评价提升学习参与度才有意义”，并要从“学生学习体验证明、学生学业表现的证明和所有毕业后工作与生活的证明”来综合评价学生。

二、开放性教学思想

世界从来没有像今天这样紧密地联系在一起，互联网使地球成为一个开放的“村庄”，不同国家之间越来越成为“命运共同体”，不仅面临许多相同的挑战，而且需要共同应对这些挑战。高等教育以造就适应时代发展需要的高级专门人才为己任，世界一流大学更是将培养解决科技创新和社会复杂问题的尖端人才作为不可推辞的使命。信息技术和互联网与大学教育的联姻是高等教育史无前例的革命，不仅在一定程度上改变了高等教育和大学的性质，而且将大学置于世界的中心，赋予大学新的责任。麻省理工学院开风气之先，将自己的数千门课程放到网上，这一举措更新了大学教育的开放性和国际化的概念，开拓了大学本科教育全新的视野，为造就全球化的新型人才、化解世界所面临的新课题开辟了新的路径。

国外一流大学开放的在线课程和网络教育让世界共享优质教学资源，这有助于加强世界范围的高等教育合作。这些大学由于优质教学资源相对充足，他们一方面希望为世界各地大学生提供更多优质教学资源，促进世界高等教育发展与全球文明进程，另一方面也希望通过教学资源的分享吸引更优质的生源，提升自身的办学水平。例如，耶鲁大学的本科教学虽然是建立在师生直接互动基础上，但他们也通过网络科技来扩大优质教育资源的服务面向，进一步提升自己的国际化程度和在全球的认知度。耶鲁大学认为，这和大学的整体目标是相辅相成的。①

信息技术与大学教学的结合并非仅仅如开设在线课程那么简单，在教学资源的流动与开放的过程中，很多高校也认识到信息技术与教学的结合也将引起教学外部的要素与教学之间、教学内部各要素之间关系的改变。从外部的关系来看，2006 年哥伦比亚大学发起三角形倡议，致力于“探索新媒体技术用以提升研究、教育和社会服务三大功能的应用途径，其目的是寻找数字技术在教育、科研和社会服务之间的平衡点……使世界各地的人们都从此项目受益”。② 从大学内部的教学结构来看，密歇根大学的拜瑞 · 费舍曼（Barry Fishman）博士认为，“要想显著提高教育的生产率，需要对教育有系统实施由技术支持的重大结构性变革”，“真正的工作不是尽力在不同的课堂中使用技术，而是需要整合方法与技术，让教师能够连续地使用多样化的技术教一切东西，这样是最连贯的，但你看到的却是不同的教育技术与教学的融合模式”。③ 另外，葡萄牙科英布拉大学副校长卡瓦略从“隐性

---

① 钟晓鸣:《精品课程网站的建设与设计——耶鲁开放课程的启示》,《职教论坛》2012 年第 8 期。

② 李逢庆:《信息时代大学教学支持服务体系建设及其经验解读——美国哥伦比亚大学“新媒体教学与学习中心”透析》,《现代教育技术》2011 年第 11 期。

③ 张宝辉、王颖、张金磊等:《2010 年美国国家教育技术计划带来的机遇和挑战——访美国密歇根大学拜瑞 · 费舍曼（Barry Fishman）博士》,《中国电化教育》2013 年第 6 期。

教学”的角度，认为“真正的数字化革命是利用技术改善校园教学活动，如监控学生的学习进度等”。[①]科英布拉大学鼓励学生通过网络获取知识、分享知识，但是，他们也认为，要让学生成为真正的“知识的所有者和实用者”，则还需要教师的引导和课堂中的讨论。

建立大学本科教学 + 互联网的教学模式，并实现从“量”的供给向“质”的提高的过渡，真正走向成熟，还需要未来较长时间的探索。加州大学洛杉矶分校校长吉恩·布洛克指出，慕课的退学率非常高、难于评价学生的学业成就、无法替代传统校园教学中的学习体验等问题，是影响慕课在更大范围传播并发挥作用的主要障碍。[②]针对信息化教学出现的问题，开启慕课潮流的斯坦福大学人工智能学教授巴斯蒂安·特龙则比较乐观：“很少有新事物会马上收获成功，创新的关键在于反复尝试。”[③]

三、教师发展理念

一流的师资队伍是一流大学本科教学的重要保障。大学，尤其是一流大学，曾经对自己的师资队伍引以为傲，不认为自己还需要在师资水平的提升上做出努力。如果真有教师的教学不能令人满意，解聘旧的、招聘新的几乎是它们的不二选择。但是，

---

① 潘雅、周巧昕：《古老名校在国际化进程中迸发新活力——访葡萄牙科英布拉大学副校长卡瓦略》，《世界教育信息》2015 年第 17 期。

② 熊建辉、潘雅：《创建 21 世纪美国公立研究型大学的典范——访美国加州大学洛杉矶分校校长吉恩·布洛克》，《世界教育信息》2013 年第 24 期。

③ 胡夏楠：《美国研究：慕课发展需要不断创新》，《世界教育信息》2014 年第 7 期，第 78 页。

在高等教育走向大众化和普及化之后，社会高层次人才紧缺问题不但受到社会各行各业的高度关注，而且也对大学的师资队伍建设提出了新的要求。大学不能再无视教师在职发展的需要了，哪怕是一流大学也不例外。20世纪后期以来，国外一流大学越来越重视高水平师资队伍建设，更新了师资队伍建设理念，树立了教师发展理念，采用了一系列改革举措，建立了教师发展体系。

首先，国外一流大学普遍建立了教师发展中心，为教师在职发展提供强有力的理论和技术支持。密歇根大学建立了规模庞大、职能多样、影响广泛的教师发展中心，为本校全体教师提供形式多样、内容丰富、组织灵活而富有吸引力的培训和研讨活动，对更新教师教学理念、更新教师教学方法、提高教师教学能力发挥了重要作用。正因为如此，教育部曾经组织多批次的高水平大学校长赴密歇根大学教师发展中心培训。加拿大西蒙·弗雷泽大学也建立了功能强大的教师发展中心，为全校教师教学能力发展提供有力的支持。[①] 哈佛大学注重引导教师间的理解与合作，力求促进大学自然科学、社会科学以及人文学科领域教师间的有效合作。[②] 剑桥大学希望通过创设良好的环境，协助和促进教职员的个人及专业发展，使个人能够充分发挥自身潜能，从而进一步提升其教学和科研能力。美国范德堡大学则树立了教学领导力的理念，其“关键环节”维度涉及计划、实施、支持、倡导、沟通

---

① “Researcher Resources of Simon Fraser University,”[EB/OL].(2024-10-31), https://www.sfu.ca/research/researcher-resources.

② “Mentoring Resources of Harvard University,”[EB/OL].(2024-10-31), https://faculty.harvard.edu/mentoring.

和监控等教学领导活动。[①]

其次，国外一流大学注重完善教师的评价机制。大学教师有些擅长科学研究，但在教学方法和教学技巧方面可能会有所欠缺；有些教师是出色的教育家、交流家，但在科研方面并不能达到顶尖水平。为此，不能用一把尺子来衡量所有的教师。加拿大不列颠哥伦比亚大学意识到了教师多样化发展的重要性，校长斯蒂芬·图普认为，“教学和研究之间不应该有分割线……研究和教学对我们来说是一个平衡，教师在大学中的职业发展也是双轨道的。”[②] 加州大学伯克利分校改变了教师教学评价方式，不再是仅在期末对教师做一个简单的评价，而改为在教育教学过程之中进行“形成性评价”，[③] 以保障整个教学活动的教学质量。

再次，值得注意的是，国外一流大学十分重视教学助理（简称“助教”）队伍的建设，注重发挥他们的作用。在我国，助教分两类：一类是正式的教师，一类是由学生充任的教师助手。前者往往承担课程教学任务，有工作量要求，实际上已经超出了助教的职责范围；后者的主要责任大致包括辅助高级教师的教学活动，具体表现在负责学生考勤、试卷批改、学生辅导以及与学生沟通交流等方面。这里所探讨的问题主要针对后者。在国外，助教必须具有优秀的教学能力，是教师队伍的后备力量。比如，哥伦比亚大学建立了系统的教学助理制度，强调了四项基本使命：

---

① 赵德成：《教学领导力：内涵、测评及未来研究方向》，《外国教育研究》2013 年第 4 期。

② 潘雅：《百年名校：突出特色永葆活力——访加拿大不列颠哥伦比亚大学校长斯蒂芬·图普》，《世界教育信息》2014 年第 3 期。

③ 蔡敏、徐楠楠、张琦：《加州大学伯克利分校教师课堂教学评价及其启示》，《世界教育信息》2012 年第 1 期。

一是为教学助理提供有关教学各个方面的实用性建议；二是在教学助理参与教学过程中，为他们提供一对一的交流、周研讨会、课堂观察、教学过程拍摄以及教学的及时反馈等服务，帮助他们不断提高教学技能；三是努力为社区服务，鼓励教学助理到当地学校开展教学拓展训练；四是鼓励创新，在评估各种教学策略的教学效果时，鼓励采用最佳教学方法，并开发、试行新的教学方法。[①] 芝加哥大学为确保教学质量和科研任务的顺利完成，在其教学助理制度中，教学中心是附属于教学顾问机构的下属单位，其主要职能之一就是培养优秀的教学助理。[②]

总体而言，国外一流大学本科教学理念的改革紧紧围绕着"提高教学质量"的核心展开。教师与学生作为教学的两大要素，被各高校所重视。就教师而言，国外一流大学力图为他们创建更好的制度环境，以促进教师的发展，提高他们的教学积极性，指引他们更新教学理念和转变教学方式。就学生而言，大学不仅要为不同类型的学生提供更多样化的教学资源，还要通过保障课堂教学质量来实现一流的人才培养目标。

国外一流大学本科教学模式的转变

在本科人才培养上，国外一流大学往往建立了比较完善的人

---

① Graduate School of Arts and Sciences, Columbia University. Graduate Student teaching guidelines,[EB/OL].(2012-8-12)[2016-5-4]. http://gsas.columbia.edu/content/graduate-student-teaching-guidelines.

② 周贤军、汪霞:《芝加哥大学教学助理研究》,《中国高校师资研究》2013 年第 2 期。

才培养体系，形成了比较有效的人才培养模式，依靠常规教育教学就能达到人才培养目标。但这并不意味着他们在面对社会需求的变化、科技文化的进步和教学技术的创新上故步自封，相反，他们十分注重本科人才培养模式改革，积极探索适应时代发展需要的本科人才培养新路径。

一、跨学科专业和多学科专业的人才培养

专业教育是中外高等教育共有的属性，分专业培养本科人才是中外大学的普遍做法。国外一流大学对专业建设的重视程度丝毫不亚于我国大学，但在专业教育理念上却与我国大学有很大的不同，尤其表现在对专业的理解上。我国大学对专业的理解比较刚性，所以，专业教育的界限非常清晰、严格，不同专业之间往往难以沟通与交流，更缺少融会贯通。尽管部分大学在教学改革中推行按学科大类招生、按学科大类培养，试图扩大专业教育边界，但推行起来并不容易。国外一流大学特别重视本科教育的基础性，高度重视本科生基础素质的培养，所以，专业教育的基础比较宽泛，专业本身的弹性比较大。不仅如此，在面对信息科技发展所带来的全球化挑战愈益严重的背景下，为培养本科生解决社会复杂问题的能力，提高他们应对高新科技发展挑战的能力，国外一流大学不断加强跨学科专业和多学科专业的人才培养，积极探索本科人才培养的新模式。如宾夕法尼亚大学工程与科学学院在本科生的教学改革中，重视工程对社会的服务价值，基于保护环境、推动经济发展的需要，积极探索利用工程理论解决现代都市管理和建设问题，从而使工程教育与社会科学、自然科学

建立起从未有过的紧密联系。[①] 曼彻斯特大学根据学科群来组织本科教育课程，不同学科的课程模块交叉融合形成不同的专业，以满足不同学生跨专业学习的需求。[②]

普林斯顿大学为协调和强化跨学科研究与教育，设立了人文学科委员会、科学与技术委员会、普林斯顿国际与地区研究所、普林斯顿神经科学研究所等跨学科组织。跨学科专门机构的设立，增强了跨学科和多学科研究的实力，为本科生教育的学科专业交叉融合与课程设置提供更坚实的基础。

二、信息化教学模式

教育教学信息化是21世纪人类的新发明，对中外大学本科教学的冲击越来越大。国外一流大学顺应信息科学技术发展趋势，高度重视互联网和云计算为本科教学现代化所带来的机遇与挑战，开发和采用了大量信息化教学手段，改造教学环境和教学媒体，建立了基于信息科技和网络系统的新的教学模式，不仅丰富了本科教学的内涵，而且扩大了本科教学的服务范围，使本科教学从校园和课堂延伸到了社会，本科教学时空发生了重大改变。如耶鲁大学开发的开放课程（Open Yale Course）不仅服务于本校学生，而且免费向公众提供优质的课程和相关的教学材料。爱丁堡大学开发的“电子学习与数字文化”大规模开放在

---

① 谢志堃：《基于中美高等教育差异比较的改进教学方式思考》，《绍兴文理学院学报（教育）》2014年第12期。

② 王振超：《面向国际“实战”育人——曼彻斯特大学》，《教育与职业》2014年第10期。

线课程（EDC MOOC），[①]受到英美大学生的广泛欢迎。网络开放课程丰富了大学生的学习资源，为大学生提供了全新的教学体验，提高了优质教学资源的利用效率。

网络开放课程是一种新的教学模式，校园教学与纯粹的网络在线教学之间关系的协调受到了国外一流大学的关注。在丰富校园课堂教学形式，提高校园课堂教学水平的同时，一些国外一流大学开始在网络在线教学与校园课堂教学的结合上做文章，力图发挥和利用二者的优势，为提高本科人才培养质量服务。新加坡国立大学在本科教学方案中，采取“e-learning week”的方式，专门利用一周的时间让学生体验随时随地利用网络学习，较好地将网络在线教学植入了校园课堂教学。目前，慕课领域的开拓者则正在开发另一种慕课学习模式，即“连接主义慕课”，该模式不只是单纯地传授知识，而是更注重学生之间的互动。

三、教学方法与形式的突破

教学方法与形式对教学质量的影响是显而易见的，中外大学在教学方法与形式方面进行了不懈的探索。客观上讲，国外一流大学在本科教学方法的运用上是比较成熟的，形成了比较有效的教学方法和教学组织，且保持了相对稳定。尽管如此，国外一流大学为了适应国内外经济社会发展要求，调整教学方法和教学组织形式，完善人才培养模式，以培养水平更高、适应性更强的人

① 马武林、张晓鹏：《大规模开放课程（MOOCs）对我国大学英语课程设置的启示研究——以英国爱丁堡大学 EDC MOOC 为例》，《电化教育研究》2014 年第 1 期。

才。比如,麻省理工学院的本科生培养质量一直为世界各国所认同,但它却仍然对本科工程教育方法和组织形式感到不满,于是联合瑞典皇家工学院等大学开发了 CDIO 教学模式,不仅在校内推行,而且在世界各国相关大学推广。我国已有 100 多所高校借鉴 CDIO 教学模式,探索我国本科工程教育教学改革的新路子。

课堂教学方法与组织形式对人才培养质量有重要影响。据调查,美国大学 83% 的教师在课堂教学中主要采用讲授法,与此同时,大多数教师也会穿插使用答疑、小组工作、读书报告、社会调查、实习、实验等教学方法。[①] 杜克大学为提高本科生的科研创新能力,面向本科生专门开设了独立研究课程,学生可以根据自己的兴趣在教师的指导下开展研究,体现出学生在学习过程中的"主体性"。[②] 麻省理工学院注重课堂讨论和交流,开设有大量的各种形式的课堂讨论课,[③] 包括本科生讨论课,主要促使本科生与教师就他们当前所关心的问题开展"互动式"的讨论;新生建议讨论课,是在第一个学期专门为刚入学的新生开设的特殊课程。另外,MIT 也设有实验室课程(LAB)和实验研究小组(ESG)等。[④]

在不断提高课堂教学效果的同时,为了增强本科教学的社会适应性,国外一流大学重视教学形式的多样化,尤其重视与社

① 别敦荣:《美国大学本科教学的经验和启示》,《临沂师范学院学报》2004 年第 4 期。

② "Independent Study,"[EB/OL].(2015-10-20)[2016-5-23]. http://trinity.duke.edu/undergraduate/academic-policies/independe-nt-study.

③ "Undergraduate Education,"[EB/OL].(2014-6-10)[2016-5-23]. http://web.mit.Edu/catalog/overv.chap3.html.

④ "Undergraduate Practice Opportunities Program,"[EB/OL].(2014-6-10)[2016-5-23]. http://upop.mit.edu/.

会企业的合作，利用国际化的教育资源，拓展教学空间。如麻省理工学院为了拓展本科生的视野，丰富本科生的社会经验和阅历，开办了新生/校友暑期实习计划（F/ASIP）、工程实习计划（EIP）、本科生夏季工作计划（USJP）和本科生实践机会计划（UPOP）。[①] 德国慕尼黑工业大学开设了"顶岗实习"课程，[②] 新加坡南洋理工加强了"工业实习"。[③] 除了与企业合作外，很多国外一流大学还放眼国际，加强学生国际化素养的培养。如普林斯顿大学开设了全球研讨课，将大学生派往世界各地，在当地企业或相关组织实习见习。另外，很多国外一流大学利用寒暑假，在国外开办多种形式的课程班或交流班，以丰富大学生的国际经验，提高他们的国际素养。

国外一流大学本科教学管理的改革

管理是本科教学质量的重要保障。教学管理本身是一个复杂的系统工程，既有相关学科专业知识和知识活动的管理，又有能动的师生及其教学行为的管理，还有各种教学物质条件和规章制度的管理。所以，教学管理不只是教学物质条件的调配，不止涉及师生具体的行为和相关规章制度，更包含了教育教学的价值

① "MIT's Undergraduate Research Opportunities Program,"[EB/OL].(2014-10-18)[2016-5-23].http://web.mit.edu/urop/.

② "Global Programmes,"[EB/OL].(2014-10-18)[2016-5-23].http://www.ntu.edu.sg/chinese/globalntu/pages/globalprogrammes.aspx.

③ "Studying Abroad,"[EB/OL].(2014-10-18)[2016-5-16].http://www.international.tum.de/en/go-international/students/.

取向和理论设计。国外一流大学本科教学管理与其整体教育教学理念，体现了本科人才培养目标的要求。总体上看，国外一流大学本科教学管理是比较稳定的，其基本框架往往在其走向成熟之时即已固定下来，其教学文化则成为本科教学管理的软环境，有效地保证了本科教学管理作用的发挥。尽管整体上的改革很少见到，但一些小改革却是不断的，这主要是为了增强本科教学的有效性，提高本科教学质量。

一、注重学生的自我成长与发展

更好地服务于学生的成长与发展是大学本科教学管理的出发点和落脚点。国外一流大学教学比较重视发挥学生的自主性，建立了比较完善的以学生为中心的本科教学体系，在教学管理上，注重根据学生的需要，制定相关制度规范，健全相关组织机制，为学生创造更好的成长环境与自由空间。如很多国外一流大学都建立了完备的导师制、学分制等制度，保障学生的学业发展和健康成长；建立了学生服务中心、大学生事务局、学生部等组织机构，为学生提供高效的行政事务服务和优质的生活服务。

国外一流大学教学管理呈现出精细化的趋势，越来越注重完善细节，但值得注意的是，这不是以限制师生的学术自由为目的，相反，是为了更好地保障师生教学的有效性，促进学生更加生动活泼的个性化发展。如 2006 年，哈佛大学文理学院发布的《哈佛大学课程革新》报告，提出以分布式必修制课程改良传统的核心课程。学院通识教育委员会认为，通识教育应当为学生提供更多高强度的基础性课程和更多的选择机会，以此帮助他们完成大学学业。欧洲是一流大学密集分布地区，欧盟为增进区域内大学的可互通性，促进大学本科教学质量的全面提高，建立了欧洲大学学分转换系统（ECTS），大大加强了欧洲大学之间的本科教学交流与合作，受到师生欢迎。韩国的高水平大学之间建立了学分银行制度，体现了尊重学生自主选择的价值导向。如何发挥学生在教学与生活管理中的作用，是中外大学面临的共同课题，美国威斯康星大学在学生宿舍管理与指导人员的选聘上进行了有益的尝试，产生了积极的效果。威斯康星大学宿舍部聘有专职管理与指导人员 50 余人，但也聘用了 200 多名学生管理与指导人员。学生充当管理员、顾问和辅导教师等三种角色，在专职人员的指导下，为其他学生提供包括学业指导在内的管理与服务。

二、调动教师的积极性

教师是本科教学水平的决定因素，国外一流大学非常重视教师激励。教师激励分内激励和外激励：内激励是指调动教师的内在动机和学者情怀，激发教师投身教学的自觉性和主动性；外激励则是通过外部控制和考核评价等手段，促使教师将更多精力和时间用于教学。国外一流大学往往通过保障教师的学术自由权利，使教师享有充分的教学自主权，激发学者的本性和责任感。一些国外一流大学尽管面临财政紧缩的压力，有的还需要应对不断加强的社会问责，但并不因此削弱或限制教师的学术自由权利，而是努力营造宽松的教学环境，让他们在教学工作中享有充分的教学自由。尽管如此，由于高等教育大众化和普及化的发展，大学教师队伍的构成也发生了重要变化，教师从教的内在动机差别越来越大。部分教师缺乏学者本性，学者情怀淡薄；也有部分教师的价值观发生转变，对经济价值的重视愈益强烈，对教学的重视程度降低，教学投入不足。为此，在教学管理中，国外一流大学重视发挥其控制和监督功能，而且重视发挥其民主协商、观念引导、激励服务等功能。[①]

改革教师评价方式，完善评价标准，推行表现性和形成性评价，是国外一流大学改善教学管理，激发教师动机的重要举措。如 2011 年，斯坦福大学和美国教师教育院校协会（AACTE）联合开发了教师表现性评价（TPA）系统。[②]牛津大学开发了多样化的教学评价形式，包括全国性调查，如全国学生调查、国际学生晴雨表调查等。[③]这些调查注重了解学生对教学内容的理解、学习过程中的感受等。调查结果能够帮助教师了解学生学习情况，从而不断调整和改善自己的教学，提高教学水平和质量。

（原载《中国高教研究》2016 年第 7 期，
与齐恬雨合作发表）

① 别敦荣：《以现代理念改革高校教学管理制度》，《中国高等教育》2007 年第 20 期。

② 穆丽媛、赵娜：《美国教师表现性评价的最新进展及其启示》，《世界教育信息》2013 年第 3 期。

③ 孙美荣：《牛津大学教学评价的特色与启示》，《重庆高教研究》2014 年第 6 期。

第三编

大学教学改革方向

大学教学改革向何处去？这既是一个理论问题，更是一个实践问题。教学改革的实际路径需要大学教师在教育教学工作中不断探索，探寻现实而有意义的新模式、新方法和新手段，也离不开理论上探讨可能的路径、策略和方向。

我国大学教学问题归因复杂，有历史原因也有现实原因，有客观原因也有主观原因，有宏观层面的原因也有微观层面的原因，有学生的原因也有教师的原因，还有管理人员的原因。正因为原因复杂多样，改革难度大、任务重。就大的方面而言，大学教学基本模式过于传统陈旧可能是影响人才培养质量最重要的因素，过于刚性、专业化知识传授型教学使教师和学生主要围绕专业知识的授受开展教学活动，教学的目的主要在于使学生掌握各学科专业知识。改革需要扭转这种教学模式，建立富有弹性、充满自由、具有研究导向的新模式。

本编主要围绕大学教学弹性、学习自由、研究性教学以及相关主题展开探讨，同时也关注公共课教学改革和学分制改革。如果仔细审视两方面的主题，它们并非不相关联。

我国大学教学之弹性研究

自1970年代末一些大学提出实行学分制改革以来,大学教学的刚性模式得到了突破。为了弄清楚我国大学教学之弹性的发展状况,我们选取了大学教学计划中对课内学时的要求和课程结构(必修课与选修课比例)的变化为分析要素,考察教学之弹性的增减规律。为了研究的便利,我们选取了四所大学作为调查对象。其中,W大学为一所历史悠久的综合性重点大学;H大学为一所50年代院系调整后建立的重点理工大学;A大学为一所50年代院系调整出来的重点农业大学;而J大学则是一所传统的综合性大学,但在50年代的院系调整中被分割为理工科重点大学。显然,这些大学都是有代表性的,它们在教学方面的改革进展在很大程度上代表了我国大学教学改革的发展状况。

我们在对四校近20年的教学情况进行调查后,运用Excel软件对四校教学计划中的课内学时和课程结构的变化情况进行了统计分析。由于教学计划反映的只是各专业的情况,而我们是以大学整体作为研究对象的,所以,我们采用了录入各校各专业不同时期的有关数据,然后取其平均值作为分析数据的方法。这样既便于考察各校教学之弹性的发展规律，又便于比较不同大学教学之弹性变化的异同。考虑到各校修订教学计划的时间是不相同的，我们主要选取相近年份各校的情况予以比较分析。

大学教学之弹性的发展规律

从四所大学教学计划中课内学时的变化看，80 年代中期以来，弹性学习在我国大学的发展经历了三个主要的阶段，且出现了一定的反复。

W 大学较早开始实行学分制改革。1986—2001 年间，课内学时变化分为三个主要阶段：1986—1994 年各专业的课内学时较高，平均为 2,700 学时；1994—1997 年课内学时最高，达 3,060 学时，这之后直至 2001 年，课内学时均高于 2,890 学时；2001 年之后课内学时降至 2,500 学时（图一）。

A 大学课内学时的变化与 W 大学类似。1988—1999 年间，各专业平均课内学时的变化也表现为一升两降。第一次变动发生在 1992 年，各专业的平均课内学时由 1988 年的 2,625 学时猛增至 2,890 学时，平均增加 265 学时。第二、三次变动分别发生在 1997 和 1999 年，各专业课内学时连续下降：由 1992 年的 2,890 学时降至 1997 年的 2,695 学时，1999 年再度降至 2,585 学时，降幅分别达 195 学时和 110 学时。经过两次压缩之后的课内学时已经大幅度降低（图二）。这之后该校各专业的课内学时逐渐趋于稳定，2001 年课内学时为 2,499 学时。

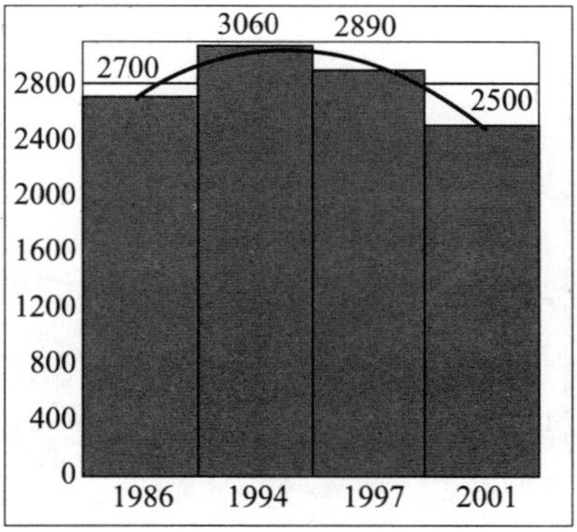

图一 1986—2001 年
W 大学课内学时

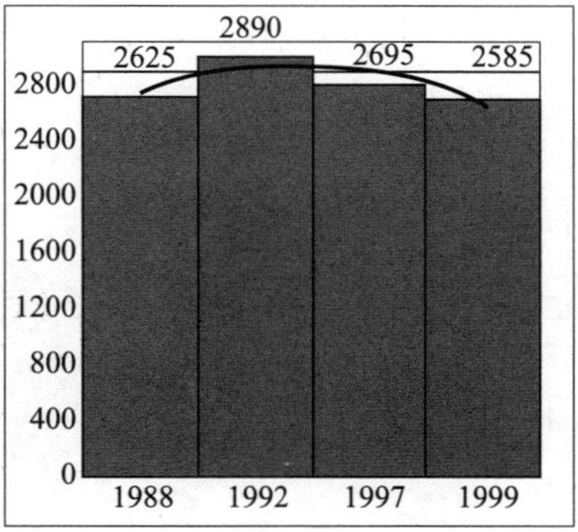

图二 1988—1999 年
A 大学课内学时

两校课内学时变化的共同趋势在一定程度上反映了 80 年代中期以来我国大学教学之弹性发展出现的阶段性反复的特点。80 年代中期至 90 年代初期课内学时较少，学生自主学习时间较多、弹性较大；90 年代初期至后期，尤其是 1994—1997 年，课内学时急剧增加，学生自主学习时间骤减，教学的弹性最小；自 90 年代末期开始，课内学时渐少，教学的弹性显著增强。

不过，三个阶段的变化规律在不同的大学有着不同的表现，即使同为重点理工大学的 H 大学和 J 大学也不一样。1985—1999 年 H 大学平均课内学时变化极小（图三）。1985—1998 年 J 大学各专业平均课内学时虽然有着显著的变化（图四），但变化的趋势却与上述三校有所不同（从图中的趋势线可以看出）：1985—1994 年平均课内学时最低，为 2,400 学时；1994—1998 年最高，平均为 2,700 学时；1998 年之后的课内学时介于前两个阶段之间，为 2,500 学时。由此可见，80 年代中期至 90 年代中期，课内学时最低，学习弹性最大；90 年代中期至后期，学校增加了课内学时，学习弹性最小；90 年代末，学时再度减少，教学的弹性开始增加。

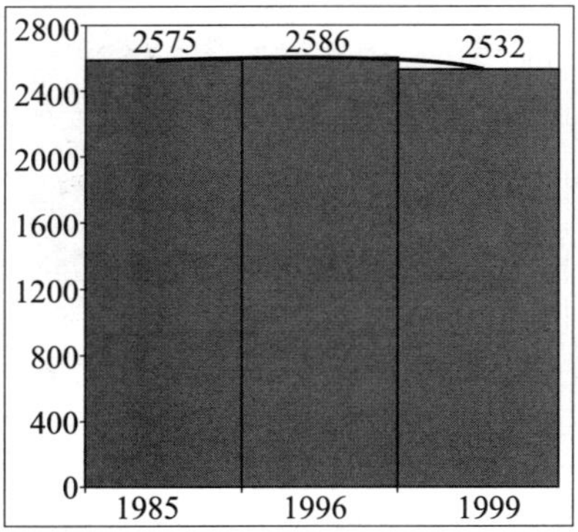

图三 1985—1999 年
H 大学平均学时

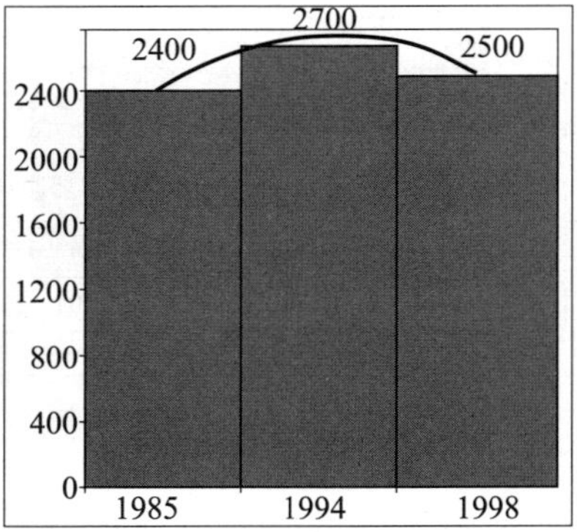

图四 1985—1998 年
J 大学课内学时

总结 80 年代中期以来四校课内学时的变化，不难发现，其共同点表现为 90 年代中后期各校课内学时都很高，是教学之弹性最小的时期。所不同的是，在这一时期前后，各校教学之弹性改革的状况存在差异。我们认为，这一状况可能与 90 年代初期高等教育政策的变化有关。当时针对稳定大学教学秩序、加强政治理论教学的要求，各大学纷纷增加课内教学时数，新开政治理论课，增加军事训练学时；又由于人才培养和教学计划修订的周期性，这一要求直至 90 年代中期才在教学计划中普遍得以反映。始于 90 年代末增加教学之弹性的改革，则与高教界对过去大学教育教学的反思以及对新世纪高等教育改革趋势的展望有关。一系列先进的教育思想在大学教育教学中得到了实施，教学的弹性正是在这一背景下开始有了新的进展。

教学之弹性的自主性

通过对 W、H、J 三所大学教学计划中课程结构的分析，我们发现，教学之弹性的发展呈现出三大特点。

一、不同大学教学之弹性发展的轨迹各不相同

表 1 是 1985—1996 年 W、H、J 三校课程结构中必修课、限选课和任选课的比例情况。从表中可以看出，1985 年 W 大学必修课程所占比例最少，H 大学其次，J 大学最多，即从课程的选择性来看，W 大学课程的弹性最大，H 大学居中，J 大学最小。从选修课的构成来看，W 大学的限选课和任选课各占 15%；H 大学的选修课中限选课的比例占 16.2%，任选课仅占 7.7%，即选修课的限制性较强；J 大学的限选课和任选课比例均不高，分别占总课程的 6.9% 和 4.2%。到 1994 年，在 W 大学各专业的课程结构中，必修课与选修课的总比例没有发生变化，但限选课与任选课的比例则发生了变化，任选课的比例减少了 5%，相应地，限选课的比例增加了 5%。J 大学文科专业的课程结构中，必修课与选修课的比例发生重要变化，必修课的比例大幅减少，选修课的比例大幅增加，限选课和任选课的比例持平，各占 20%；与此同时，理工科专业的必修与选修课的比例也发生了显著的变化，必修课、限选课和任选课之间的比例为 7∶2∶1。H 大学 1996 年的课程结构中，必修、限选和任选课分别占全部课程的 78.8%、13.5% 和 7.7%，与 1985 年的课程结构相比，必修课增加，限选

课减少，任选课持平。可见，十多年间，三校的课程结构均发生了程度不同的变化，体现出教学之弹性在三校有着不同的发展轨迹。W 大学和 H 大学的课程选择性均有所下降，但表现形式却不同：W 大学是在选修课总体比例保持不变的情况下，增加限选课的分量，即在选修课内部增加限制以降低课程的选择性；H 大学则直接降低了选修课的比重，由 1985 年的 23.9% 下降至 1996 年的 21.2%。与 W 和 H 大学的情况相反，J 大学的课程结构中选修课的比例却有明显提高，尤其是文科各专业增加更快（表 1）。

表 1　1985—1996 年 W、H、J 三校课程结构

学校	1985 年			1994 年		
	必修（%）	限选（%）	任选（%）	必修（%）	限选（%）	任选（%）
W	70.0	15.0	15.0	70.0	20.0	10.0
H	76.1	16.2	7.7	78.8*	13.5*	7.7*
J	88.9	6.9	4.2	60.0&	20.0&	20.0&

注：加 * 的为 1996 年的数据；加 & 的为 J 大学文科的数据。

二、不同学科专业教学之弹性改革的过程各不相同

1979—1998 年 J 大学文、理、工科的课程结构发生了不小的变化。1985 年之前，三科都经历了课程选择性下降的阶段，至 1985 年，选修课占各科课程的比例都只有 10%。从 1985 年开始，三科的课程结构中选修课的比例都有所增加，但增加的幅度和进程却不同。其中，文科专业增加最快，理科专业次之，到 1994 年，文科选修课已占 40%，理科选修课占 30%，这之后，文、理科课程结构趋于稳定。工科专业课程结构的变化走的是渐变式道路：

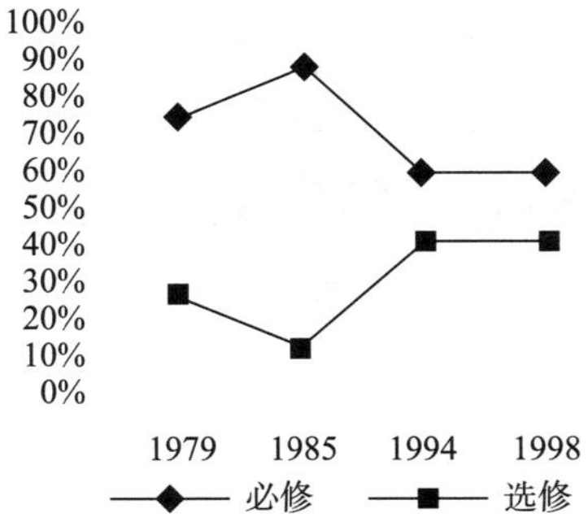

图五　1979—1998 年
J 大学文科课程结构

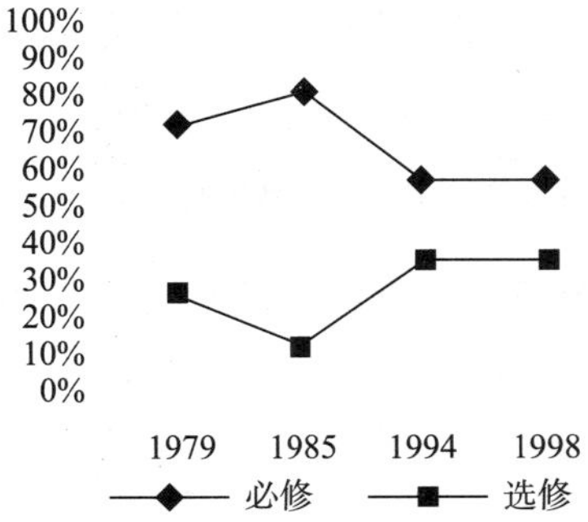

图六　1979—1998 年
J 大学理科课程结构

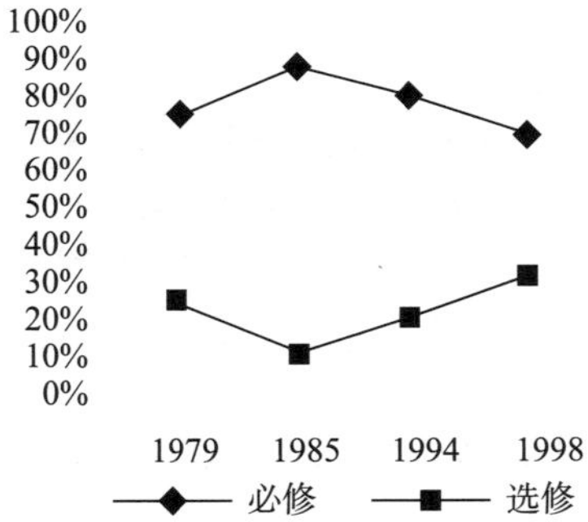

图七　1979—1998 年 J 大学工科课程结构

1994 年选修课占 20%，到 1998 年增至 30%，与理科专业 1994 年的水平持平。三科课程结构的变化反映了教学之弹性在不同学科专业的表现是不同的。J 大学的课程结构反映出 1985—1994 年是该校课程选择性最小的时期（图五、图六、图七），而按课内学时分析（图四），这个阶段的教学的弹性却最大。

三、课内学时和课程结构多种多样

1988 年以来 A 大学的课程结构发生了明显的变化：1988—

1992 年选修课的比例为 14.55%，1992—1997 年降至 12.93%，1997—1999 年增至 19%，1999 年之后选修课比例进一步增至 23.4%。这一变化恰好从课程选择性的角度反映出教学之弹性发展的三个阶段（图八）。三个阶段的分期与课内学时的变化所反映的情况完全一致。

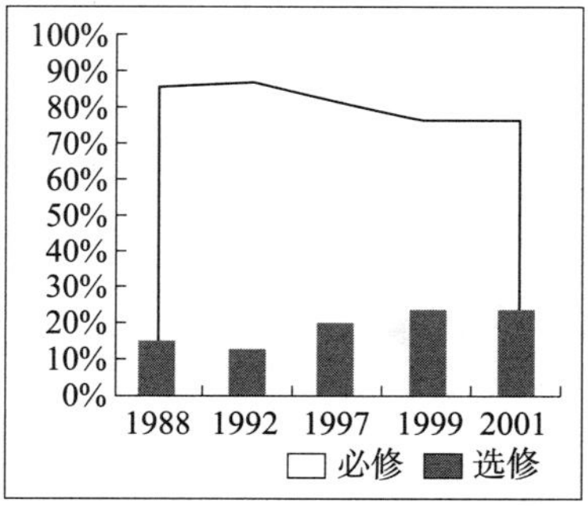

图八 1988—2001 年 A 大学课程结构

1981—2001 年，W 大学文、理科课程结构的突出特点是：选修课比例不断提高（图九、图十）。其中，文科专业 1981—1986 年，必修课与选修课各占 75% 和 25%；1986—2001 年，必修课和选修课分别占 70% 和 30%；2001 年之后，必修课和选修课分别占 60% 和 40%。理科专业的课程结构，除 1981—1986

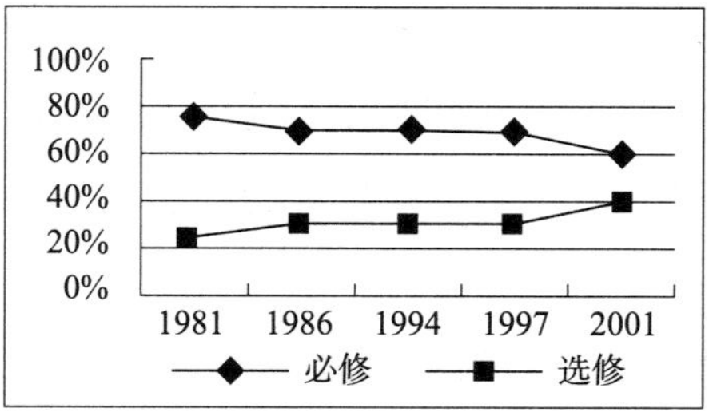

图九 1981—2001 年 W 大学文科课程结构

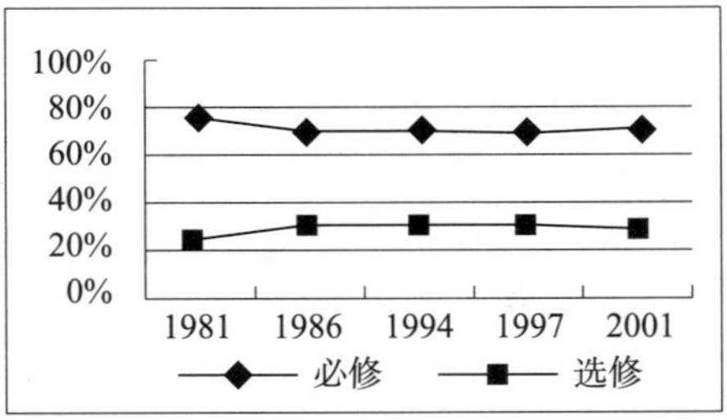

图十　1981—2001 年 W 大学理科课程结构

年，必修课与选修课各占 75% 和 25% 外，1986 年至今，必修课与选修课之比一直为 7∶3。可见，从课程结构的变化来看，弹性学习在该校的发展是平稳的，变化幅度不大。这与该校课内学时变化所反映的情况是不一致的。

弹性的有限性

大学教学计划中减少了课内学时，增加了选修课的比例，按说教学的弹性应该是有保障了，但是，据我们调查，情况并不能令人乐观。

首先，选修课比例提高并不一定意味着课程的选择性增强。从 1981—1997 年 W 大学理科各专业选修课中限选课和任选课的构成情况可以看到，选修课中限选课的比例往往高于任选课，如 1981 年理科专业的限选课比例为 18%，任选课仅占 7%；1986 年二者各占 15%；从 1994 年开始，限选课占 20%，任选课占 10%。由于种种原因，限选课往往被限制在专业范围之内，可以选择的课程范围十分有限（图十一）。

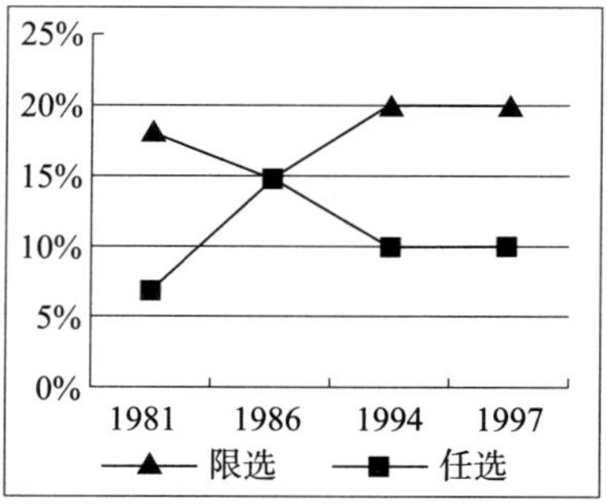

图十一　1981—1997 年 W 大学理科选修课构成

1982—1997 年间，H 大学的课程结构中除 1982 年外，选修课比例均稳定在 12% 以上，但任选课的比例却始终低于 8%（图十二），且有逐年下降的趋势。因此，从课程选择性的角度来看，教学之弹性也有所减小。

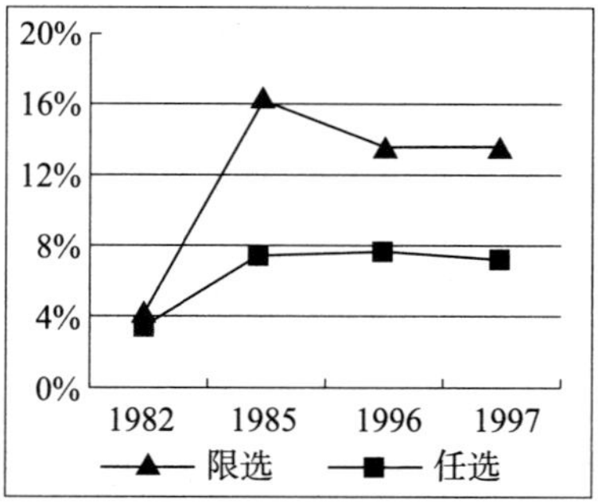

图十二　1982—1997 年 H 大学理科选修课构成

其次，选修课的选择范围十分有限。如果说选修课比例偏低还只是从量上反映了课程选择性不大的事实，那么，选修课的选择范围狭窄则从质上反映了教学之弹性的有限性。通过对 A 大学 1997、1999、2001 年选修课比的统计，发现三年的平均选修课比均小于 2（表 2），即提供给学生的选课科目难以达到每 2 门

表 2　1997—2001 年 A 大学选修课比

年份	1997 年	1999 年	2001 年
选修课比	1.73	1.82	1.62

注：选修课比 = 备选（学分）：应选（学分）

中选一门，课程选择性仍然很小。

造成上述现象的原因来自两个方面，一是课程资源的限制，二是管理模式的束缚。选课制是建立在可选课程资源丰富的基础之上，而大学课程资源的贫乏限制了学生的选课自由。某大学调查显示，学生认为课程资源丰富和较丰富的仅占 3% 和 24%，12% 的同学认为课程资源不丰富，61% 的学生认为一般。即使一些课程资源较为丰富的专业，也由于管理模式的过分集权化，课程选择范围缩小。仍以 A 大学为例，从 1999 年开始，学校的教学计划中规定，学生必修 4 学分专业之外的全校公选课。公选课分人文社会科学、自然科学及其它类，课程门数高达 100 门之多。按理说，在如此广泛的范围内选课，选择性是较大的。但出于管理的便利和专业教学的考虑，各专业都代替学生做了一次选择，学生所能做的只是二次选择。某专业对学校规定的 4 学分公选课，提前就选定了 4 门 2 学分的课程，也就是说，学生只能在 4 门课程中选择 2 门而不是从 100 门备选课程中选择 2 门，其选择性何其小也！

深化改革，增加弹性

综上可知，我国大学教学之弹性改革尽管取得了一定的进展，但存在的问题也是不容忽视的。历史地看，这些问题的存在与我国大学以往长期实行的计划办学体制的影响是分不开的。在计划体制下，大学教学毫无弹性可言，“千校一面”“万人一面”。传统的惰性依然在起作用，影响着大学教学，制约着大学培养个性化、多样性的高级专门人才，改革任重而道远。

首先，应当进一步转变观念，以营造充满弹性和无穷发展可能的大学教育教学模式为教学改革目标。以往我国大学教育教学的出发点并不在学生，而是以服务社会政治和经济的需要为目的，把教学作为一种实现某种政治目的和经济目的的工具，因而教学计划僵化死板，教学过程程式化、缺少差异与变化，教学活动机械呆板。要消除以往长期形成的这种大学教学理念不是一朝一夕的事情，需要持久的努力。好在大学教育教学的内外部环境已经发生了重大变化，而且还在进一步向着有利的方向发展。进一步转变观念，就是要巩固以学生为本的教育宗旨，把学生的多样性发展要求和不同的个性品质作为大学教育教学的出发点，尊重师生的学术自由权利，以满足学生个性发展要求为大学教育教学的最高原则。

其次，改革一些陈旧的做法，构建弹性的教育教学模式。70年代末期以来，我国大学采取了一系列措施以增强教学的弹性，如实行学分制、选课制、主辅修制、双学位制、弹性学制、转专业制等，但是，由于一些陈旧的做法没有废除，新措施的作用难以体现出来，教学的弹性依然没有多大改观。具体来讲，大学各学科专业各自为政，人为地割裂了各学科专业之间的相互联系，致使学生难以接受到跨学科专业的教育。学者各有自己的学科专业领域，但学校为学生提供的学习应当是无学科专业边界的，至少不能设置学科专业壁垒，阻碍学生接受跨学科专业教育。一些大学僵化地理解必修课与选修课之间的关系，将必修课、限选课和任选课固化，造成教学的弹性只能在一个十分有限的范围发挥作用。实际上，就大学各专业所开设的各门课程而言，必修课、限选课和任选课之间的界限不应当是刚性的，而应当是能动的、相对的。对于某一专业是必修的课程，对于另一专业则可能是选修的；对于某一专业是选修的课程，对于另一专业可能是必修的。另外，很多大学在推行学分制的过程中，都面临着课程资源不充分，能够提供给学生选修的课程过少的问题。实际上，对于一所拥有数百乃至数千专任教师的大学而言，是不乏课程资源的，关键是我们对待课程的一些做法限制了课程资源的共享。一些大学在实行学分制的时候，往往要求各院系在本院系现有课程之外，额外开出能够供其它院系学生选修的课程，名之“全校通选课”（或“公选课”），因此，能够开出一百多门公选课的大学是少之又少。各院系为什么不能在服务本院系学生之外，承担起服务全校学生的任务呢？只要我们改变一些做法，大学教学的弹性就会成倍地增加，弹性的作用也就能够无限制地释放出来。

再次，增加大学教学的弹性，政府教育政策也应做出相应的调整。随着办学自主权的扩大，大学在教育教学改革中开始发挥积极的作用。很多大学根据本校学科专业特点和人才培养目标，确定了各校的课内学时数、课程结构以及其它相关教学要求，我们所调查的四所大学的课内学时数和课程结构自 80 年代以来各不相同，反映出各大学教学的差异性。这种差异性的产生是以大学拥有相应的办学自主权为前提的，但是，与此同时，大学教育教学依然在很多方面受到政府政策的限制，教学的弹性难以进一步扩大。比如，政府对外语课教学的要求，以及对四、六级外语考试的要求，不仅在很大程度上限制了大学的外语教学，而且影响到整个大学教学计划与教学活动安排。政府在大学教学评估中的一些硬性要求，如要求被评学校以年级和班为单位提供教学档案等，这样一来，大学在推行弹性教学改革时就不得不考虑政府评估的影响。政府对政治理论课的硬性规定，不但使政治理论课的教学难以随着国内外政治、经济、文化形势的变化做出相应的调整，而且使大学教学计划和课程结构的改革与调整难以进行整体性设计。要增加大学教学的弹性，除了要解决大学自身存在的一些问题之外，政府的教育政策也应当更加开放，更加灵活。在大学自律机制逐步健全的同时，政府应当增强对大学的信任，赋予大学更多的办学自主权。

（原载《清华大学教育研究》2004年第3期，
与黄爱华合作发表）

论学习自由与弹性教学管理

学习自由是学术自由思想的重要组成部分，其内容包括：学生选择学什么的自由，决定什么时间学习和怎样学习的自由，以及形成自己思想的自由。[①] 作为一种教育理论，学习自由自19世纪初在柏林大学产生起就长期影响了欧洲乃至全世界高等教育的发展。也是在这一过程中，学习自由的内涵不断丰富，由最初选择学习内容、时间、方式和发表意见的自由发展到选择哪一类教育机关、获得哪一种教育训练的自由。[②] 在我国的高等教育中，学习自由问题长期受到漠视，尽管近年来一些高校开始重视学习自由问题，但工作举步维艰，进展不大。

我国高等学校学习自由存在的问题

我国古代就有学习自由的萌芽。孔子说："自行束脩以上，

---

① 约翰·S. 布鲁贝克著、郑继伟等译：《高等教育哲学》，浙江教育出版社1987年版。

② 联合国教科文组织国际教育发展委员会编著、华东师范大学比较教育研究所译：《学会生存——教育世界的今天与明天》，教育科学出版社1996年版，第263页。

吾未尝无诲焉。”即不论贫富贵贱，只要奉送十条肉干行师生见面之礼即可被招为学生。战国的稷下学宫可以说是实践学术自由的典型，它充分尊重士人之学，不加干涉和限制，其学术自由的表现是容纳百家和相互争鸣与吸取。[①] 遗憾的是，隋唐以来的封建科举制度严重禁锢了思想自由，限制了学习自由。清末废除科举制度以后，1917 年，蔡元培以“兼容并包主义”成功地改革了北大，千百年来饱受压抑的学术自由思想重焕生机，但仍存在很多问题，主要表现在法律对学习自由的认可不明确、传统的人才培养模式的束缚和大学生缺乏学习自由的信念以及享有学习自由的范围狭窄等方面。

一、有关法律对学生学习自由缺乏明确的认可

德国大学是现代学习自由思想的发源地。学习自由在德国是受法律保护的。1849 年法兰克福宪法第 152 条规定了学问和教授自由。德国大学基本法第三条第四项也规定：在不违反高等学校有关学业和考试基本规定的前提下，学生自由选修课程，自由选择学习计划，自由整理和表达其学术见解；高等学校内部有关学习问题的规定只限于对正常教学和学习活动的组织安排和保证学生的学业符合有关要求等方面，不能侵犯学生的上述权利。[②] 正是有了上下一致的法律认可，学习自由在德国得到了充

---

① 王磊：《实施创新教育，培养创新人才——访中央教育研究所所长阎立铁》，《教育研究》1999 年第 7 期。

② 万秀兰：《谈谈大学生“学习自由”》，《湖北大学学报（哲学社会科学版）》1998 年第 1 期，第 109 页。

分的发展，德国大学也因此成为“19 世纪大学的理想”。[①]1957 年美国联邦最高法院对斯韦泽诉新罕布什州一案也为从法律上保护大学的学术自由提供了成例。[②] 虽然我国宪法第 2 章第 47 条也规定，中华人民共和国公民有进行科学研究、文学艺术创作和其它文化活动的自由，但直接指导高等教育的《中华人民共和国高等教育法》并未规定学生享有学习自由的权利。可见，我国的法律对学生的学习自由是没有明确认可的。法律上没有依据，办学上又没有形成传统，所以我国高等学校学生享有的学习自由是很有限的。

二、传统的人才培养模式不容许学生有学习自由的空间

“如果新政策在各自国家缺乏传统基础，或者与既定价值观念和标准明显不一致，那么，新政策的实施如果不是不可能的话，至少是极端困难的。”[③] 学习自由在我国高校的推行就面临如此困境。首先是传统的人才培养观念的制约。在封建科举制度长期居于统治地位的时期，考试的内容局限于儒家几部经典著作及华丽的诗赋，考试的方法迫使人死记硬背。形式主义、教条主义的学风使广大知识分子失去了独立思考的能力，窒息了思想活力，[④] 学校教育成为科举的附庸。封建余毒长时间影响了我国的高等教

---

① 伯顿·克拉克著、张维平等译：《学术权力——七国高等教育管理体制比较》，浙江教育出版社 1987 年版，第 67 页。

② 别敦荣：《中美大学学术管理》，华中理工大学出版社 2000 年版，第 65 页。

③ 伯顿·克拉克著、王承绪等编译：《高等教育新论——多学科的研究》，浙江教育出版社 1987 年版，第 283 页。

④ 孙培青主编：《中国教育史》，华东师范大学出版社 1992 年版。

育，应试教育很难说没有受到科举考试传统及与之相应的教育模式的影响。学生的学习被牢牢地束缚在有限的几门课程上，学习成为应付考试的工具，学生的学习自由难有空间。其次是计划体制的长期影响。在这一体制下，高等学校按专业招生，按统一教学计划培养，学生毕业后按计划分配工作。学生在整个大学学习过程中处于被动地位。由于缺乏历史传统，学习自由的理念又与我国数十年来的学术标准相冲突，因而，在传统的人才培养模式没有根本性的改革以前，学生不可能真正享有学习自由的空间。

三、学生缺乏学习自由的信念和把握学习自由权利的能力

学生是学习自由的受益者，他们本应对学习自由有着强烈的要求。20 世纪 60 年代的欧洲大学生运动就是学生争取自由而进行的斗争，学生对自由的要求远远超出了柏林大学对“自由”的解释，他们甚至要求参与对大学的管理。然而，我国的大学生不仅缺乏学习自由的信念，就是对本来应该享有的权利也缺乏驾驭能力。在已有的弹性教学改革中表现出的学生不相信自己的选择能力、不具备选择能力的问题十分突出。这有主客观方面的原因。首先，进入大学的大学生多是 20 岁左右的青年（尽管现有的改革放宽了高等教育的入学年龄限制，但这一年龄段的学生仍占绝大多数），他们身心尚未完全成熟，人生观、价值观也没有定型，因而还缺乏自我选择和设计的能力。其次，由于受应试教育的影响，学生对学习自由既没有认识和觉悟，也从没有过选择的机会和经验。因而，面对学习自由，学生要么惧怕选择，要么不知如何选择。也正是因为学生缺乏学习自由的信念，所以，高等

学校教学改革中难以听到来自他们对学习自由的呼唤。

四、学生所享有的学习自由的范围狭窄

学习自由不仅有着十分丰富的内涵，而且其影响和辐射的范围几乎包括了高等学校办学的各个方面，但我国高校在已有的改革中存在的学生享有学习自由的范围狭窄的问题尤其明显。80 年代以来我国高校进行的旨在保障大学生学习自由的弹性教学改革，虽然让学生获得了选择课程的自由，但由于观念和条件的限制，学生享有的自由度非常有限。目前，我国高校的选修课（包括限选课和任选课）仅占全部课程的 10% 至 30%，明显偏低。且由于资源的限制，限选课多数成为学校包办的代选课，即变相的必修课，学生难有选择可言。即使任选课也难以从数量和质量上予以保障。小范围的选课尚且如此，更不用说选专业、选学校、选择学习时间了。由此可见，我国高校学生的学习自由不仅在选择范围的广度上很小，而且这一范围内的选择权限也不大，这与我国高校对学习自由的理解褊狭和客观条件的限制是分不开的。

当然，我国高等学校中学习自由方面存在的问题还有很多，如学习自由的保障、办学条件、教师素质等都有待进一步的改进，不过上述几方面的矛盾在现时表现得更为突出。

学习自由的价值

解决我国高等学校学习自由存在的问题，进一步深化弹性教学改革的关键在于认识学习自由的价值。这不仅是改革的理论依据，也是我们坚定改革信心的动力之源。学习自由的价值集中体现在：是世界高等教育的重要信念，是人的全面发展的保障和开展创造教育、培养创新人才的基础。

一、学习自由是世界高等教育的重要信念

正如布鲁贝克所说，学术自由的合理性至少基于认识的、政治的、道德的三个基点。[①] 作为学术自由的重要组成部分的学习自由也离不开这三个支点。大学是研究高深学问的场所，[②] 从其诞生之日起，大学就具有了其它社会机构所不能替代的职能和地位。在学术领域中，学者孜孜以求的是具有价值自由的真理。[③] 学术自由就是学者勇敢走向学问的高深之处而免受世俗羁绊与束缚的特权，它保障了知识的准确与正确。“学术界不是人人平等的民主政体”。[④] 为了获得处理知识的专长，学者不但必须接受专门的训练，而且还需要政治上允许的对真理标准运用的自治。在道德方面，对道德困惑予以解决的最好办法是允许对道德问题作自由的研究，学者的研究不仅仅是个人道德责任感的体现，更重要的是会对社会公众带来利益。[⑤] 从“哲学自由”演进而来的学习自由在世界上的许多国家受到了重视。19 世纪的德国柏林

---

① 约翰·S. 布鲁贝克著、郑继伟等译:《高等教育哲学》，浙江教育出版社 1987 年版，第 42 页。

② 同上书，第 12 页。

③ 同上书，第 13 页。

④ 同上书，第 42 页。

⑤ 同上书，第 44 页。

大学最具有代表性。柏林大学的主要任务就是进行科研、在那里教师的教学过程是探索学术领域或学科的内在逻辑、穷极本质和规律的过程；对学生而言，学习的过程也是与教师一同探索真理的过程。因此，教师和学生的地位是平等的，双方平等地以一种求实的科学精神去发现知识的内在规律。①19 世纪瑞典的大学也以追求学术知识和个性解放为理想，教授自由地探索知识，学生自由地选择学习科目，国家很少对研究、教学与学习的自由加以限制。② 近年来，随着高等教育改革的不断深入，学习自由越来越受到各国高校的广泛关注。联合国教科文组织的一系列报告都要求保障学生的学习自由权利。如《学会生存——教育世界的今天和明天》一书指出，“现代教学，同传统的观念与实践相反，应该使它本身适应学习者，而学习者不应屈从于预先规定的教学规划”。1998 年世界高等教育会议发布的《二十一世纪的高等教育：展望和行动宣言》指出：“为接受高等教育和终身教育提供多种机会，使学生有多种选择及入学和退学时间的灵活性，以及个人发展和社会流动的机会，以便从放眼世界的角度培养公民意识和促进学生积极参与社会生活，促进自身的能力建设，本着公平原则加强人权、可持续发展、民主与公平。”③ 因此，无论从学术的本质意义还是世界高等教育发展的现实和未来来看，学习自

① 黄福涛：《欧洲高等教育近代化——法、英、德近代高等教育制度的形成》，厦门大学出版社 1998 年版，第 129 页。

② 伯顿·克拉克著、张维平等译：《学术权力——七国高等教育管理体制比较》，浙江教育出版社 1987 年版，第 67 页。

③ 全国高等教育情报网站、北京大学高等教育科学研究所、北京高等教育科学研究所主办：《国外高等教育快讯（*Information of Higher Education Abroad*）》，1999 年第 1 期，第 4 页。

由都是高等教育的重要信念。

二、学习自由是人的全面发展的保障

自由个性的形成是人的全面发展的最高成果。自由个性是指个人能作为个人且根据其意愿充分自由地表现和发挥其创造能力，可以自由地实现自己的个人生活和社会生活，其内容包括自律、自由性、自觉性、自主性和独创性。[①] 人的全面发展的最突出标志是人的主体性的不断发展和发达。[②] 可见，全面发展的关键在于自由个性的形成，在于主体性的获得与发挥，在于人对自己的活动的自决、自主和自控，[③] 在于享受充分的自由。人的社会本性决定了他只能在继承中改造世界和发展自身。因此这里的自由也不是随心所欲的，而是建立在对一定规律的把握和驾驭之上的，即通过学习获得的自由。归根到底，学习自由是人的全面发展的基础和保障。

学习自由允许人们有自由选择的机会，从而保证了个人意愿的实现。学习自由带来的知识的全面和侧重还保证了人的充分发展。学生自由选课，尤其是跨专业、跨学校选课有效地打破了高等教育中存在的院校鸿沟和专业壁垒，使学生达到文理结合，基础宽厚，适应面广，实现马克思所设想的“每个人都可以在任何部门内发展”。[④] 因为有了学习自由，学生以自我选择、设计大学学习生活；学生在履行自我选择的过程中能够不断增强自信

---

① 黄楠森主编：《人学原理》，广西人民出版社 2000 年版，第 419 页。

② 同上书，第 158 页。

③ 同上书，第 247 页。

④ 《马克思恩格斯全集》第一卷，人民出版社 1972 年版，第 273 页。

心、责任感和自觉性，并控制自己的行动使其指向既定的个人目标，养成自律的好习惯。在整个大学学习生活的选择过程中，独创性、自主性、自由性、自觉性和自律的获得将共同促成学生自由个性的形成，促成大学生的自由发展。

三、学习自由是开展创造教育、培养创新人才的基础

“人若力求在限定的范围内最大限度地发挥自己的能动性和创造性，必须在对现实发展多种可能性的把握中做出最适合自己本性的选择和决断。”[①] 因此，支持学生做出自主选择的学习自由是开展创造教育、培养创新人才的基础。

随着知识经济时代的到来，大学步入了社会的中心，大学生学习改革成为事关社会发展的大事。“传统的教育和学习人为地限制了人类潜能的发挥，它使个人和社会在应对全球性挑战的过程中变得手足无措，而解决全球性困境的最可信赖的途径就是用‘创造性学习’来代替传统的、以维持现状为特征的‘维持性学习’。”[②] 创造教育正是顺应时代潮流的产物，是一种旨在培养学生创造力，满足社会对具有创新精神和实践能力的人才需求的现代教育。它充分尊重学生的差异性和自主权。这与学习自由的本质在于学生学习的自主性、选择性和探索性的精神完全一致。学习自由鼓励学生探索、质疑、自由发现真理，保护学生的好奇心和求知欲。学习自由允许学生根据自己的兴趣选择学校、专

---

① 黄楠森主编：《人学原理》，广西人民出版社 2000 年版，第 248 页。

② 房剑森：《高等教育发展论》，广西师范大学出版社 2001 年版，第 293—294 页。

业、教师，支持学生做出最适合自己本性的决断和设计，保证学生潜能和创造性的发挥。学习自由还有利于培养学生的创造性人格，为创造性人才的成长奠定基础。没有了学习自由，学生的个性将受到极大的束缚和压抑，学生不仅失去了选择和自主，也没有可能进行探索。因而，离开了学习自由，创造教育和创新人才的培养就是不可想象的。

弹性管理是实践学习自由理念的必然选择

作为信念的学习自由只有在高等教育的实践中才会开花结果。因此，保障学习自由的实践就成为高等学校的重要使命。这是一项系统工程，涉及高校教育思想、人才培养计划、教学设施、师资素质等多方面，弹性教学管理改革是其中重要一环。弹性教学管理是一种全新的教育管理思想，它关注选择，关注人的需要、抱负和感情，关注人的自我意识。

一、学习自由呼唤弹性教学管理

学习自由要求高校给予学生选择学校、专业的自由，选择本专业、跨专业甚至跨校课程的自由，等等。决定什么时间学习和怎样学习的自由对高校的课程开设提出了周到、适应的要求，高校应满足学生对课程学习的不同需求，容忍和适应学生的不同学习方式。这一切都对高等学校传统的刚性教学管理提出了挑战。在刚性教学管理体制下，学生接受专业和学校的选择，上统一的必修课和选修课，且时间固定、教室固定、教师固定，学习方式也较单一。学生的学业由一张统一的试卷决定优劣，学生难以形成自己的思想，也难以张扬其个性。而学习自由所呼唤的正是尊重学生的差异性和选择的权利，满足学生多样化需求的新型管理模式。弹性教学管理以其对学生个人需要的关注能够适应学习自由。

二、弹性教学管理是学习自由的保障

弹性教学管理能够从思想、制度和技术上保障学习自由。首先，学习自由的核心是选择，包括对学校专业、课程、教师、授课地点、学习时间等多种教育资源的选择。弹性教学管理尊重学生的选择，它从思想上与学习自由吻合。弹性教学管理允许学生从进校直至毕业的任何阶段做出自己的选择。比如，允许学生进校学习一段时间后进行专业和学校的二次选择，允许学生提前毕业工作或继续深造，允许学生选择课程和教师，甚至允许学生中途停学。在学生的整个大学学习过程中，选择无处不在，无时不在。其次，弹性教学管理为学习自由提供制度保障。居于中间层次的制度，上承思想观念，是观念的具体化；下启具体措施，是各项工作的指导。弹性教学管理之“弹性”在于其制度的灵活性、多样性和适应性。对于学生从入学到毕业的所有选择，弹性教学管理都与之相适应。学分制一改传统学年制的僵化，使学生在学习年限的选择上可以根据各自的实际情况做出安排。选修制、主辅修制更使学生在知识的学习和个人的发展道路上可以按照自己的意愿进行设计。计算机网络和多媒体技术的发展使弹性教学管理获得了技术上的支撑，进而为学习自由的实现提供条件。

三、进一步完善弹性教学管理，扩大学生的学习自由

由于历史不长，经验不足，我国高校实施弹性教学管理改革存在的问题颇多。当前的主要任务是从理论和实践两方面积极探索，进一步完善弹性教学管理，切实保障学生的学习自由权。

现阶段改革中出现的问题大部分原因是理论准备不充分。理论界对弹性教学管理的研究不够深入；高校的领导、教师在思想上也没有明确认识，致使改革显得信心不足；实际的改革工作由于缺乏理论支持，方向不明。因此，完善弹性教学管理改革的关键是健全理论。不仅高等教育理论工作者要为之努力，高校各有关方面也应借鉴国内外的经验，结合自身的实际从理论上认识弹性教学管理，并为其理论的健全做出贡献。

目前，我国高校对学习自由的理解还显得比较狭窄，仅限于学生对课程等方面的选择，就是这一范围内的选择权利也极其有限。为了切实改变这一状况，高校应当解放思想，大胆探索，逐步建立健全一整套弹性教学管理制度，确保教学和人才培养工作的开放性、选择性、多样性和适应性，还学生学习的自由，使学生能够自主、自由、自律地学习，使高等教育服务于大学生“自由而充分的发展”。具体来说，高校应当在招生注册制度、学籍管理制度、教学组织制度、教学考核制度等几方面进一步加大改革力度，努力增加各种制度的弹性，使其更能适应大学生自主自由学习的需要。

（原载《高教探索》2001 年第 4 期，与黄爱华合作发表）

大学教学方法创新与提高高等教育质量

我国大学教学质量问题的关键

关于大学教学质量的议论，比较普遍的观点认为，我国大学教学质量在滑坡。[①]但是通过研究，我们发现并不存在所谓从高处滑到低处的问题。教学质量与班额的大小确实有一定的关系，但不是决定性的。不存在班额大教学质量就一定差，班额小教学质量就一定好的问题。

根据我们的研究，教师的教学水平是决定教学质量的关键因素。我国大学教师教学水平存在的问题是非常突出的，因为大学教师大都没有接受专门的教学方法训练，很多教师都是拿了硕士学位、博士学位后直接走上讲台的。至于怎么备课，怎么运用教学方法，怎么有效地指导学生，怎么营造课堂教学氛围，怎样才能高效率地教学等，没有接受过培训，完全靠自己去摸索。这是

---

① 高艳、张蕊：《高等教育领域最突出问题是教学质量滑坡》，[DB/OL]. http://news.xinhuanet.com/misc/2006-07/12/content4821500.htm, 2006-07-12。

一个普遍存在的问题，也不是今天才出现的，大学本科毕业生、硕士毕业生、博士毕业生直接上讲台当教师，是一个惯例。

如果单纯地从数据统计来分析，现在大学教师的水平在不断提高。在20世纪90年代以前，大学教师中的绝大部分都只是本科、专科学历，少数有博士学位的教师主要还是新中国成立以前在国外获得博士学位的，50年代到70年代本科毕业教本科、专科毕业教专科的现象非常普遍。现在，我国大学教师中有研究生文凭的比例已经比较高了，全国平均超过40%。所以从这个角度看，很难说我国大学教师的水平在下降。那是不是实际的教学水平在下降呢？我们的研究结论也是否定的。新中国成立前，战乱频繁，大学安放不下一张平静的书桌。50年代到70年代，我国高等教育办学秩序有相对比较稳定的时候，但多数时候都在经历政治运动，教育教学秩序、学校工作都受到了严重干扰。现在的本科生、硕士生、博士生，四年、六年乃至更长时间，在一个稳定的教育环境中念书，一心一意念下来，如果说教学质量还赶不上过去，也是说不过去的。

很多人认为，扩招之后，大学办学条件很紧张，导致质量滑坡。如果我们历史地来看待我国高等教育的发展，这个观点也是不能成立的。在我们身边，大学校园面积、建筑面积都在迅速扩大，教学设施条件大幅改善。很多人以西南联合大学为例，说它是一所著名大学，培养了诺贝尔奖获得者，教学质量有多么的高。其实，如果从硬件设施来讲，西南联合大学完全不如现在任何一所大学的办学条件，甚至不如任何一所职业技术学院的办学条件。50年代到70年代大学的建筑和教学条件，也完全不能和今天相比。根据很多领导和教师到国外大学访问学习后的体会，以及笔者自己在国外所看到的，与国外一些高水平大学相比，我国很多大学的设施并不落后。所以从基本办学条件来讲，很难说现在大学的条件不如过去，说条件不好导致质量滑坡的观点也是站不住脚的。

那么，究竟应当怎样看待我国大学教育质量呢？根据我们的研究，没有证据表明我国大学教育质量在降低或者说滑坡。但是，我们发现有一个问题可能是至关重要的，这就是教学方法。和30年前甚至更早时期相比，我国大学教学方法基本上没有什么变化。要说有什么变化的话，增加了多媒体技术可能是最明显的变化。现在的教师怎么教，学生怎么学，跟几十年前相比，基本上没有什么创新。

那么，是不是我们的大学不需要创新呢？是不是现在的教学方法已经很先进呢？答案是否定的。现行的大学教学方法，就是由教师和学生构成一个教学体，教师在讲台上自我表演，学生充当看客或听众。所谓知识也好，信息也好，都是一个从教师到学生的单向流动。这就是现在最典型、影响面最大的大学教学方法。应当承认，一部分从国外留学回来的教师，了解国外大学先进的教学方法，进行了一些教学方法上的改进，但这个群体的人数还较少，影响面相对很小，更多的还是采用传统的教学方法，也就是所谓的灌入式、注入式，课堂上教师是中心、教材是中心，在整个教学中课堂又是中心。这种教学方法使得教学变成了一种单纯的知识传授。在这种教学中，教育质量又是怎么反映的呢？就是看学生接受知识的情况。学生接受的知识越多，掌握得越具体、越细致，和教师讲授的、书本上表述的相符合就好。用国际比较的眼光看，在国际上单纯地采用这种教学方法的大学是极为少见的，这种教学方法也是非常落后的。所以我们认为，教学方法是影响我国大学教育质量的根本因素，教学方法陈旧落后，导致大学教育质量不高。要提高教育质量，必须创新大学教学方法。

西方大学教学方法的创新

西方大学教学方法的创新大致经历了三代。第一代发生在19世纪以前，第二代发生的时间是从19世纪到20世纪后期，第三代是从20世纪后期到现在。第三代还在发展中，主要是信息技术的普及化、国际互联网的建立、知识社会的出现使得大学教学方法又开始了新的探索。

西方大学第一代教学方法是在社会不发达、科技不发达的情况下所采用的。在那个时代，造纸、印刷技术不发达，书写工具还很金贵，有的甚至连笔墨都没有，也没有那么多图书，所以大学的教学受到了很大的限制。那个时候还没有出现教材，大学教学主要是教师念书，学生记忆和背诵。学生主要学习修辞、语法、逻辑等。在大学里学这些东西干什么呢？学了这些就会讲话，会辩论，会发表演讲。这是当时的一个教育目的，因为当时大学生毕业后主要去做牧师，牧师传道最重要的就是要能说会道。所以那时西方大学的教学方法主要是口授，由教师向学生讲授。

现代大学的发展与科学的发展是联系在一起的，经过16世纪到18世纪的发展，科学已经初具规模，一些基础学科已经建立起来了。在这种情况下，大学也开始逐渐吸纳科学。经过工业革命，社会逐渐发达起来，造纸、印刷技术逐步普及，书本也丰富了，大学教学方法开始得到改变。自18世纪后期，一些大学接受科学以后开始进行教学方法的改革。当时人们认为，科学不只是用来学习的，不只是用来掌握知识，还要陶冶人的性情和修养。

大学的现代化是从德国开始的，以柏林大学为代表。1810年，柏林大学创立，其基本理念是研究与教学相结合。现在很多人常常将它说成是教学与研究相结合，或者教学与科研相结合。其实，柏林大学奉行的是研究与教学相结合。之所以如此，是因为传统大学是通过教学来培养学生的，而科学发展以后，科学研究也具有培养人的功能，因此，大学不能继续单纯地只是采用教学来培养人才，还得采用研究的方法。柏林大学最早将研究与教学在人才培养过程中结合起来，在教学方法上是一大创新。

有一个英文单词叫seminar，有人直译过来称"习明纳"，也有人译作"研讨班""研讨会"。这就是当时德国大学根据研究与教学相结合的理念创立的一种教学方法。教师提出问题，由学生去研究，然后组织讨论，师生一起交流看法。通过这种教学方式，学生所得到的发展很显然和以前只听教师讲授是不一样的。传统的方法是教师讲了后看学生记住了没有，让学生再讲出来，类似"鹦鹉学舌"。习明纳不是这样的，教师只给问题，让学生自己去学习，去研究，带着研究的结果来和教师交流、讨论。学生在自己的学习过程中，得到了发展，当然，他也是在教师的指导下获得的发展。习明纳是当时大学重要的教学方法，在德国大学得到发展后，很快就被其它大学所借鉴，成为主要的教学方法。

当时，与习明纳同时发挥作用的还有另一种新的教学方法，就是我们现在所熟悉的班级授课制。很显然，班级授课制在当时有其先进性。传统上，上大学的人很少，一个教师就教几个学生。但工业革命和科学革命以后，上大学的人开始增加，过去一个大学几十个、上百个学生，现在达到几百个，甚至一两千学生。到19世纪初期，大学不只是学生人数增加了，科学也大量进入教学内容，这就要求大学进行教学组织形式变革，于是出现了班级授课制。大学开始按照固定的时间，相对固定的班级，由教师给学生授课，大大提高了教学效率，提高了教育生产力。班级授课制解决了大学教育中存在的效率低下和教育的非组织化问题，解决了学生人数增加、学习内容扩充和学习时间有限的矛盾。但同时，它也有不足：把学生固定在一个班上，教师面对整个班级，在规定的时间授课，尽管方便了教师授课，方便了多数人听课，但不能解决学生自我发展、个性化发展的问题。这就是班级授课制给大学教学带来的新问题。

怎么办？到了19世纪后期，一些美国教育家提出了新的教育思想，即进步主义教育思想。他们认为，教育并不是强制听讲或闭门读书，教育就是生活、生长和经验改造。生活和经验是教育的灵魂，离开生活和经验就没有教育。[①] 他们提出，要从教师中心转向学生中心，大学教学要让学生得到发展，让学生主动地去学习、去发展，学生应当自己学，在做中学。他们认为这才是

---

① 约翰·杜威著、王承绪译：《民主主义与教育》，人民教育出版社2001年版，第14页。

大学教育的根本目的。

如何才能改变教师中心、教材中心、课堂中心的教学模式呢？美国大学将德国大学的习明纳与班级授课制结合起来，在班级授课中融入研讨的形式。这个改革取得了很好的效果。新的班级授课仍然沿用了旧的名称，保留了它的基本形式，学生按班级上课，教师在规定的时间同时面对一批学生，班额有大有小。有人讲西方大学的班额都很小，其实是一种误解。不同性质的课，其班额是有差别的。在一般情况下，专业课的班额比较小，通识课班额也可能很大，有的课堂达到三四百人。在新的班级授课中，教师不再是课堂的主角，他所扮演的更多的是一种导演的角色，而学生则从配角变为了主角，课堂包括与之相联系的课外活动，成为了学生的舞台。学生在这个舞台上进行表演，要经过训练，既有个人训练，也有集体训练。学生学习的内容则从教材扩展到与该课程相关的全部知识体系和实践领域。学生因此在课堂上得到的发展，也超越了一般的知识的接受，而实现着全面发展。学生的学习不再是一种现成知识的选择和存储，以及现成技术的模仿，更多的时候是问题的探索。这样，第二代大学教学方法——研究性课堂教学法就形成了。在西方大学里，现在普遍采用的正是这种教学方法。总结这种教学方法，可以发现下面几个特点。

第一，具有研究性。采用这种教学方法后，教学不再只是教师将知识教给学生，而是教师营造一种研究的氛围，提出研究的需要，放手让学生自己去研究，在规定的时间内研究出结果，再回到课堂上与教师、同学交流和讨论，教师给予必要的指导。这里面充满了研究，包括有新有旧的研究。所谓有新有旧，旧的指的是各种知识，包括原理、定律、公式、技术等。对教师来讲，它们的研究过程是旧的，书本上都有，学者们已经探讨过了。对学生来说，它们却是新的，要经历探索的过程，才能真正领会和掌握。所以，这种探索是重复人们已经做过的研究，是旧的。另一方面，在教学过程中也有新的研究，尤其是学生到了高年级，教师会给出很多新的课题，让他们去研究，也就是说，学生是在完全未知的领域进行探索。这种研究性教学有助于学生养成一种研究的品格，学会做科学研究。

第二，给予学生高度的自主性。在我国大学里，学生带着一本教材去听课是很普通的事情，有的连教材都不带，拿着一个笔记本就去听课，更有甚者，笔记本也可以不要，只带着两只耳朵进教室。其他同学记了笔记，课后借过来抄一遍或者复印一份，就可以对付考试了。在西方大学，学生是一定要自己去学习的，不管什么课程，如果你不自己主动去学习，不在教材之外大量地阅读文献、探讨问题，不是自己在实践和实验中学习，是通过不了课程考核关的。西方大学的课程考试成绩不是期中考试、期末考试成绩简单相加后的总评分，而是包括了每周、每月或每单元的作业成绩，平时课堂参与和表现成绩，以及历次考查考试成绩的总评分。所以，学生想不主动学习都困难。学生主动学习是第二代西方大学教学方法的核心特征之一，也是西方大学现代教育理念中最根本的一条。学生上大学是学生自己来学习，是学生由不懂到懂，由不会到会，由会得不多到会很多的过程。这是教师不能代替的，只能由学生自己来完成。西方大学要求学生修习的课程一般都不多,要求学生修读的学分、课程门数、教学时数一般都比我国大学少,他们要把大量的时间交给学生自己去学习。学生通过少量课程的学习能够更有深度、更广泛地去进行探究性学习,这样一来,学生就能获得主动的发展,在认知和情感两方面都能获得完善。在我国大学,学生听完课程之后,了解了知识,但认知方式没有改变,精神更难有升华。

第三,具有教育性。我们将其称作教育性教学方法。大学是一个教育机构,其教育功能主要是通过教学实现的,而我们的教学却只关注学生的知识学习。那么大学的教育目的究竟是怎么实现呢?通过思想政治教育工作、德育工作。这样就形成了大学教育的两张皮:教学管专业知识,德育和思想政治教育工作管学生的品德、修养、人格。这是现在我国大学教育面临的一个很难突破的困境。西方大学不是没有思想教育,只是将思想教育统一到教师的教学上,通过教育性教学方法来实现。西方大学认为,学生的非认知素养太重要了——怎么接人待物,怎么表达自己,怎样才能有宽容精神等,都是教育目标不可缺少的。他们将这些教育目标落实到每一个教师的具体教学活动中,每个教师的课程都包含了大量主题研讨和小组活动,有的是当堂进行的,有的是课外进行的。在小组活动中,学生学会自我组织团体,学会相互交流看法,学会把大家不同的看法整合到一起,求同存异,学会在团体中相互合作。每个教师的课都要做到这些,这样一来,教育和教学就一体化了,不再是分离的,从而达到了通过教书来育人的目的。

第四,具有挑战性。班上的任何一个学生要想轻而易举地通过课程的学习是不可能的，如果你不能在课程的学习中发展自己，是很难学好课程的。教师在教学中会设置各种各样的问题让学生去学习、去解答，不管是现成的问题还是新的问题，学生都需要认真对待，没有哪门课程是可以轻松通过的。不像我们大学里的很多课程，学生听课不听课、认真不认真学习都可以通过，这样的教学不能引发学生的兴趣，对学生也起不到激励的效果。西方大学教学对学生的挑战使学生在学习上不能有松懈情绪，更不能抱着一种无所谓的态度，而必须全身心地投入进去，不断激发自己的潜能，实现全面发展。综上，西方大学从研究性、学生的自主性、教育性和挑战性等几个方面建构了研究性课堂教学法，从我们现有的认知水平看，它是仍然有效的，依然符合当今高等教育的需要。

阻碍大学教学方法创新的主要因素

与西方大学相比，我国大学教育的差距突出地表现在教学方法上。方法决定质量，没有新的教学方法，教学质量难有大的提高。教学方法创新是提高教育质量的需要，是改变传统的大学教育教学工作的要求。根据我们的调查，大学有这种需要，教师也有这种需要，但是推动起来却非常困难。原因何在？以下几个方面因素的影响不可忽视。

第一，相关的政策制度与教学方法创新的要求相抵触。大学要求教师创新教学方法，但有关政策制度却是阻碍创新的。在很多大学，教师的考评、津贴的发放都以课时为标准，因为课外的工作没法计算工作量，这样一来教师只需在规定的课时内讲好课就行了，对课外的工作、学生指导可以不花精力。在课堂评价中，往往要求教学内容具有系统性、逻辑性，要循序渐进、由浅入深，教师就只能按照教材的知识体系，各知识要点逐个照本宣科，不能有自己的创新。有的评价标准中硬性地规定了运用多媒体教学，如果教师没有用到，这一项就得不到评分。政策制度的精神与教学要求不相吻合，是制约大学教学方法创新的主要障碍。所以毫不奇怪，各大学在教学方法创新上，往往雷声大，雨点小；议论多，行动少；领导号召多，教师践行少。反观西方大学，教师的福利待遇和工作职责要求是在聘用时商谈确定的，教师的待遇并不因课时的多少而改变，教师不需要通过课时津贴争待遇。这样一来，大学和教师双方关注的焦点就不在课时和课时费上，而是教学质量。大学在质的方面要求教师应该达到什么水平，教师也能全心全意地追求学生的满意，追求高水平的教学。当然，对于兼职教师，则是按课时或授课量来支付报酬的。但不管是专职教师还是兼职教师，如果他的教学只是传授知识，结果就是学生不欢迎，同行不认可，大学也不会轻易容忍。此外，学生在增加，班额在增大，三五十人怎么教，一百多人又怎么教，很多教师不清楚。什么样的班，什么样的课，用什么样的方式来教学，教师如何驾驭不同的课程教学，学校的政策制度应当提供什么支持，这些在我国大学常常为人们所忽视。但在西方大学，为教师提供教学方法和技术支持的措施很多，教务处（办公室）除了少量的行政事务性工作外，大量的是向教师和学生提供教学和学习支持，帮助师生不断改进教和学，以此来保证和提高教学质量。

第二，教师对教学方法创新的意义认识不清，积极性不高。大学对教师的考核主要是教学工作量和科研的考核，对教学质量、教学水平的考核比较弱，所以不少教师对创新教学方法、提高教学能力缺乏动力，积极性不高。有的教师担心采用新的教学方法可能导致一些负面的东西，反而影响自己的发展。教师没有认识到教学方法创新的意义，包括对个人的意义。在现实中，常常可以看到一些教师对自己担任的课程教学任务上到第二轮、第三轮的时候就出现了职业疲倦。其实，只要在教学方法上做点创新，教师就能在教学中不断得到新的享受，还可能获得学术创新的动力。笔者所在大学电子工程系有个老师，他上的是一门设计课，班额很大，从最初的一百多人到现在的两百多人，有时候三百多人。他在教学方法上做了一些创新，把学生被动地参与设计转变为学生自己设计，由最初的学生个体设计转变为学生团队设计。通过不断改进课型，更新设计内容、课题，他的这门课始终有新意，他自己也感到每上一轮就是一次挑战，却也都有新的收获。每一次课程结束时，他都要组织一场学生学术报告会。几年下来，在这门课上，学生出了一大批学术成果。现在他的课很受学生欢迎，产生了很大影响，成为了一门品牌课程。他从教学方法创新中体会到了教学的意义，自己获得了教学的享受。①

教师应当如何上课看似一个技术性问题，其实包含了我们平常讲的价值观问题。教师上课是为了什么？是为了把这门课

---

① 孟凡：《本科研究性教学的理论与实践研究——以华中科技大学江建军教授的教改实践为例》，华中科技大学博士学位论文，2007 年。

的时间混过去，或者是为了课时津贴，还是想通过教学达到既让学生得到发展，也使自己得到发展、享受？我曾经听一位教授上哲学课，她几乎是按照教材内容原原本本地讲下来的。下课后我问她，如果给学生半个小时，他们自己能不能看懂这次课的教学内容？她说可以。我接着问，那你有没有考虑你教学的意义是什么？她很诚实地回答说没有考虑过。试想，学生用半个小时能看懂的内容，老师在讲台上花两个小时来讲解，讲完了还不知道自己的教学是为了什么目的、达到了什么效果，那么教学质量当然就值得怀疑。各门课程要教什么，要达到什么目的，应当是很有讲究的。如果我们能够让自己的课程更有挑战性，那么，不管是对学生还是对自己都是非常有意义的。如果教师能够从教学中得到享受，体会到教学的乐趣，他就会有一种新的态度。

第三，学生可能抵触教学方法创新。根据我们的调查，学生的主要表现是不适应，由不适应到抵触。不适应的原因在于受到了传统教学观的影响，认为老师讲得越多越好，越具体越好，越详细越好。老师讲的多自己要看的就少，自己花时间就少了，学习就轻松了。所以，当教师希望通过少讲而让学生自己更多地去阅读、思考和研究的时候，学生就不愿意了；教师布置的作业多了，学生就不高兴了；若再给他一点有挑战性的问题，他还会觉得老师在难为他。那学生是不是真的不适应新的教学方法呢？这个问题值得好好思考，学校、院系、教师个人都要思考。我们的学生从上小学以来早已习惯了满堂灌教学法，在教师改变教学方法之初不适应甚至产生抵触情绪都很正常，教师对此要有思想准备。教师可以根据学生的基础，在改变教学方法的时候选择一些难度适中的内容，培养学生的学习兴趣，让他们在不经意间获得成就感，在此基础上逐步推进教学方法创新，效果自然就会好。学校也要采取措施，鼓励教师创新教学方法，营造一种氛围，增强学生对新教学方法的认同感。如果只是个别教师在改革教学方法，其他教师都沿用传统的方法，那么学生适应新的教学方法就会感到困难。

学习是学生发展的根本途径，教师的教是为学生的学习服务的。学生上大学是要谋求自身发展的，而不单单是为了获得一张文凭。不少大学生将上大学等同于上过了多少门课程，获得了多少学分，有些学生纯粹就是为了混一个大学学历，而不是要得到什么发展。实行缴费制度后，这种状况依然没有多大改变。学生如此对待学习，既是学生的悲哀，也是大学的悲哀。大学有责任激发学生的发展愿望，教学要为学生实现发展创造条件。如果大学继续沿用传统的教学方法，教师还是那么教，学生还是那么学，在高等教育大众化的今天，学生走向社会后的适应能力将会是一个很大的问题。所以，大学要为学生适应新的教学方法营造氛围，提供条件，保证教师创新教学方法，改善教学工作。

第四，教学条件如教室、教学经费等的限制。很多大学一般只有外语、艺术类等专业课程的教学场所设置比较灵活，而其它课程上课教室的桌椅大都是固定的，不能移动，教师无法组织其它形式的教学，学生没有办法在课堂上开展团队学习。在大学教学经费中，大都没有为具体课程安排预算，所以，在一门具体课程的教学中难以组织课外调查、实验等。教学条件对教学方法创新的限制是客观的，而这也是受传统教学观念影响的结果。

教师如何创新教学方法

创新教学方法是一项系统工程。上面所谈的影响因素都需要解决，否则，要真正创新教学方法是不可能的。根据我们的研究，教师创新教学方法可以从以下三个方面切入。

第一，引导学生由学习教材转向学习学科，学习学科的全部学术成就。学生从小学开始就知道要学教材，到了大学还是将教材对学习的意义看得至高无上。一门课如果没有教材，学生就觉得无所适从了。其实，教材在教学中并没有那么重要，只不过由于教学方法落后，学生养成了过分依赖教材来学习的习惯，教师也养成了依赖教材来教学的痼疾。这种双依赖路径将教材的作用放大了。教材是什么，有什么作用？打个比方，充其量就是炸药包前面的那个雷管，真正有威力的是后面的炸药包。教材是根据相关学科领域的基本知识编辑出来，教材的基础是学科领域浩瀚的学术成就，也就是从过去到现在积累下来的专著、期刊文章、研究报告、实验报告等。教材是根据学生的身心特点和知识基础，按照大学学时分配所组织的一些基本的学术成就，它只能让学生掌握基本内容以后，能够进入到更复杂深刻的学科学习中去，能够看懂学科专著、论文，能够探讨学科领域的问题。所以，如果不能让学生超越教材去学习，教学方法的创新不会有多大的意义。

那么，怎样才能让学生的学习超越教材呢？教师除了要求学生学习教材外，可以在阅读材料中包括一些重要的专著和期刊文章，要求学生去阅读。文献阅读的量太少是我国大学生学习的一个严重问题。一些学生在课前看看老师要讲什么，在课上好好听讲，下课以后再把老师讲的复习一遍，把布置的习题做一做，他们一般都能考高分。这是极典型的学习方式。很多教师可能都有这种经历，即自己在讲台上讲得劲头十足，但学生在下面一点反应都没有，基本谈不上师生对话。造成这种情形的原因就在于学生课前没有做相关的学习准备，或者只看了那点浅显的教材内容。让学生阅读更多的材料，能使教学迸发出思想交流的火花，激发师生的学术灵感。所以，让学生超越教材进行学习，是教学方法创新的一个切入点。

第二，让学生进行问题引导式学习。大学对教师课堂教学内容的要求一般包括系统性、科学性、前沿性，要循序渐进、由浅入深，同时还要求讲解透彻，有针对性，也就是说，要求教师对知识点讲得越多、越具体、越明白越好。如果拿我们的评价标准来衡量西方大学教师的教学，可能没有几个教授是合格的。那他们是不是不知道教学要有系统性、科学性、前沿性呢？显然不是。那他们为什么在课堂上不对教师的教学提出相应的要求呢？这正是中西方大学教学理念的差异所在。西方大学认为，学习是学生的事情，要掌握系统的知识，单纯依靠课堂上的时间是绝对不够的，所以学生一定要在课外大量阅读，这样才可能进入学科领域，形成自身的学科知识体系，掌握学科最新的知识。课堂教学时间太宝贵了，那些学生能看懂的东西、基础性的东西是无需在课堂上花时间去关注的。课堂上应当关注的是学生如何把那些知识融会贯通，解决问题。教师要提出问题来，学生开展自己的学习。

我们知道，任何实际问题都不是应用一个学科的某一知识点来解决的，而是需要将学科领域多方面的知识组织起来，有时可能还要包括其它相关学科领域的知识，共同构建一个解决问题的认知方式。这个工作应当由谁来做呢？如果课堂教学不做，教师不帮学生来做，靠学生自己学习一些互不关联的知识是不可能完成的。所以在课堂教学中，教师要提出问题，用问题引导教学，引导学生学习。只有这样，学生才能在各门课程的学习中发展自己的认知，提高分析问题、解决问题的专业能力。

第三，采取合作式的教学方式。团队学习是西方大学学习的基本形式，每一门课甚至每一次课教师都要组织团队学习。在我国大学，这只是一种很不重要的辅助方法。在大多数课程的学习中，大学生一年到头都是个体化的学习，课前自己预习，上课听老师讲课，下课自己复习，到了考试的时候再相互“合作”一下。这种个体化的学习既不利于学生认知的发展，也不利于学生情感的发展。创新教学方法，需要改变这种单纯的个体化学习方式，将合作学习应用到课堂教学中。合作学习可以针对仅凭一个人的力量难以解决的问题，也可以针对凭个人能力完全可以解决的问题。合作学习的真谛在于构建一个集体，让学生成为集体的一员，从不同的角度讨论问题，解决问题，并在集体中学会求同存异，相互理解，相互包容。学生在合作学习中不仅能够学会认知，而且还能学会组织、学会表达、学会宽容、学会与人和谐相处。这样，大学的课堂教学才可能成为教育性教学。

大学教学方法创新当然还可以有其它切入口，但如果教师能在这些方面做一些尝试，教学工作将会发生很大的变化，教学就能超越单纯的知识授受，成为一种充满享受的智慧活动，其教育质量也将得到显著提高。

（原载《清华大学教育研究》2009年第4期）

研究性教学及其实施要求

研究性教学是一种在教师的组织指导下学生自主学习、自主实践的教学。这既是一种教育思想观念，又是一种教育教学方式。当将它看成是教育思想观念的时候，不同的课程、不同的学校都可能会有不同的要求。不同的老师从事研究性教学的方式也是不一样的，但都是研究性教学。只要是体现教师指导和组织，尤其是体现学生自主学习和自主实践教学，就是研究性教学。研究性教学的目的是培养具有创新素质的人才，这种创新素质是学生在自主学习、自主实践的过程中获得的，而不是在教师照本宣科、照屏宣科的教学中可以获得的。

研究性教学的构成要素

大体而言，大学教学可分为灌输式教学和研究性教学两大类。灌输式教学的构成要素主要包括教师、学生、书本、课堂等，而研究性教学的构成要素则主要包括已转换了角色的教师和学生、书本和实践活动等。灌输式的教师是绝对权威，占用了所有的教学时间，而研究性教学中教师的角色是多种多样的，他既是讲授者、指导者，又是组织者、答疑者，是多种角色的综合；灌输式教学的学生是被动的听众、有限信息的接受者，研究性教学的学生不再是被动的听众，不只是信息的接受者，而是积极的参与者、主动的学习者、问题的探究者。知识分为书本知识和经验知识，书本是知识的载体。书本知识是显性的，经验知识是隐性的，是实践经验。对学生而言，这两类知识都是不可缺少的。但在灌输式教学中，书本知识几乎就是学生学习的知识，而在研究性教学中，学生既需要学习书本知识，还要掌握自主学习、自主实践的经验知识。

研究性教学还有几个要素是灌输式教学所没有的。

第一，问题设计。在研究性教学中，教师要设计问题，组织学生围绕问题进行自主学习和研究。每一次上课都要布置下一节课的研究问题，让学生去自主学习、自主研究，然后带着研究的结果以及对问题的疑惑，再来课堂上与教师和其他同学一起交流和讨论。问题研究既可以训练学生的科研方法，又可以训练学生的表达能力，包括书面表达和口头表达能力。课堂交流让学生有机会在课堂上学会在正式场合有逻辑地、用规范的科学语言来表达思想。

第二，自由的环境。灌输式教学是难有自由可言的，在研究性教学中，学生和教师都是自由的，教师提出问题后，学生可以超越书本，超越教师所指定的内容去自由探索，在课堂上自由讨论。

第三，硬件设施。研究性教学需要有一些相应的配套设施。例如，要有相应的讨论室、活动室，特别是讨论室。研究性教学既有学术报告和讲座，也有小组、个人活动。研究和讨论时需要有小组的讨论室和个人的研究室。大学就要提供有三五个人、十多个人、二三十人的很灵活的讨论室。所以，在研究性教学中，教室的概念不是固定的，有各种各样的模式。教室是服务于教学工作需要的，应当适应教学的特点。

研究性教学的组织形式

作为一种不同于灌输式教学的思想观念和教学方式，研究性教学组织形式也是不同的，主要包括：

第一，教师讲授与学生自主学习相结合。研究性教学也有教师讲授，有专门的讲授课，还有配套的讨论课、研讨课，类型很丰富。在课堂上教师讲授的往往是一部分重要的、新的、学生理解起来有难度的内容，学生看得懂的内容、很容易找得到答案的内容，教师是不讲授的。研究性教学的讲授是有学问、有技巧的，绝不像灌输式教学那样，只是照着教材讲。学生在大学的时间是有限的，无论教师在课堂上如何灌输，都只能将非常有限的信息传达给学生，所以，课堂时间非常宝贵，教师要节省时间，讲授最有价值的东西，同时留给学生在课堂上自主探讨的时间，当然，学生的自主学习也包括课外的学习。教师讲授和学生自主学习紧紧结合在一起，这是一个基本的组织形式。

第二，课内教学与课外教学相结合。研究性教学既包括课内教学，也包括课外教学。一门课程的学习不只是在课内，还有课外学习时间，所以，不能将课程教学简单地理解为上课，只计算课内教学时数，否则，学生课外的自学时间、研讨时间就被排除在教学之外了，课内教学和课外研讨就被割裂开了。在研究性教学中，课内教学和课外自主学习研究是紧紧地结合在一起的，是有机统一的，课外学习在课内学习中得到反映和体现，课外学习是课内学习的展开和延伸。

第三，书本知识学习与经验知识学习相结合。书本知识不只是教材知识，还包括其它书本和专业的学术文献知识。经验知识包括教师的经验，同时还有学生自主学习和探索的经验，学生既要学习书本知识，又要学习经验知识。学生自主学习的过程很重要，它是探究问题的过程。问题探究不一定是探究理论上没有解决的新问题，还可以是书本上已经解决了的问题，学生再经历一次科学发现过程，从而了解科学探索各个环节的要求，包括怎样查文献，怎样做实验，怎样归纳数据资料，怎样得出问题的结论等。这是一个必要的过程，经历了就是学习了，这是书本知识和经验知识的结合。有了书本知识和经验知识的结合，学生就有了创造的基本素质。

推行研究性教学的基本要求

研究性教学在我国大学刚刚得到提倡，具体应当如何实施？大家还不是很清楚，认识上也还有一些偏颇的地方。第一个误区是研究性教学是研究型大学做的事情，不是一般大学做的事情。从欧美国家大学教学变革的过程可知，不是只有研究型大学才可以做，研究性教学是高等教育发展到一定阶段后所有大学的基本教学理念和模式，所有大学都要开展研究性教学。第二个误区是研究性教学是让学生在课堂教学之外做一些研究，平时的课堂还应当是灌输式的。这种认识还比较普遍，它的问题在于简单化地把教学与研究割裂开了。诚然，大学的教学与研究确实是有分工的，但在研究性教学中，教学与研究的关系不是分裂的，而是一体的。研究性教学中的研究不是在教学之外做研究，是在教学过程中做研究。第三个误区是只有一部分课程可以开展研究性教学，不是所有课程都可以做。上一轮本科教学工作水平评估标准中对综合性、设计性实验提出了要求，综合性、设计性实验毫无疑问是研究性教学，但我们不能理解为只有实验课才可以做研究性教学，事实上理论课也应当进行研究性教学。第四个误区是只有一部分老师可以，不是所有老师都可以做研究性教学。只有研究工作做得好的老师才可以做研究性教学，而其他老师工作经验少，在研究上相对还比较弱，就不能做研究性教学，这也是一个认识误区。研究性教学不是说只有研究工作做得好的老师才可以承担，而是所有的老师都要做的。它是大学全体教师的基本教学方式，所有教师，无一例外，都应当开展研究性教学。

因此，研究性教学不只是某一个教学环节、某一些课程的要求，不只是对部分学校，部分教师教学的要求，而应当是所有院校的行为，是具有战略意义的教学改革举措。推行研究性教学改革，可以从以下几个方面做工作。

第一，树立、普及研究性教学的思想观念。在全校普及研究性教学的思想观念，让全校干部教师牢固地树立研究性教学理念，并自觉地在实际工作中实践，干部做好服务支持工作，教师做好教学改进工作。具体来讲，要做到四个“全”：一是全校行为；二是全体教师的行为；三是全体学生的行为；四是全部课程的教学要求。要扭转关于研究性教学的认识误区，从“四全”上普及研究性教学的思想观念，为全面推行研究性教学创造条件。

第二，鼓励教师开展研究性教学。研究性教学关键靠教师，能不能做出来，做到什么程度、什么效果，都需要教师积极主动地去实践。教师可以采取各种各样的办法，每一个教师都可以有自己的做法，可以集体交流和学习、共同探讨该怎么做，怎么样去适应新的要求。所有的课程都可以进行研究性教学，教师可以从第一堂课开始就布置学生做问题研究。课堂大的，可以把学生分成若干小组；课堂小的，学生分组可以少一点。除了小组教学以外，还要布置学生个人研究、思考的问题。有些问题就是为了让学生去读书的，不只是做个实验或做个调查而已。学生只要超越了教材的学习，天地就很广阔。研究性教学没有固定的模式，教师可以从设计第一节课的教学开始，从抓一个小组、一个课题的研究开始。

第三，培养学生自主学习的能力。做好研究性教学，教师是关键，学生是直接的实践者。研究性教学最后要落实到学生身上。研究性教学的直接结果就是研究性学习，如果学生的学习行为、方式不改变，研究性教学就不能达到目的。研究性教学就是要学生由单纯的听课者变成在所有的教学过程中都是主动的积极的参与者、实践者。所以，推行研究性教学，要培养学生自主学习的能力。一是培养阅读文献的能力。研究性教学要求学生将各门学科知识进行相应的综合化理解，通过他们的主动行为、探索过程将知识内化到自己的认知结构中去,变成自己的东西,也就是把书本上的东西内化为自己的素质。二是培养学生搜集文献资料的能力。除了要让学生知道文献在什么地方,什么文献是有价值的,哪些期刊和著作是重要的,还要让学生掌握搜集文献资料的技术和工具。三是让学生学会小组学习。学生不能只会一个人学习,还要在或大或小的团队中学习。学会小组学习,就是要学会合作与互助,学会求同存异,学会宽容忍让。这些能力和素质都是学生走向社会所必备的。四是让学生学会表达。研究性教学要求学生不仅学会口头表达,而且要学会书面表达。这样的学生走向社会才能与人相处,才会与人共事。

第四,更新教学和管理制度。研究性教学要求学生有大量的课外学习时间,如果教学制度要求学生修习课程太多、课堂教学时数太多、学分要求过多,学生就没有时间自主学习,教师也难以组织起研究性教学。要调整和改革教学制度,使其适应研究性教学的要求。如果工作量的计算只包括课堂教学时数,那么,教师只需要把课堂教学时数要求应付下来,就算完成了教学工作量。这样的办法是不符合研究性教学要求的。还有评价制度,原来的教学评价标准重点考察教师讲课,讲的学生满意就好。这样的标准与研究性教学的要求是不一致的,所以也需要改革。

第五,为教师和学生开展研究性教学提供支持和服务。研究性教学对教师和学生的要求很高,有时候这种要求往往不是教师和学生能够自己解决的,需要学校和教务等部门提供相应的支持和服务。这种支持和服务不只是精神上的,还包括诸多具体的要求。比如,如何组织大班的研究性教学,教师没有经验,教务部门应当组织相关探讨，提出一些规范，指导教师的教学，也可以组织相应的教学培训。教学督导、老专家要在研究性教学上给教师指导，不能按照传统教学的要求来指导，而是要更加注重教师怎么组织教学、学生怎么学习、学到了什么、学生得到了什么样的发展，要从这样的角度来指导教师的教学、学生的学习。图书馆和院系资料室要给教师和学生提供相应的支持，有些资料网上有，就可以普遍使用；有的著作杂志只有一两本，数量有限，教务部门就要提供相应的资料服务工作。推行研究性教学，教务、学工部门不能只是管学生的学籍、考试、思想政治、表现、评奖等工作，还要关注关心学生的学习过程，为学生进行研究性学习提供各种各样的辅导和帮助，要关心学生的学习基础问题、学习方式问题、学习态度问题等；针对不同年级学生的学习情况和可能出现的各种问题，提供各种不同的支持、服务与帮助。

此外，学校还应提供相应的环境条件保障。要有各种各样的教室、讨论室；学生也应有自己的研究室或工作室；图书馆可以设置各种规模的讨论室，设置各种各样的小隔间，供教师和学生个人学习、研究使用。做好了上述工作，研究性教学就大有用武之地。

（原载《中国大学教学》2012 年第 8 期）

论学分制的教育原理及实施的原则要求

改革开放之初，我国少数大学开始进行学分制改革试点，至今几乎各级各类大学都实行了大体相同的学分制。不论是实行“完全学分制”的，还是实行“学年学分制”或“弹性学分制”，都在进一步深化改革，以期建立更有效的教育教学体系。但是，由于多数大学只注意到学分制的形式要求，缺少对其实质的关注，所以，深化改革工作颇为艰难。笔者试图从学分制实施的情况入手，剖析学分制改革的误区，阐述学分制的教育原理，探讨可供选择的实施策略。

学分制改革的误区

学分制在大学的推行曾经令人耳目一新。它一改以往铁板一块的教育教学制度，给予学生一定的自主选择空间，使学生可以在课程、学时等方面根据自身需要或兴趣进行选择，为学生个性化的发展创造了条件。很多大学在初步试验后，发现学分制确实对新时期人才培养改革有重要的促进作用，便积极推广或深化改革，但结果不尽如人意。究其原因，主要是在有关学分制的认识和做法上出现了偏差，致使学分制改革陷入了难以自拔的误区。

一、学分制是与学年制相对的教学管理制度

在进行学分制改革时，很多大学所持的基本观点是，学分制是与学年制相对的一种教学管理制度。确实，在实施学分制改革之前，我国大学所执行的是学年制，学生除不可抗拒的原因可申请休学、延迟毕业外，不论学科专业、兴趣爱好或学业程度差异一律按规定的学年完成学业并毕业离校。这种制度刻板僵化，没有弹性。在整个受教育过程中，学生自己没有选择的权利，也没有选择的空间。在这种制度下，人才培养工作整齐划一，共性有余，个性不足。正因为如此，当学分制被引入时，很多大学因其弹性而将它与学年制联系起来，有的甚至直接将它看作是与学年制相对的教学管理制度。例如，《四川大学学分制条例（试行）》第二条规定："学分制是相对于学年制的一种教学管理制度。"[①] 其实，将学分制作为一种与学年制相对的教学管理制度是没有依据的。因为世界上没有哪一个国家的现代高等教育是没有明确而严格的学制规定的，学年制是所有大学共有的教育教学基本制度。我国很多大学之所以将学分制与学年制相对立，完全是一种误解。造成这种误解的主要原因在于我国施行学分制改革时，大学实行的是一种严格的计划管理体制，也就是一种在规定学年的

---

① 《四川大学学分制条例（试行）》，［EB/OL］.［2011-09-03］. http://wenku.baidu.com/view/042079f69e31433239689357.html。

基础上的高度刚性的人才培养制度，在本质上并非学年制。理解上的偏差导致很多大学认为，进行学分制改革的目的就是为了破除所谓的学年制给人才培养带来的弊端。

二、学分制可以让学生根据自身情况提前或延迟毕业

不少大学在推行学分制时都持有一个重要的主张，即学生的学业基础和努力程度存在差别，实行学年制，就会有一部分学有余力的学生因吃不饱而浪费了光阴，另一部分学习吃力的因跟不上教学进度而成为问题学生。为此，实行学分制可以让学有余力的多修课而提前毕业，让学习吃力的少修课而延时毕业，甚至可以让有意停学打工的获得一定的便利。例如，《上海第二工业大学学分制实施方案（试行）》规定："允许学有余力的同学比一般同学多选读课程，提前修满培养计划规定的学分和环节，提前毕业。允许部分同学自主安排学习进程，延长学习期限。学习年限最长本科为6年，三年制高职为5年（二年制高职为4年）。"[①]这种将学分制与提前毕业或推迟毕业直接联系起来的做法，表面上看似乎没有什么不妥，但深究起来就会发现，学分制本身与提前或推迟毕业并无必然联系。因为客观上讲，学生的学业基础、智力水平和努力程度本来就是存在差别的，无论实行什么样的教育教学制度，都应当尊重和承认其差别。学分制的目的并不在于鼓励学生提前毕业，也不是为了便于学生推迟毕业，而在于提倡

① 《上海第二工业大学学分制实施方案（试行）》，沪二工大教［2007］70 号［EB/OL］.［2011-09-03］. http://www.shspu.edu.cn/web/jwc/index?ipc_action=true&ipc_source=JournalListPortlet_INSTANCE_FBJl&_ipc_companyId= idsignet.com&_ipc_articleId=7092&_ipc_groupId=1017&_ipc_version=1.0。

和鼓励一种新的教育教学质量观。

三、学分制就是为了让学生多选课

有人认为，选修（课）制是学分制的核心，[①] 这是有道理的。因为在一般意义上，学分制只以学分作为计算学生学习的质量，而无关学生修读了何种课程。至于学生在校学习期间应当修读多少课程，一则取决于学制长短，二则取决于总学分的要求。在学制和总学分一定的情况下，学生能够修读的课程总量是确定的。但在学分制的实施中，部分大学却将学分制与学生多选课挂钩，甚至将学分制与学生学习第二专业相联系，鼓励学生学习第二专业，攻读第二学位。如《山东理工大学学分制改革方案》要求："要让学生能够根据自己的学习成绩、志趣和就业取向选择专业；要创造学生学习第二专业的条件、开设足够数量的选修课程，以满足素质教育的要求、张扬学生的个性。"[②] 也就是说，学分制改革不仅要让学生在第一专业选修更多的课程，还要让学生选修第二专业的课程。这种将学分制与多选课挂钩的做法尽管不无积极影响，但并没有充分的依据。学分制并不必然要求学生多选课，更不必然要求学生在修读第一专业的同时修读第二专业。学分制所关注的是学生的学分定额，至于各类课程在总学分中所占的比例，则由大学根据自身人才培养目标与规格来确定，而与

---

①　薛成龙、邬大光：《论学分制的本质与功能——兼论学分制与教学资源配置的相关性》，《北京大学教育评论》2007 年第 3 期。

②　《山东理工大学学分制改革方案》，［EB/OL］.［2011-09-03］. http://jwch.sdut.edu.cn/。

推行学分制与否没有必然联系。

四、学分制有利于培养创新型人才

如何培养创新型人才一直是我国高等教育面临的主要问题。一些大学在推行学分制改革时，都宣称它有助于解决我国高等教育存在的痼疾，有利于培养创新型人才。如《西南政法大学学分制改革实施意见》提出的指导思想是：坚持科学发展观，以转变教育思想和教育观念为先导，坚持以人为本的教育理念和因材施教的教育原则，深化教育教学改革，优化教学资源配置，立足学校实际，积极探索多样化人才培养模式，促进学生个性化发展，提高学生的社会适应能力，全面落实在长期办学中形成的“厚基础、宽口径、强能力、高素质的务实创新人才”的培养目标，不断提高办学水平和人才培养质量。学分制改革的工作目标的第一条是：全面落实科学发展观，体现“以人为本”教育理念和因材施教的教育原则，着力培养学生的“学习能力、创新能力、实践能力、交流能力和社会适应能力”。[①] 教育理论研究和实践经验表明，创新型人才培养不是由学分制所决定的。学分制与创新型人才培养之间并非线性因果关系，实行学分制可能既无益于也无害于创新型人才培养。换句话说，学分制改革解决不了创新型人才培养存在的问题。将创新型人才培养与学分制直接挂钩，无疑是无限放大了学分制的作用。

---

① 《西南政法大学学分制改革实施意见》，[EB/OL].[2012-01-25].http://news.swupl.edu.cn/Article/ShowArticle.asp?ArticleID=5460。

五、学分制有利于按成本收费，提高人才培养质量

在学分制改革过程中，很多大学都设想实行按学分收费，部分大学经过论证和尝试，正式推出了学分制收费办法，将按学分收费与成本分担、鼓励学生自主选择、增强学生学习的责任感以及培养个性化人才等联系起来。如《武汉大学全日制普通本科生学分制收费管理办法（试行）》在《总则》中阐明，实施学分制学费收费的目的在于："推进和完善学分制，充分发挥教师的主导作用和学生的主体作用，促进学生个性化发展，充分利用和共享优质教学资源，提高人才培养质量"，"鼓励学生自主学习"。[①] 按学分收费确实可以为学校收费带来便利，因为实行按学分收费后，学生多修学分、重修学分，就可能比按学年收费需要缴纳更多的学费，学校便因此增加收入，学生提前毕业也不会少缴学费。但若将按学分收费与发挥教师的主导作用和学生的主体作用、鼓励学生自主学习、促进学生个性化发展甚至提高人才培养质量等相联系，这就给学分制改革赋予了太多的意义，使之变成了一种解决人才培养质量问题的灵丹妙药。实际上，学分制与按成本收费之间不存在必然联系，因为前者是19世纪后期就已经建立起来的制度，后者却是20世纪后期才出现的观念。

综上所述，在学分制改革中，各种误区的存在表明学分制承载了太多的期待。人们希望它能破解高等教育发展过程中长期存在的弊病，化解高等教育改革引发的一系列新的矛盾。尽管人们有这样的期待是可以理解的，但这样的期待却无助于推进学分

① 《武汉大学全日制普通本科生学分制收费管理办法（试行）》，[EB/OL].[2012-01-25].http://jwb.whu.edu.cn/Archives/2011-09/2864.htm。

制改革，因为它远远地超出了学分制本身所能发挥的作用范围，实际上这种期待也是不可能实现的。很多大学学分制改革之所以陷入困境的根本原因就在于此。

学分制的教育原理

学分制不是万能的，它有其自身特定的功能范畴。自 19 世纪末以来，高等教育在知识、社会需要、学时和学生发展之间的关系上面临着越来越严重的矛盾。随着知识总量和类别的无限增长，以往一所大学通过聘用几名、十几名或几十名教授就能囊括高等教育应当教授的全部或大部分知识的状况已经一去不复返了，大学只能根据自身办学定位选取有限的知识领域进行人才培养活动。即便如此，大学需要教授的知识依然是庞大的，知识与来自社会职业、学时和学生发展的要求与限制是大学教育教学制度必须有效协调的问题。

首先，大学教育教学制度必须协调好知识与社会需要之间的关系。知识的增加是无限的，不论是知识的总量还是任一学科的知识，都具有无限性。这种无限性既表现在现有的知识上，又表现在知识的未来发展与创新上。任何一个人穷尽一生都不可能成为无所不通的百科全书式人物。大学也因此成为了一个知识的无限性和有限性高度统一的教育机构。现代大学区别于古典大学的一个重要特征，就在于它不再是一个自我欣赏的、主要是为了满足自我需要的教育机构，而成为一个为了满足社会需要而存在的教育机构，社会需要成了大学教育的航标。20 世纪以来，科学技术发展日新月异，科学技术应用于社会生产和生活的深度和广度不断扩展，社会对高等教育的需要日益广泛，表现出无限性。大学教育教学以不变应万变的传统方式已不能适应现代社会需要的变化，大学不得不面对无限扩展的社会需要，包括越来越多的社会行业和部门对高等教育的需要，以及各行业部门内部越来越深刻的系统的高等教育需要。很显然，一所大学不可能满足社会不断增长的无限的需要，只能选择有限的行业部门、在有限的程度上满足社会的需要。

其次，大学教育教学制度必须协调好知识与学时之间的关系。知识既是无限的又是有限的，在教育教学过程中，这种无限性和有限性统一于大学的学时之中。大学的时间是以学时为单位计算的，分天学时、周学时、学年学时、毕业学时等。大学作为社会的一种永恒的教育机构，其学时是无限的，日复一日，年复一年，大学持续不断地组织各种教育教学活动，这是大学学时无限性的体现。但就一个人在大学的学习而言，他的学时却是有限的，他必须在一定的学时内完成教育教学要求。不过，从学生的生命过程来讲，相对于在大学的短暂学时而言，他的学习时间又是无限的，此所谓“活到老学到老”。为此，从大学自身和学生的生命过程来讲，它可以根据学时的无限性来安排其办学活动，但就学生的受教育过程而言，大学却应当根据其在校学时的有限性来协调知识与学时的关系，解决知识的无限性和有限性与学时的无限性和有限性之间的矛盾冲突。

再次，大学教育教学制度必须协调好知识与学生发展之间的关系。知识的无限性和有限性的统一是大学教育教学的基础，对学生发展有着重要影响。学生发展本身具有无限性和有限性相统一的特征，不论是学生个体还是群体，其发展都是无限的，有着广阔的潜力。这种无限性不仅表现在学生大学受教育期间，还表现在其受教育之后的终生生活中。但就学生在大学学习生活而言，不论其个人还是群体的发展又都是有限的，换句话说，由于在校学时是有限的，学生的发展只能是有限的发展。不管是无限的发展还是有限的发展，都是以知识为基础的，所以，大学知识的无限性和有限性与学生发展的无限性和有限性是直接相关的，大学必须协调好知识与学生发展之间的关系。

知识与社会需要、知识与学时、知识与学生发展之间的关系是大学教育教学过程中的三大基本关系，采用什么制度来协调，不仅仅是由一所大学的办学定位所决定的，还是由高等教育发展的时代特征及相应的社会环境所决定的。总体而言，在19世纪以前的大学中，由于知识本身发展的有限性，加之社会需要有限性，而且学生的在校学时也没有非常严格的限制，所以，在知识与社会需要、学时和学生发展的关系上，大学教育教学采取了相对宽松的制度。如，通才教育教学制度，即不对学生在校的学习时间做严格的限定，为学生开出全面的足够的课程，使学生接触和掌握全部或大部分学科知识，从而培养具有宽广的知识面和广泛的社会适应能力的人才。19世纪及以前的大学培养的百科全书式的人就是这种教育教学制度的结果。20世纪以来，无限性与有限性的冲突越来越成为大学教育教学无法回避的矛盾，大学既不能无视无限性的要求，又不能漠视有限性的制约，必须在无限性和有限性之间寻求合理的平衡，以保证教育教学能够适应时代发展的要求。

学分制是能够较好地协调上述三大关系的大学教育教学制度之一。在我国学术界，关于学分制历来有各种不同的观点，择其要者，包括教学制度说[①]、教学管理制度说[②]、测量工具说[③]、教学管理方法说[④]、人才培养模式说[⑤]等。这些观点都揭示了学分制某方面的特征，对深化学分制认识发挥了积极的作用。但若从上述三大矛盾关系来看，这些观点都还没有深入到大学教育教学所面临的核心问题中去，未能为解决大学教育教学的主要矛盾提供充分的理论支持。这就是为什么学分制改革难以进一步推进的根本原因所在。

传统上，大学曾经以知识领域、教师、学习年限、课程等作为衡量学生在校接受教育教学的数量和质量的依据。在知识欠发达时期，学生在校期间完成了全部知识领域的学习并通过考核，即可毕业；或者是聆听了全部教师的授课并达到了考核要求，即可毕业；或者在大学持续学习一定的年限，完成了全部学习任务，即可毕业；或者学完了大学所开设的全部课程，考核合格，即可毕业。尽管这些教育教学制度在现代大学中已经丧失了其合理性基础，但即便在今天的大学，我们依然可以看到某些传统的印记。

学分制是大学适应现代社会发展要求而创立的一种极具现

---

① 檀仁梅：《谈谈大学试行学分制问题》，《福建师大学报（哲学社会科学版）》1979年第2期。

② 蔡国均：《谈改学年制为学分制》，《高等工程教育研究》1984年第2期。

③ 周锐：《对学分制某些提法的浅见》，《高等工程教育研究》1987年第1期。

④ 甘连生：《探索我国学分制的特色》，《高等工程教育研究》1990年第1期。

⑤ 张士杰、谢咏才、刘尚民：《充分发挥学分制的灵活性多样化多层次多规格培养人才》，《高等农业教育》1988年第6期。

代性的教育教学制度。它具体产生于何年、为何人所首创已无从可考，但最早为哈佛大学于19世纪末开始采用则为学术界所公认。它是在选课制的基础上发展起来的，将以往曾经作为衡量尺度的知识领域、教师、学习年限和课程等具体的衡量物用一个抽象的概念来代替，使大学在教育教学上的投入和学生在大学的学习状况都包含在一个不具特定意义的数学符号上，简化了大学计量学生学业完成情况的标准和方法。

学分制创新了大学教育教学的评价尺度，其意义不止在于大学有了新的学生学业计量标准和方法，或者说其本质的意义并不在此。由于用学分作为大学教育教学的评价尺度，大学教育教学组织进入了一个新的境界，大学由此可以超越由具体的知识领域、教师、学习年限和课程等来组织、协调全部教育教学工作。众所周知，大学是以学科（知识）为基础的教育机构，不同学科的知识领域往往由一组不同层次、不同类别甚至不同性质的课程构成，在学科规制下，各知识领域成为学生受教育的去处。一所大学的课程往往在数百门甚至数千门。在知识高度发达的时代，多种多样的学科门类和纷繁复杂的知识领域使大学教育教学常常在无限性的知识面前手足无措，难以有效地进行组织和协调。如何编排数以百计、千计的课程教学秩序，是大学教育教学组织面临的主要难题。学分制将不同学科、不同知识领域的课程统一换算为学分，按照学分来组织各学科和知识领域的教育教学活动。

社会需要是现代高等教育的主要服务面向。为了使各学科、各知识领域的教育教学能够适应社会需要，大学开办了各种各样的专业，从而将知识与社会需要有机地结合起来，提高了人才培养的有效性。在专业成为大学人才培养的单位之后，一方面，大学教育教学由此而变得相对简单化，因为大学只需按照社会对专业的要求来组织教育教学工作就能使人才培养适应社会有关行业部门的需要；但另一方面，大学教育教学同时又变得复杂化。尽管专业教育教学的组织倾向于简单化，然而，大学在人才培养上要做的不只是专业教育教学，也就是说，大学不只是承担了满足社会需要的使命，还承担了传承人类文明、塑造优良人格的人文使命。如何处理专业教育与人文教育的关系，协调满足社会需要与人文发展的关系，成为现代大学教育教学组织不能回避的课题。学分制的采用为协调专业教育与人文教育的关系提供了一把重要的钥匙。不论专业教育还是人文教育，大学均将其要求换算为学分，从而摆脱了深陷于各专业教育之间、专业教育内部、专业教育与人文教育之间的关系之中而不能自拔的困境，而只需根据学分的分布与构成来编排相关教育教学活动。

学时越来越紧张是现代大学不可逾越的难题，其根本原因在于知识在快速地得到扩充、社会需求日益多样而复杂化。在科技革命时代，知识的海量增加既为大学提供了更加丰富的教育教学素材，同时也更加剧了知识与学时之间的矛盾，增加了大学教育教学组织的困难。社会需求的日益多样化和复杂化更增加了协调学时与满足社会需求之间矛盾的难度。由于学生在校学习的时间是确定的，不可能因知识的不断增加而延长，因此，大学面临着越来越难解的课题：大学如何将海量的知识合理有效地组织起来，为学生提供更加完善的教育；如何在一定的学时内更好地满足日益复杂的社会需求，增强学生的社会适应能力。学分的引入使得在知识、社会需求和学时之间有了一个新的平衡工具。在学分制下，大学的学时被换算成具体的学分，既有总学分，又有单个学分，大学和学生可以从满足教育目标要求出发，利用学分来分配和组织教育教学活动，而不必纠结于学时的短缺。

学生发展评价历来是大学教育教学的困难所在。进入现代社会，不但高等教育面对的社会需要变化不定，而且学生个体需求与发展也在不断更新。所以，现代大学不只关注学生在校内的发展，还要高度重视学生的社会发展；不只关注学生在大学期间的发展，还要高度重视学生的终身发展；不只关注学生内在品质的发展，还要高度重视学生的外在素养和各种适应能力的提升。如此一来，学生发展评价更成为现代大学颇为棘手的问题。学分制实施以后，学生发展被置于学分尺度之下，学生发展的各具体维度之间的关系被凝聚于学分和学分绩点等抽象概念之中，成为数学演算关系。这样一来，学生发展评价便不再是困扰大学教育教学的问题，只要建立了比较完善的学分制，学生发展就能得到比较合理的评价。

因此，学分制是在新的时代大学所采用的一种旨在协调知识、社会需要、学时和学生发展之间关系的教育教学制度，任何将其理解为只是具有某种单一目的教育教学制度的认识都是片面的。学分制有着丰富的内涵，表面上看，它将大学教育教学面临的复杂的无限性与有限性之间的关系通过抽象的学分配置和数学运算呈现在大家面前。实质上，它包含了具有浓厚的现代元素的现代大学教育理念和精神，是现代大学所依靠的基本的教育教学制度。

在较早实行学分制的欧美各国，虽然不同的大学在学分制的具体方式上略有差异，但共有的元素却是我们不能忽视的。由于我国与美国大学学制相近，本科教育一般都要求四年完成，所以，这里主要以美国大学为例来阐述学分制的主要元素。

第一，总学分要求。总学分是大学对授予特定学位所要求修读的全部课程和相关教育活动学分的总量。总学分一般与课程学分绩点相联系。各大学之间在总学分上常常有着不同的要求，很多大学授予的相同层次学位所要求的总学分数是不同的。如斯坦福大学对文学士、理学士和文理学士等三种学士学位的学分要求为不低于 180 个。[①] 麻省理工学院则要求本科生在完成 17 个学分的学校普通教育要求后，根据其所修专业完成 180—198 个学分的专业学习任务，方可获得理学士学位。[②] 华盛顿大学圣路易斯分校对文学士学位的总学分要求是 128 个，且平均学分绩点不低于 2.0；对文学士和文学硕士连读总学分要求为 134 个。[③] 总学分要求是各大学实施学分制的共同要求，是协调大学提供教育教学资源的总量与学生学习的质与量的工具。可见总学分的要求有两方面的作用：一是表明大学为每位学生提供的教育教学资源总量；二是代表学生在校期间必须完成的总的学习任务的质与量。前者往往被很多大学所忽视，而即便是后者，人们也常常只注意到对量的要求，而忽视了对质的要求。

① "University Requirements,"［EB/OL］.［2012-01-29］.http://www.stanford.edu/dept/undergrad/cgi-bin/drupal_ual/AP_univ_req_index.html.

② "Graduation Information for Undergraduate Students,"［EB/OL］.［2012-01-29］.http://web.mit.edu/registrar/graduation/ugrad_requirements.html.

③ "The 2011-12 Undergraduate Catalog,"［EB/OL］.［2012-01-31］.http://bulletin.wustl.edu/pdfs/fullcatalog-2011-2012.pdf.

第二，最低最高学分要求。实施学分制的大学通常会规定学生每学期或学年修读学分的上限和下限，① 即最低最高学分要求。这是针对学生每学期或学年应当修读课程的学分数而做出的规定，最低学分要求是为了避免学生因每学期或学年修读课程学分过少、学习负担过轻而导致延迟毕业；最高学分要求是为了避免学生因每学期修读课程学分过多、学习负担过重而导致身心健康受影响，或者对课程敷衍应付而导致降低学习质量。如塔夫茨大学要求人文学院和工学院的学生在四个学年的各学期所修课程不得低于相应的学分数。② 卡内基·梅隆大学规定四年的毕业总学分是 360 个，每学期的学分数在 45—49 个。每个系都规定了学生正常的学习负担，各学院也制定了严格的有关超负荷学习的政策。学生每学年所修学分课程成绩必须达到一定的标准。各年级标准不同，总的来讲是逐年提高。一年级的学分平均绩点必须达到 1.75，二年级必须达到 2.0。如果达不到每学期的学习要求，学校将视学生成绩情况予以相应的学术处分，包括试读、暂停学习和退学。学生如果要修读超过正常学习负担的学分课程的话，必须得到学术顾问的同意，且表现出能够胜任正常的学习负担，标志是他上一学期所修读课程学分的平均绩点达到 3.0。新生和转学生在第一学期的学习负担不得超过正常值。③ 在乔治

① 聂福茂等:《公安高等院校实施学分制探讨（笔谈）》,《湖北警官学院学报》2003 年第 2 期。

② Bulletin2011-2012 [EB/OL]. [2012-01-31].http://uss.tufts.edu/stuServ/bulletin/Tufts%20Bulletin2011_2012.pdf.

③ “Undergraduate Academic Regulations,” [EB/OL]. [2012-01-31].http://coursecatalog.web.cmu.edu/servicesandoptions/undergraduateacademicregulations/.

城大学，学习是学生最重要的职责。学校要求学生每周课外学习时间不得低于30小时，也就是说，每3个学分的课程至少要有6小时的课外学习时间。[①] 由此可见，实行学分制并不是说学生就完全“自由”了，可以想修读多少课程就修读多少课程，想什么时候毕业就什么时候毕业，而是受到严格限制的。这种限制恰恰是为了保证学生发展的质量。

第三，必修选修学分要求。在学分制所要求的学分课程中，各大学都规定了必修和选修课程学分，这一规定是基于大学对自身教育使命、学科知识要求和社会需求的综合评判而做出的，对保证学生发展质量具有重要意义。在各大学的规定中，必修课所占的比重一般较小，选修课所占的比重一般较大。选修课通常又分为结构性选修课和任意选修课。如哥伦比亚大学要求本科生修读124个学分的课程，且平均成绩绩点不得低于2.0。全部课程由三个部分构成：核心要求、专业要求和任意选修课。[②] 雪城大学惠特曼管理学院本科生必须至少修读121个学分的课程，其中，有63个学分的课程是指定必修的，有46个学分的课程是结构性选修的，另有9—12个学分的课程是任意选修的。[③] 卡内基·梅隆大学将全校所有课程都纳入学生自由选修课的范围。[④]

---

① “Undergraduate Bulletin 2011-2012,”[EB/OL].[2012-01-31].http://bulletin.georgetown.edu/regulations3.html.

② “Degree Fulfillment,”[EB/OL].[2012-01-31].http://www.gs.columbia.edu/degree-fulfillment.

③ “Undergraduate Programs,”[EB/OL].[2012-01-31].http://whitman.syr.edu/Undergraduate/Academics/requirements.asp.

④ “College of Humanities and Social Sciences,”[EB/OL].[2012-01-31].http://coursecatalog.web.cmu.edu/collegeofhumanitiesandsocialsciences/#academicstandardsregulationsandprotocols.

选修必修学分要求反映的是一所大学对学生素质能力结构发展的目标期待，总体而言，必修选修学分要求反映的主要是大学对学生应具备的素质能力宽度和深度的期待。宽度与深度的结合是现代大学教育教学的必然选择，但宽度与深度要求不是完全割裂，而是相互交织的，在必修和选修学分要求中都包含了宽度与深度的目标期待。

第四，通识教育和专业教育学分要求。通识教育和专业教育学分要求是学分制的普遍规定，当然，不同的大学所使用的概念有所不同。麻省理工学院所用的概念是学校普通教育要求共 17 个学分，交流要求共四门课程，体育要求，学系教育计划，任意选修课程。学系教育计划，即专业教育要求，包括 180—198 个学分；任意选修课程不低于 48 个学分。[①] 而卡内基·梅隆大学所用的概念是通识教育和专业教育。其通识教育包括五个领域的课程：交流能力，即语言与表达；反应能力，即社会与文化；建模，即数学与实验；决策能力，即社会科学与价值；创新能力，即设计与制造。通识教育的框架反映了理想的学习环境的核心特征和大学的核心精神使命。[②] 华盛顿大学圣路易斯分校在要求学生修满通识教育学分和任意选修课程学分后，修读不低于 18 个学分、位阶在 300 或以上的专业课程，且成绩不低于 C 等。[③] 从一般意义

① "Bachelor of Science Degree Requirements," [EB/OL]. [2012-02-01]. http://web.mit.edu/catalog/overv.chap3-chart.html.

② "College of Humanities and Social Sciences," [EB/OL]. [2012-01-31]. http://coursecatalog.web.cmu.edu/collegeofhumanitiesandsocialsciences/#academicstandardsregulationsandprotocols.

③ Bulletin2011-2012 [EB/OL]. [2012-01-31]. http://uss.tufts.edu/stuServ/bulletin/Tufts%20Bulletin2011_2012.pdf.

上讲，通识教育和专业教育学分要求是协调学生综合素质和能力发展与适应社会职业需要的素质和能力发展关系的手段，学生修读通识教育学分课程不仅能为专业教育打下必要的基础，更重要的是能够促进学生身心的和谐发展；学生修读专业教育学分课程也不仅仅是满足社会职业需要，而且还能使其获得实践身心和谐发展的广阔空间。

第五，高低学年（高阶低阶、先修后修）学分要求。高低学年学分要求旨在为学生建构一个由简而难、循序渐进、知识结构合理的学习和发展路径，从而避免学生在课程选择中就简避繁，尽选低年级课程或比较容易的课程修读，而导致学习程度偏低、学习质量不高的问题。如约翰·霍普金斯大学工程专业理学学士学位的专业教育学分要求为不少于 75 个位阶为 E、Q、N 的课程学分，其中，至少 30 个学分课程的位阶在 N 或 Q；最少 6 门课程的位阶在 H 或 S；两门高级写作课程，每门课程不低于 3 学分。[①] 华盛顿大学圣路易斯分校要求学生在 120 个学分课程中必须至少修读 30 个高级学分课程（即位阶在 300、400 和 500 的课程）。[②] 高低学年课程学分要求将学生的学习纳入一个有序发展的轨道，遵循人的身心发展规律，由简单到复杂，由广博到专深，由基础到专业，使学生在完成大学全部学习任务后，能够成为各方面素质和能力和谐发展的高级专门人才。

第六，课程和非课程学分要求。在学分制中，除了赋予各门

---

① "General Requirements for Departmental Majors,"[EB/OL].[2012-01-31]. http://www.jhu.edu/~admis/catalog/hopkins/department_majors.pdf.

② "The 2011-12 Undergraduate Catalog,"[EB/OL].[2012-01-31].http://bulletin.wustl.edu/pdfs/fullcatalog-2011-2012.pdf.

课程一定的学分数，按照课程学分的数量和质量来评价学生的学习情况外，很多大学还规定了一些非课程教育教学活动或项目也可以折算或冲抵一定的学分，以弥补课程教学的不足。如阿肯色大学小石城分校要求新生参加12个学时的新生入门学习或活动，记入学分范畴；自2008年开始，将军事服务纳入学分计量的范畴，但要求学生出具军事部门提供的书面证明。[①]卡内基·梅隆大学规定学生最多可以利用9个学分的体育、军事教育和自学课程冲抵毕业学分要求。[②]大学教育的环境不止在课堂，很多课外活动也有重要的教育意义，尤其是在学生个性和社会性的发展上具有不可替代的价值。课程和非课程学分要求就是要充分利用大学教育的各种条件，将课内和课外教育结合起来，为学生和谐发展创造适宜的环境。

第七，本校和非本校学分要求。现代大学教育处于一个开放的环境之中，一所大学无论多么优秀都不可能囊括人类文明的精华，况且学生接受高等教育的目的各不相同，每一个学生的需求都是多种多样的，所以，在教育教学中，加强相互之间的交流与合作成为现代大学办学的重要手段。为此，很多大学在学分制中都规定了本校和非本校课程学分要求，既要确保学生在本校能够接受充分而有效的教育，又要为学生在其它学校接受到能够满足其多样化需求的教育提供途径。如卡内基·梅隆大学规定，本科

---

① Catalogs[EB/OL].[2012-01-31].http://ualr.edu/academics/index.php/home/catalogs/.

② “College of Humanities and Social Sciences,”[EB/OL].[2012-01-31].http://coursecatalog.web.cmu.edu/collegeofhumanitiesandsocialsciences/#academicstandardsregulationsandprotocols.

生在本校学习时间不得少于四个学期，或累计达到四个学期的时间，完成不少于180个学分的学习任务。① 华盛顿大学圣路易斯分校要求学生最后修读的30个学分必须是本校的，且需住校学习。② 塔夫茨大学允许学生从其它得到认证的大学转入部分课程学分，其中，人文学院学生可以转入17个学分，工学院学生可以转入19个学分，且成绩不低于C级。③ 在总学分中，本校学分通常占绝对优势，非本校学分主要发挥补充作用。本校学分和非本校学分要求既有助于学生在本校获得教育认同，又为学生谋求多样化发展提供了空间。

学分制包含的内容不止是上面所罗列的七个方面，很多大学学分制还包括了函授学分规定、中学先修学分规定、全时学习学分规定、部分时间学习学分规定、非学位修读学分规定等。随着社会的发展，大学学分制也在不断充实新的内容。在全球化、国际化、网络化时代，国外游学经历、国际课程、交流课程、网络课程等都被纳入学分制的范畴，使学分制表现出鲜明的时代特征。总体而言，学分制是现代大学实施的一种教育教学制度，不仅有着丰富的内涵，而且对现代高等教育发挥着重大而积极的影响。尽管如此，那种认为欧美国家大学都实行学分制的观点却并非事实。就美国而言，哈佛大学、耶鲁大学、普林斯顿大学等在本科

---

① "College of Humanities and Social Sciences," [EB/OL]. [2012-01-31]. http://coursecatalog.web.cmu.edu/collegeofhumanitiesandsocialsciences/#academicstandardsregulationsandprotocols.

② "The 2011-12 Undergraduate Catalog," [EB/OL]. [2012-01-31]. http://bulletin.wustl.edu/pdfs/fullcatalog-2011-2012.pdf.

③ Bulletin2011-2012 [EB/OL]. [2012-01-31]. http://uss.tufts.edu/stuServ/bulletin/Tufts%20Bulletin2011_2012.pdf.

教育中没有实行学分制，而是实行课程门数制，即以学生修习课程的总门数和结构要求来衡量学生学习的数量和质量。如哈佛大学要求本科生在大学四年期间必须修读16门学年（或32门学期）课程①；耶鲁大学要求修读36门学期课程②；普林斯顿大学要求文科学生在四年中最少修读31门课程，外加累计两年的学系独立工作③，而理工科学生则要求修读36门课程。④这里需要特别指出的是，学分制和课程门数制只是两种大学教育教学制度，人们对其优劣并无定论，采用哪种制度完全是大学基于自身教育教学传统和办学目标而做出的选择。

实施学分制的原则要求

从教育原理看，学分制并不是简单的大学教学管理制度，而是基本的大学教育教学制度。由于在有关学分制的观念上存在诸多误区，我国很多大学在学分制改革实践中往往舍本逐末，不得要领；有的大学甚至完全错误地理解了学分制的本意，追求一些不切实际的"目标"，致使教育教学工作陷入被动局面。实施学分制改革，大学必须根据其教育原理，遵循有关基本原则要求，

① "Academic Information," [EB/OL]. [2012-02-02]. http://handbook.fas.harvard.edu/icb/icb.do?keyword=k79903&tabgroupid=icb.tabgroup125602.

② "Requirements for the B.A. or B.S. Degree," [EB/OL]. [2012-02-02]. http://yalecollege.yale.edu/content/requirements-ba-or-bs-degree.

③ "Requirements for the B.A. or B.S. Degree," [EB/OL]. [2012-02-02]. http://yalecollege.yale.edu/content/requirements-ba-or-bs-degree.

④ "Program of Study for the Degree of Bachelor of Science in Engineering," [EB/OL]. [2012-02-02]. http://www.princeton.edu/ua/sections/13/.

走出观念和实践的误区，稳步推进行动方案，深化教育教学改革，开创教育教学工作的崭新局面。

一、静态学分结构瞄准学生的和谐发展

学分制包含了一整套学分结构。静态的学分结构体现在大学人才培养方案中。这一结构要求是大学基于自身的教育理念和理想，对人才培养目标从具有法定效力的规章上进行的规范，是大学对所培养人才的综合素质和能力的文本描绘。与静态学分结构有关的因素很多，包括学科专业知识之间的关系、社会职业需要及其变化、大学自身的基础和条件、可以利用的学时以及学生的发展要求等。其中，学生的发展要求是核心，所有其他因素都是围绕学生发展要求来组织协调的。在学分制推行中，我国大学应当根据自身使命和时代要求，瞄准学生和谐发展，建构静态的学分结构，为培养适应社会需要的高素质人才奠定基础。以学生和谐发展为中心建构静态学分结构应当处理好四种关系：

一是通识教育、专业教育和任选课程学分结构关系。这种学分结构关系既包括了各类课程学分的数量关系，又包括了各类学分课程的秩序关系。学生的和谐发展在不同类型、不同水平、不同地域的大学之间是有区别的，不同的大学应当根据自身办学定位和实际条件，科学地协调知识、社会需要、学时与学生发展的关系，合理确定三类课程学分比例关系。

二是必修和选修课程学分结构关系。这种关系既存在形式上的关系，又存在实质上的关系。所谓形式上的关系，是指由对必修和选修课程学分的数量规定所构成的关系；所谓实质上的

关系,是指必修和选修学分数所代表的不同的课程内容之间的关系。很显然,前者应当以后者为基础。

三是高低年级课程学分结构关系。在四年学制中,学生从第一学年到第四学年的学习应当是有序递进、循序攀登的过程。根据学分制的要求,大学应从不同年级修课学分要求出发,按照由简到繁、由博到专的顺序,赋予各门课程一定的位阶,以便学生能够根据自身所处年级和学业基础去选择。

四是课程和非课程学分结构关系。大学应当充分利用有利的校园环境和课外教育条件,使学生不仅求学于课堂,而且还受教于课外。在实施学分制的改革中,大学不能只是在课程学分上做文章,还应当高度重视非课程学分的影响,有效利用课外教育教学活动,促进学生健康成长。

二、动态学分结构关注学生学习负担

学分制所建构的静态学分结构是一种理论上的教育教学方案,大学实际的教育教学工作既受到静态学分结构的影响,更受到动态学分结构的制约。动态学分结构是指学生实际所修课程学分之间的关系,包括数量关系和质量关系。数量关系是指各学期或学年学生所修读课程学分数量占总学分要求的比例,质量关系是指各学期或学年学生所修学分课程之间的关系。前者要求学生在四年学习期间所修读课程的学分量在各学期或学年保持均衡,使自身的学习负担控制在可接受的范围之内;后者要求学生各学期或学年在选修课程时,不能只是单纯地考虑学分要求,还要注重合理地建构自身的知识体系和学习秩序,理性地把握自己的学习节奏,从而达到促进自身和谐发展、健康成长的目的。

实施学分制,必须保持合理的动态学分结构。比较而言,调控动态学分结构更难于调控静态学分结构,因为前者是以学生个体为对象的,需要对学生的主体选择行为进行必要而有效的干预。在动态学分结构的调控中,大学应当重视三种现象:

一是负担过轻。导致学生学习负担过轻的原因可能是所修学分课程过少或课程程度偏低,大学应当针对具体原因进行必要的调控,保证学生所修学分课程的数量和质量与其学业基础和能力水平相匹配,并达到学期或学年修读课程学分要求。

二是负担过重。这是很多学生面临的现实问题,主要原因往往在于学生有一种误解,以为多修课就能早日达到毕业要求,可以提前毕业。殊不知,若修读学分课程过多,应付不过来,上课就如同赶场,即使勉强通过考试拿到了学分,学习质量也不会很高。平衡学习负担是学分制实施的基本要求,大学应当破除将学分制实施与提前或推迟毕业直接挂钩的错误观念,引导学生适量修读学分课程,保持适当的学习负担,扩大每一门课程的学习内涵,提高学习的有效性。

三是学习困难。学习困难是大学教育教学过程中不可避免的正常现象,但学习困难问题如果得不到解决,就可能出现"挂科"甚至难以继续学业的后果。在学分制实施中,学习困难现象似有增加的趋势,原因是多方面的,与学分制相关的原因包括学生盲目选课和学习支持服务缺位。要保证学分制达到预期目的,大学应当改变完全放任学生自己选课、自己承担修课后果的做法,建立学生选课指导体系和学习支持服务机制,给予学生有效的选课指导和学习支持,将学习困难问题化解于问题萌芽之时,杜绝于教育教学过程之中。

三、高度重视大学间学分互认

任何一所大学都不可能包揽全部人类文明知识领域,不可能全面满足所有学生的发展要求,大学需要相互交流与合作。但很多大学却对教育教学交流与合作并不积极,哪怕是同城、同区域的大学之间,教育教学交流与合作也非常有限,尽管都实施了学分制改革,但学分互认并没有受到重视。开放办学、相互支持、取长补短、共同发展,应当成为我国大学改革与发展的重要战略。实施学分制更有利于大学间实现学分互认,加强教育教学的合作与交流。

学分互认是大学教育的需要,更是学生发展的要求,不仅有助于促进大学间优势互补,间接地还有助于大学明确办学定位,着力办出特色,不断提高水平,增强学术竞争实力,而且有助于学生在大学之间利用教育教学资源,汲取多样化的学术营养,实现个性化、多样化发展。大学间学分互认主要包括四个范畴:

一是同城大学学分互认。我国大学分布相对比较集中,在中心城市和各省会城市,往往集中了办学条件较好、教育教学质量较高的一批大学,这些大学之间具有最便利的条件实现学分互认,应先行一步。

二是同区大学学分互认。同处于一个区域的大学,相互之间一般都有着大致相同的地理位置和社会文化环境,对办学中问题的认识也比较容易取得共识。推进同区大学间学分互认,有助于大学逐步实现办学联盟化，从而发挥更大的办学效益。

三是全国大学学分互认。这是我国高等教育走向全面开放、全国交流的要求，它的实现将促进我国大学实现跨区域联合办学，并有助于在全国范围建立我国高等教育的优势。

四是国际大学学分互认。部分大学已经迈出了重要步伐，与国外有关大学开始了各种形式的学生交流，其实，这种交流中就包含了学分互认的内容。与国外大学学分互认是我国高等教育走向世界，实现国际化的重要途径。我国大学应当积极行动，以学分互认为着力点，加强与国外大学的教育教学交流合作，在更广泛的范围开展教育教学资源的交流与共享，促进教育教学的国际化。

四、开发基于学分制的教育教学资源

实施学分制需要有与之相适应的教育教学资源作基础。学分制重视学生的多样化、个性化选择，注重满足每一个学生个性发展的需要，这既是大学教育教学应对高度发达的学科专业教育要求的基本策略，也是大学教育教学满足日益复杂多样的社会需要的必由之路。学生的多样化和个性化发展对教育教学资源的要求很高，不仅要求资源总量丰富充分，而且要求种类层次多样。以学生为中心已经成为人们公认的大学教育基本理念，但是否能够落到实处，最为关键的标准就在于大学的教育教学资源开发与配置是否能够满足学生多样化、个性化发展的要求，是否能够使每一个学生接受到他所希望的满意的教育。基于实施学分制的要求，大学应当做好五个方面的资源开发：

一是教师资源开发。学分制对教师资源的要求既表现为教师的数量要充分,更表现为质量要优良。换句话说就是,一所大学的每一位教师的教学水平和质量都应当达到学生满意的要求,大学应当以学生满意为标准来配备教师。那种让新教师先适应、再提高,若干年以后才能达到让学生基本满意水平的教师配备制度,不符合学分制的要求。学分制不允许大学以牺牲学生质量为代价来让教师达到合格的要求,每一个承担学分制教学任务的教师都应当具备让学生进行比较选择的优势。

二是课程资源开发。学分制是以学生的选择为基础的教育教学资源配置方式,学生的选择主要表现为对课程的选择。学分制对课程资源开发的要求主要有三个方面。第一,课程总量必须满足学生选修的要求。一所大学的课程总量与其办学规模和学分制给予学生选修的空间直接相关。课程开发应当以大学办学规模为依据进行总量开发,以学分制对学生选课的要求为依据进行课程结构的调配。第二,课程质量必须达到学生满意的要求。数以百计、数以千计课程的质量不可能是一样的,尽管课程质量可以有差别,但每一门课程的质量必须能够让学生满意。第三,课程范围应当是开放的。学生接受高等教育首先是对大学的选择,其次才是对专业的选择。对一个学生而言,大学的所有教育教学资源,包括全部课程资源,都应当是他可以利用的。因此,课程资源开发应当拆除院系、学科、专业壁垒,将所有课程资源对所有学生开放,由他们自主选择。

三是导师资源开发。学分制离不开导师制,尽管实行学分制以后,大学赋予了学生自主选择的权利,但是,由于学生自身不成熟、经验缺乏，还由于大学使命的特殊性和知识的复杂性，学生在行使选择权利时常常存在误用、乱用的现象。这就需要大学提供相应的学术指导和支持，导师制是解决学生选择问题的重要手段。导师制既包括了对导师职责权利的规定，也包括了对导师资格和队伍建设的要求。从导师资源开发的角度讲，主要应当建设两支导师队伍：一支是专职导师队伍，聘请学有专长、接受过学生指导专业教育的人员，组成校院系各级学生导师团队，形成专职的学生学业发展导师；一支是兼职导师队伍，大学全体教师都应当兼职担任学生导师，帮助学生解决课程专业选择和学业发展方面的问题。大学应当对全体教师进行学生指导培训，将学生指导纳入教师的职责范围，建立全员参与的学生学业发展支持与服务体系。

四是教室资源开发。教室资源有广义、狭义概念之分，广义的概念包括各类教学环境和场所，狭义的概念就是指课室。这里取其广义的概念。学分制的实施对教室资源的要求趋于多样化。教室资源不仅应当满足学生修读课程和选修教学活动人数的要求，而且应当满足课程和教学活动对环境场地的要求，只有这样，学分制才能得到有效的实施，教室资源开发主要有两个方面的要求。第一，对课室资源开发的要求。课室不仅总数应当达到学生选课门数的要求，而且形式应当满足课程教学的要求。很多大学的课室不论大小千篇一律都是报告厅式的，限制了教师开展形式多样的课堂教学活动。课室资源开发应该满足各种规模的课堂教学需求，既要有可供三五人上课的微型课室，又要有可供数百人听讲的大型报告厅，使各种规模的课堂教学应该满足各有与之相适应的课室；既要关注课室的总数、大小，更要关注课桌椅的形式及其可组合性，要使教师能够根据教学需要灵活利用。第二，对其它教学环境和场所开发的要求。学分制的教育环境具有开放性，除课室以外，大学还应当加强课外教育环境建设，营造各种有利于学生成长和发展的校园教育环境，与此同时，切实加强与社会有关部门和单位的教育教学合作，开辟满足学分制需要的广阔的校外教育场所。

五是教学管理技术资源开发。实施学分制除了需要有各种有形的教育教学资源外，还需要有无形的教学管理技术资源支持。与学分制相关的教学管理技术资源主要包括学生选课系统、排调课系统、成绩管理系统、学籍管理与服务系统、教学评价系统等。这些资源主要是借助现代信息技术和网络技术，使以往完全依赖手工的教学管理业务工作信息化，方便教学管理人员和师生通过计算机终端实现自助式管理与操作。在高等教育大众化时代，大学规模庞大，学生人数动辄数以万计，信息技术和互联网为繁琐复杂的学分制教学管理提供了极大的便利。教学管理技术资源开发应当主要以学生为教学资源利用对象，特别重视解决学生选课时间集中、成绩管理复杂、学籍管理与服务繁琐等问题，为学分制的实施创造有利条件，为学生提供一个宽松、便捷、友好的教学管理网络环境。

（原载《中国高教研究》2013 年第 3 期）

第四编

大学教学改革保障

大学教学改革不只需要理念和理论，也不只需要举措和行动，还需要相应的组织、制度和机制保障。理念和理论可以来自教育学者的研究，但来自大学教师从实践经验中梳理和总结出来的理念和理论更有现实性、针对性和适用性，教师相互交流经验，从彼此获得的行动启示不仅具有实践基础，更有示范指导。大学教学改革离不开相应的组织机构创新、制度重构、质量保障推动和培训研修赋能。

我国大学教学保障改革是教学改革不可分割的一部分。改教学不改保障，教改的动力不足；既改教学又改保障，教改能得到双重赋能，教学保障能助力教学改革走得更远，更具有可持续性。

本编主要聚焦虚拟教研室、教学管理制度、学生评教以及教师发展中心等主题，探讨大学教学改革所需要的能量保障、规范保障、反思保障和助力保障，以促进现代大学教学保障体系建设。

虚拟教研室的功能与建设路径

数字化技术正在重构高等教育生态系统。高校教育教学、行政治理，乃至日常运行等受到数字技术和AI技术的深刻影响，高等教育供给组织与方式、教育教学资源形态与利用手段等正在发生革命性变化。不仅如此，高等教育的辅助支持机制因数字技术和互联网而变得更加丰富多样。虚拟教研室是利用信息技术和互联网建立起来的一种新型高等教育教学支持机制，是高等教育数字化转型的表现形式之一，是一种时代特色鲜明的高等教育教学学术共同体。它是以学科专业教学研究、课程或课程群教学研究和重大教学改革主题研究为核心，组成的全国性或区域性高校和相关机构专家学者教学研究网络。虚拟教研室改变了传统的实体教研室边界和组织方式，使教研室功能由校内拓展到全国，为高等教育创新发展和高质量发展提供新的动力支持。截至2023年12月，教育部先后批准787个虚拟教研室建设试点，依托全国282所高校，辐射带动1,700余所高校以及科研院所、企事业等开展建设，覆盖31个省（自治区、直辖市）和新疆生产建设兵团。[①]一些地方政府教育行政部门，参照教育部要求，组建了省级示范性或试点虚拟教研室，以期在省域范围发挥作用。虚拟教研室建设发展受到政府相关部门和有关高校的重视，一些发展较好的虚拟教研室的经验在全国得到推广示范。尽管如此，应当看到虚拟教研室建设只是近两年才得到推动和开展，理论研究非常薄弱，其建设和功能发挥仍处于起步阶段，其发展与有关各方的期望还有较大距离。本研究主要针对虚拟教研室应发挥的功能及相应的条件保障与建设路径等展开探讨，以期为相关高校开展虚拟教研室建设提供借鉴。

虚拟教研室的创建与功能

虚拟教研室是实体教研室的数字化变体，不论从组织方式还是功能预期看，都高于实体教研室，具有影响面更广、涉及主题更多、活动方式更加多样、服务内涵更丰富更深入、辐射力更强等特征。其作用既包括常规的高校教育教学研究和教师专业发展，又包括应用新技术开拓新的教育教学空间和生态，在更大范围促进高等教育高质量发展。

一、我国高校教研室的演变

在虚拟教研室出现之前，我国高校只有实体教研室。实体教

① 《2023 年虚拟教研室建设研讨会在武汉召开》，[EB/OL].(2023-12-25)[2024-01-01].http://www.jyb.cn/rmtzcg/xwy/wzxw/202312/t20231225_2111136326.html。

研室是高校基层教学研究机构，对高校教育教学工作发挥了重要作用。20 世纪 50 年代初期，我国高校学习苏联模式，普遍建立教研室，主要发挥教育教学研究和教学工作组织协调作用。教研室一般按照课程或专业成立，如公共课教研室、大学英语教研室、物理专业教研室等，高校往往通过正式组织程序批准成立，有的高校将教研室主任纳入干部管理，有的只是把他们作为课程或专业负责人对待。在高校人才培养过程中，教研室发挥了非常重要的作用，它既是教育教学研究机构，又是教学组织协调机构，还是青年教师培养、教学评价和相关教学问题解决机构。极少有高校将教研室作为一级行政组织机构，但它却是所有教师具体的所属单位，每一位教师都归属一个教研室，参与教研室组织开展的所有活动。

20 世纪 80 年代以后，高校改革不断深化，教研室建设遭受了严重挫折。其中，两大因素的影响尤为突出。一是高校职能的多样化。传统上，我国高校主要发挥人才培养职能，教师的主要任务是教书育人，所以，高校内部学术机构设置主要是学系和教研室，政府部门和高校对学系、教研室功能的要求主要在于人才培养，对科学研究和社会服务少有明确具体的要求。20 世纪 80 年代以后，新科技革命不仅给经济社会发展带来了新机遇，同时也带来了重大挑战，加强科学研究，跟上新科技革命步伐，促进我国经济社会现代化，逐渐成为高校义不容辞的使命。为此，高校教师不仅要承担教育教学任务，还要承担科研和社会服务等工作任务。随着高校越来越重视科研和社会服务职能，基层教研室的局限性日益显现，改革或裁撤教研室，成立学科组、项目组、研究室等为很多高校所采纳。二是高校办学规模的扩大。在小规模办学时期，学生人数少，专业数量不多，一个学系往往一两个专业，甚至规模较大的高校，一个学系也就三五个专业，最大的也不过十来个专业，总体上高校教师规模不大，一个学系几个教师，加上高校办学职能单一，所以，无论学系还是教研室，都可以比较有效地将教师组织起来发挥人才培养功能。20 世纪 80 年代中期以后，在改革开放的新形势下，提高民族素质，多出人才、出好人才成为教育体制改革的根本目的，[①] 高校办学规模不断扩大，新专业数量逐渐增多，学校、学系和教研室教师人数越来越多。高校扩招后，在校学生人数数以万计，教师规模数以千计，原有的校-系-教研室办学机制运行出现困难，一些高校尝试学院制改革，在一个学系基础上成立学院，或在若干学系基础上成立学院，实行校-院两级办学或校-院-系三级办学。在这场改革中，教研室逐步淡出了高校办学机制，教育教学研究工作也因此受到削弱。

近年来，高等教育大众化和普及化发展日益深入，提高人才培养水平和质量已成为高校内外有识之士的共识。部分高校在推进教育教学改革、创新进程中，逐步恢复教研室机制，使其在教育教学研究、教学改革、青年教师培养、专业和课程建设等方面发挥积极促进作用。部分高校制定了相关规章制度，规范和指导教研室建设。如 2016 年，《云南大学加强教研室建设的指导性意见》要求各院、各部门、各单位“以教学研究、教材建设和教师

① 中共中央文献研究室：《十二大以来重要文献选编（中）》，中央文献出版社 1986 年版，第 187 页。

培养为抓手，科学设置教研室，明晰职责与功能，不断加强建设和管理，使教研室真正成为集教学、教学研究和科研功能为一体，并能发挥其基础性作用的教师教学、科研型组织”。[①] 中央和地方政府教育行政部门十分重视恢复高校教研室机制，对加强教研室建设提出明确要求。教育部高等教育司在 2020 年工作要点中明确提出：“建立完善基层教学组织。研究制订加强高校基层教学组织建设的意见，推动高校以院系为单位，恢复设立或完善教研室等基层教学组织，实现基层教学组织全覆盖、教师全员纳入基层教学组织。推动高校制定完善教研室等基层教学组织相关管理制度，提供必需的场地、经费和人员保障，由院长、高水平教授等担任基层教学组织负责人，落实责任制，激发基层教学组织活力。”[②] 这些政策制度的实施为高校恢复建设教研室机制提供了保证。高校教研室机制的恢复建设及其积极作用的发挥为组建虚拟教研室奠定了基础。

二、组建虚拟教研室的必要性

信息技术和互联网技术发展已经深刻地影响高等教育，人工智能技术在高等教育中的应用更为高校办学开辟了新路径和新空间。高等教育质量的提高一方面取决于高校教育教学要素关系的重组和升级，另一方面取决于以信息技术、互联网和人工智

---

① 《关于印发〈云南大学加强教研室建设的指导性意见〉的通知》，[EB/OL].(2019-05-30) [2023-08-31]. http://www.jwc.ynu.edu.cn/info/1003/2039.htm。

② 《教育部高等教育司关于印发〈教育部高等教育司 2020 年工作要点〉的通知》，[EB/OL]. (2020-02-20)[2023-08-31]. http://www.moe.gov.cn/s78/A08/tongzhi/202002/t20200220_ 422612.html。

能技术为代表的高新科技在教育教学中的有效应用。如果说前一个方面主要是改革问题,那么,后一个方面更多的是创新问题。因此,改革与创新是影响我国高等教育普及化发展不能不面对的挑战。

高新科技不只是高校教育教学的新要素,还是高校迎接新时代挑战可以利用的有力手段。虚拟教研室就是教育部和高校利用高新科技提供的条件组建的新的教学研究机构。它是实体教研室的升级版,是在高等教育数字化转型发展背景下,利用信息技术和互联网建立的全国性或区域性高等教育教学研究机构。2021 年以来,教育部分三批组织评选的 787 个虚拟教研室中,围绕课程和专业所组建的虚拟教研室大多都以高校现有教研室为基础。与实体教研室相比,虚拟教研室利用信息技术和互联网条件,将众多高校教研室和教师联系在一起,共同开展教育教学研究和相关活动。信息技术和互联网是虚拟教研室不可缺少的技术条件,是各参与单位和人员相互联系的主要纽带。不仅如此,信息技术和互联网为虚拟教研室拓展活动空间、加强参与单位和教师之间的联系、开发新型教学形式与课程教学资源等提供了便利。虚拟教研室的建立是时代之需,更是高等教育高质量发展之急需。也就是说,高等教育整体质量提高和高端人才培养都需要倚仗虚拟教研室,其特殊的工作机制决定了它在高等教育发展中能够发挥实体教研室难以企及的作用。

虚拟教研室为新时代高等教育普及化发展所必需。新世纪以来,我国高等教育快速步入大众化和普及化发展阶段,大量新建高校保证了超大规模高等教育扩张需要。据统计,2000 年,全国有普通高校 1,041 所，普通高等教育本科、高职（专科）在校生 556.09 万人；普通高校校均规模为 5,289 人，高等教育专任教师 55.62 万人；[①] 到 2022 年，全国普通高校数量增加到 2,760 所，普通高等教育本科、高职（专科）在校生达到 3,659.41 万人，普通高校校均规模上升到 1.3 万人，高等教育专任教师达到 197.78 万人。[②] 与 2000 年相比，2022 年普通高校数、普通高等教育本专科在校生数、普通高校校均规模和高等教育专任教师数分别增长 165.23%、558.06%、150.69% 和 255.59%，增长幅度惊人，大众化和普及化给高等教育带来的变化是全面、深刻且巨大的。如此超大规模的高等教育发展对人才培养质量提出了严峻挑战，提升新建高校、新办专业、新入职教师的教育教学水平，使人才培养质量达到合格标准且不断提高，有必要建立跨校性教育教学促进机制，加强新老院校和不同层次水平院校之间的协作，发挥较高水平院校的帮扶作用。建立虚拟教研室，有助于发挥我国社会主义制度优势，建构全国性或区域性高等教育教学促进网络，集众智开展高校教育教学理念、组织、方法、技术和条件环境等的研究，使各高校相关学科专业办学和课程教学整体达到较高水平，奠定普及化高等教育质量的坚实基础。

虚拟教研室可能引领高等教育高质量发展方向。大众化和普及化发展带来了高等教育体系的逐步健全，不仅宏观层面的学

---

① 《2000 年全国教育事业发展统计公报》，[EB/OL].（2001-06-01）[2023-09-01]. http://www.moe.gov.cn/jyb_sjzl/sjzl_fztjgb/tnull_843.html。

② 《2022 年全国教育事业发展统计公报》，[EB/OL].（2023-07-05）[2023-09-01]. http://www.moe.gov.cn/jyb_sjzl/sjzl_fztjgb/202307/t20230705_ 1067278. html。

科专业结构和层次类型结构不断完善，而且大多数高校办学规模与院系设置和学科专业结构调整大体进入饱和稳定状态。尽管进入普及化阶段后，高等教育发展仍然面临规模增长和质量提升的双重任务，但质量提升任务愈显重要。在保持适度增量的同时，高等教育的存量应当整体性地转变到内涵建设和高质量发展上来，尤其是在中国式现代化进程中，高校应当创新教育教学模式，造就大批拔尖创新人才，发挥引领产业转型升级发展的基础作用，成为实现中国式现代化的动力源泉。在高新科技革命步伐日益加快、世界地缘政治变化不定、大国竞争日趋激烈的背景下，造就拔尖创新人才更具有紧迫性和战略意义。拔尖创新人才培养是一项系统性教育创新发展工程，虚拟教研室可以超越实体教研室，更加灵活有效地组织协调地区或全国高校相关学科专业专家学者协同攻关，聚焦拔尖创新人才培养的机制、方法、活动、行为开展理论和实践研究，探索中国特色拔尖创新人才培养路径，并在地区和全国范围推广示范，建立高质量高水平人才自主培养新生态，更好地支撑中国式现代化建设目标的早日实现。

三、虚拟教研室应发挥的主要功能

目前，初创中的虚拟教研室各组成单位之间的关系还处于磨合之中，各种运行和工作机制正在摸索建设中，作用还没有充分发挥出来。因此，现在谈实际功能为时尚早。教育部相关文件对虚拟教研室建设任务的要求是具体的，包括创新教研形态、加强教学研究、共建优质资源和开展教师培训等。显然，这些任务不可能一蹴而就，需要各虚拟教研室在建设发展中逐步实践、落实。

从理论上讲，在我国高等教育普及化发展的新形势下，虚拟教研室应当充分利用组织优势发挥五大功能。

（一）协调作用：在全国组织开展教育教学研究。虚拟教研室不是实体性社会组织，各成员之间不存在相互隶属关系，没有行政管理职能。虚拟教研室是一种"虚""实"结合的组织，"虚"是指其组织方式，它以虚拟技术为纽带，将归属于各不同高校的教研室及其成员组织联系起来，形成一个有明确使命和任务的虚拟组织。"实"是指其主要功能，组织方式的虚拟化并不意味着其功能的虚无化，成立虚拟教研室的宗旨正是要在更大范围发挥它在教育教学研究方面的作用。教育教学研究是虚拟教研室存在的核心意义所在，与实体教研室相比，虚拟教研室发挥作用的范围更广。它所具有的协调作用超越实体教研室，应当在全国范围跨地区跨院校组织开展教学研究。它的优势在于协调，将各高校有关学科专业教师协调动员起来，开展共同关注的教育教学问题与改革研究，协同推进人才培养方案、课程教材、教学视频、教学案例、实验实训项目等资源建设，协同探索教育教学发展新方向。

（二）推介作用：深度推进学科专业教学改革。虚拟教研室主要是以学科专业、课程和教学为基础建立的教学研究组织。开展教育教学研究只是虚拟教研室发挥功能的一种手段或路径，而非其根本目的。教育教学研究是教学改革的先导，也可以说是教学改革的基础。进入普及化阶段以后，我国高等教育存在的各种深层矛盾逐步显现，创新教育教学理念与方式，推进跨学科专业创新型人才培养，建构学研产融合协同的人才培养新体系，形成高质量人才培养新生态，是高校各学科专业教学改革的共同任务。虚拟教研室不仅应当组织成员单位和相关学科专业开展高质量研究和探索，还应将研究和探索的成果在成员单位进行推介，围绕专业建设、课程建设、课堂教学改革、教育教学技术创新和教育教学改革研究等内容，开展案例分享、教学示范、协同教研等活动，发挥教研成果的示范和辐射作用，为造就创新型高素质人才发挥重要功效。

（三）平台作用：交流不同院校教育教学经验和做法。虚拟教研室汇聚不同高校的同行专家学者，大家有共同的学科专业背景和共同感兴趣的教育教学问题，还有相同的预期。利用虚拟教研室平台，不同高校的同行专家学者汇聚在一起，可以在相同的话语情境中开展有意义的深度交流与分享，信息技术更使这种交流可以超越时空、多渠道多路径展开，实现快捷沟通、无缝对接、深度分享、持久影响。成员之间可以通过虚拟信息平台客户端自由建群，以语音、文字、会议、直播等多种交流形式，组成教研“朋友圈”。发挥云上平台作用，让身处不同地区不同高校的同行专家学者能够分享先进的教育教学观念、成熟的改革经验以及优秀的教研范例，使相关教育教学经验做法在不同高校发挥影响。

（四）凝聚作用：培育和建立全国性或区域性教育教学研究学术共同体。虚拟教研室是信息技术和互联网赋能实体教研室的结果，是通过非实体型组织方式建立的跨校性同行专家学者网络。尽管这个组织具有虚拟性，但它却是一种拥有共同使命的组织，即以促进高校教育教学改革，促进高等教育高质量发展，培养高素质人才为根本目的，其组织是复杂的，又是单纯的。其复杂性主要体现在成员单位多种多样，各校办学基础条件不同、学科专业发展水平不同，相关教师对教育教学及其改革的理解存在差别，参与相关活动的教师各有所求，所以，虚拟教研室是一个由共同使命所维系的众多高校学科专业、课程单元和教学相关单位教师组成的跨校性组织。它可以组织开展各种相关活动，但对参与者没有强制性，大家主要基于自觉自愿参加相关工作与活动。其单纯性主要表现在成员单位和参与者没有实际的利益博弈，大家为了一个纯粹的目的，着眼于教育教学研究和改革创新，提高教育教学水平和人才培养质量。所以，虚拟教研室应发挥凝聚作用，把不同高校的同行单位和专家学者联合起来，专注于教育教学研究和交流推广，以实现和光大共同使命。

（五）领航作用：引领教育教学改革新方向。全国有本科高校 1,200 多所，本科专业布点达 6.6 万个，[①] 每一所高校开出的课程数以千计。但截至 2023 年 12 月，教育部批准的试点虚拟教研室只有 700 多个，加上地方教育行政部门立项建设的示范性或试点虚拟教研室，总数可能在 1,000 个左右。由此可见，组建虚拟教研室有较高的门槛条件，即申请组建虚拟教研室的高校有关学科专业办学水平和课程教学水平必须在全国和区域同行中能发挥引领教育教学改革方向的作用。另外，虚拟教研室应当超越实体教研室，组织全国或区域范围的同行专家学者开展教育教学改革研究，围绕课程开发与实施、教育教学改革、考试评价改革、教

① 《教育部高等教育司负责人就〈普通高等教育学科专业设置调整优化改革方案〉答记者问》，［EB/OL］.（2023-04-04）［2024-02-09］. http://www.moe.gov.cn/jyb_xwfb/s271/202304/t20230404_1054223.html。

学机制创新等开展攻关研究，用先进的研究成果引领国家高等教育教学改革方向，指导有关高校教育教学改革，追求高水平高质量人才培养。虚拟教研室可以组织跨校协作研究，组建高水平专家组，对教育教学改革深层次难题开展集体攻关，在比较广泛的范围开拓教育教学改革新局面。

虚拟教研室的组织特性与功能发挥条件

与实体教研室不同，虚拟教研室是以新的组织方式建立的跨校性教育教学研究单位，因此，要发挥应有的作用难度可能更大。为此，弄清其组织特性，明确其功能发挥的主要影响因素，是加强虚拟教研室建设的重要前提。

一、虚拟教研室的组织特性

虚拟教研室不同于实体教研室，但又与实体教研室关系密切。考察已经组建、开始运行并发挥作用的虚拟教研室发现，作为一种基于信息和网络技术条件的跨校性组织，他们一方面有着广泛的辐射力，另一方面又具有显著的松散性。这是他们区别于实体教研室的典型特征。此外，与实体教研室的影响主要局限于一校不同，虚拟教研室促进高校教育教学改革创新的功能具有广泛的辐射力和弥散性。

（一）校际共生性。虚拟教研室是多所高校共同组建的教育教学研究组织，校际共生是其最鲜明的组织特性。虚拟教研室由教育部或地方政府教育管理部门发文组建，但由于组成虚拟教研室的教师分属不同的高校，除牵头高校相关学科专业主要负责人具有组织协调虚拟教研室活动的职责外，各高校并不以虚拟教研室工作业绩作为教师绩效考核内容，教师参与虚拟教研室活动是自愿的，不具强制性。所以，虚拟教研室的校际共生性是建立在行政部门推动和教师自愿参与基础上的。需要指出的是，校际共生并不存在高校相互之间明晰的责任和义务，而是以共同的需要、愿景和行为为纽带，以达到共同发展、共同进步的目的。

（二）关系松散性。虚拟教研室的工作与活动关系主要分两种：一种是组成虚拟教研室的高校之间的关系，包括学校与学校以及校内相关教研室之间的关系；一种是参与虚拟教研室工作和活动的各高校教师之间的关系。两种关系有交叉也有区别，有的教师在两种关系中都发挥作用，有的只在一种关系中发挥作用。不论何种情况，虚拟教研室的关系都是松散的，高校之间和教师之间的关系都没有强制性，都是基于共同需要和目的建立起来的。所以，虚拟教研室的边界是弹性的，组成高校和人员可能因时因事而发生改变，他们之间不存在正式的领导与被领导关系。各高校和相关人员互不隶属，牵头高校和学科专业带头人对其他高校和参与教师没有正式的约束权限。松散联系的组织往往存在效率低下、浪费、领导优柔寡断、协调难度大且不易变革等弊端。[①] 因此，关系的松散性要求虚拟教研室的工作和活动方式与实体教研室有很大不同，活动主题和内容也有区别，虚拟教研室需要更多采用能激发不同高校教师兴趣且便于参与的工作方式

---

① 罗伯特·伯恩鲍姆著、别敦荣主译：《大学运行模式——大学组织与领导的控制系统》，中国海洋大学出版社 2003 年版，第 37—38 页。

组织开展各种活动，需要在活动主题和内容上下功夫，激起相关高校教师参与的内动力。

（三）协同创新性。与实体教研室不同，虚拟教研室不参与有关高校实际课程教学任务分配协调等工作，其主要使命在于以协同研讨和示范传播的方式开展跨校性教育教学研究，致力于教育教学改革创新，促进高等教育高质量发展。因此，协同与创新是虚拟教研室的主要组织特性。协同是活动方式，虚拟教研室利用网络和现场活动路径，将各有关高校教师组织起来，协同开展有关学科专业、课程教学等方面的教育教学研究，传播有关教育教学的新理念、新方法和新技术。协同组织方式有助于虚拟教研室将分散在全国各地的高校教师聚合在一起，共同投入教育教学创新，从而使虚拟教研室的功能得到放大和升级；创新是虚拟教研室组织的价值取向，没有创新，虚拟教研室就失去了存在的理由。

（四）学术导航性。虚拟教研室以教育教学研究为职责，以促进教育教学改革创新发展为目的，学术的先进性、示范性和群体改革与发展效应是其组织功能的重要表现。与实体教研室不同，虚拟教研室不具有实际教学工作任务分配与协调以及相关的教学组织服务职能。它以教学学术为纽带，将相同专业、课程群组或课程的专家学者集合起来，共同致力于教学改革创新，提高教育教学质量。因此，学术导航性是虚拟教研室的主要特性。虚拟教研室以牵头高校所拥有的较高学科专业办学水平和影响力为基础，利用牵头高校教学学术的先进性，发挥牵头高校的教学学术辐射和引领作用，并组织相关高校开展创新型教育教学研究，带动和促进相关高校教育教学改革。从这个意义上讲，虚拟教研室协同创新的前提条件在于学术导航。此外，虚拟教研室还能通过相关高校专家学者协同研究，以创新性研究成果发挥学术导航作用。

二、虚拟教研室的功能要件

虚拟教研室与实体教研室的主体功能大体相当，但二者的建设初衷和功能范围存在显著区别。实体教研室是一种规范性组织，是高校根据自身教育教学工作情况分专业、课程或课程群组等设立的内部基层教学组织。实体教研室的组成人员是确定的，专业教研室包括承担全部专业课程教学任务的所有教师，课程教研室由承担一门课程的所有教师组成，课程群组教研室则由承担多门或系列相关课程的所有教师组成。实体教研室的职责是明确的，包括教育教学任务分配与协调、教育教学研究、教育教学改革、青年教师培养与指导以及其它相关教学事务。这些职责由高校正式下达，常常有正式制度文件予以规范执行。虚拟教研室更多地表现为一种校际学术共同体组织，其职能没有正式的行政授权，也不需要经过正式的行政组织程序，组成人员之间均没有行政上下级关系。它不靠权力和指令发挥影响，主要通过一些学术性因素，借助于学术共同体认知与文化促成功能实现。

（一）学术高地。虚拟教研室功能的实现离不开学术高地的凝聚力和影响力。尽管实体教研室在高校行政体系中不拥有行政层级，教研室负责人不掌握行政职权，但实体教研室是高校行政体系的末梢，在很大程度上发挥了底层行政效能。虚拟教研室超越具体高校内部关系，不依靠高校行政组织体系自上而下发挥作用，而是通过高教界形成的学术高地将相关学科专业的教师聚合在一起，共同探究相关学科专业教育教学改革问题。学术高地，即牵头高校所在的高水平学科专业，是虚拟教研室功能发挥的基础。所以，教育部在组建虚拟教研室时选择的牵头高校都是相关学科专业办学和课程教学在全国有重要影响、能发挥标杆作用的，这有利于牵头高校相关学科专业发挥虹吸效应，将学科专业的同行教师吸引到一起，建立富有向心力的学术共同体。

（二）热心教育教学研究的学术带头人。不可否认，一个学科专业在全国往往有多个学术高地，但不是所有拥有学术高地的高校都能成为牵头高校，只有拥有热心教育教学研究的学术带头人的高校才有资格牵头，带领虚拟教研室较好地发挥其应有的功能。现实中，不少学术高地的学术带头人热衷于科研和社会服务工作，对教育教学研究较少花费时间和精力。正因为如此，各学科专业虽不乏学术带头人，但热心于教育教学的研究者却不多。只有以学术高地为基础，有热心教育教学研究的学术带头人加持，虚拟教研室才能发挥作用。热心教育教学研究的学术带头人是虚拟教研室的灵魂人物，他利用自己的教学学术的感召力和人格魅力，将不同高校相关学科专业的教师聚合在自己周围，组织大家开展教育教学研究，并以自己的引领和示范作用，激励和引导其他教师积极投身教育教学改革创新，不断提升各自的教育教学水平。

（三）一批教育教学研究骨干。虚拟教研室功能的发挥还需要有一批教育教学研究骨干成员，他们在热心教育教学研究的学术带头人的组织和领导下，自觉自愿地发挥中坚骨干作用，将松散联系的虚拟教研室成员团结起来，以团队或小组工作方式开展更有效的紧密协作，使虚拟教研室真正发挥作用。每一个虚拟教研室都要有一批教育教学研究骨干，他们来自不同高校，有共同的教学学术目的，共同致力于教育教学改革创新，促进高等教育高质量发展。这样的骨干可在各高校相关学科专业优秀教师中遴选，也可以选择有关高校相关学科专业热心教研的青年教师加以培养或传帮带。每一所成员高校都至少有一位教育教学研究骨干教师发挥不可替代的作用，增进相关高校在虚拟教研室活动中的参与度，保证虚拟教研室的影响辐射到所有成员高校相关学科专业。

（四）研讨交流活动。活动是虚拟教研室产生影响、发挥作用的桥梁。虚拟教研室可以借助网络平台增进同行专家学者之间的互动，分享相关高校学科专业办学经验，传播先进的教育教学理念。但仅有这些还不够，还需要开展线下和线上研讨交流活动，把相关高校学科专业或课程教师组织起来，就教育教学改革创新面临的形势和要求、主要任务、可能的改革创新路径与机制、技术支持与条件保障、改革创新成效反思与评价等进行专题研讨。以专题研讨成果开阔大家视野，活跃大家思维，激发大家兴趣，推动大家投身教育教学改革创新。研讨交流活动不仅是教育教学改革的助推器，还是润滑剂，有助于增进各高校同行专家学者之间建立联系，发展情谊，加强同行学术共同体的凝聚力。

虚拟教研室建设路径

我国高等教育发展已经进入普及化阶段。2000 年以来新建的高校超过2,000所，而且高校办学规模庞大，提高大批新建高校教育教学水平和人才自主培养能力，是实现高等教育高质量发展、建成高等教育强国面临的重要课题。虚拟教研室应运而生，就是为了适应高等教育发展新形势，发挥牵头高校的虹吸效应，利用信息和网络技术设施，组织开展教育教学研究，以促进高校教育教学改革创新，全面提高高校人才自主培养能力。初建的虚拟教研室如何才能焕发活力、正常运行且有效发挥作用，各方都在试验，在摸索良策。笔者认为可以从以下五个方面入手加强建设，实现虚拟教研室从初生之物到成熟发展的转型。

（一）举办教学学术论坛。教学学术研讨交流活动是虚拟教研室的命脉。建设虚拟教研室，要持续不断地开展教学学术交流活动，否则虚拟教研室徒有其表，不可能真正发挥其应有的功能。举办教学学术论坛应加强论坛的筹划和组织工作，认真、严谨、周全地编制和实施会议方案，保证论坛效果。应审慎研究确定论坛主题，从各有关高校学科专业教师共同关注的教育教学话题入手，根据国际国内高等教育发展大势，结合国家经济社会发展对人才的新要求，提炼主题和议题。遴选教育教学研究骨干，培养教育教学研究学术共同体核心成员，为他们在教学学术论坛发表个人和集体教研成果提供机会，以他们的示范作用为虚拟教研室其他教师投身教育教学改革创新注入动力。组织开展相关高校教育教学改革创新成果展览，向广大教师推介教育教学改革创新经验做法，丰富教学学术论坛内涵，让大家感受到教育教学改革创新就在自己身边，从而激发参与教育教学改革创新的内生动力。重视教学学术论坛成效评价总结，不断提高论坛质量，打造虚拟教研室活动品牌，使论坛成为虚拟教研室全体成员学术智慧集散中心。

（二）组织跨校性项目研究。虚拟教研室的基本工作原理是以教育教学研究促进教育教学改革创新，研究是虚拟教研室的重要职能。建设虚拟教研室，应当高度重视组织开展教学学术研究工作。虚拟教研室的项目研究工作可以由各成员高校在本校教师同行中组织开展，但更能体现虚拟教研室特性的是跨校性项目研究，将不同高校相关学科专业教师组织起来，从实际问题出发，围绕特定教学学术研究项目开展跨校性研究工作，在研究中增进了解，加强合作，促进创新，共享成果。组织跨校性项目研究可以有计划、有组织、有重点、有目标地推进，可以由点到面、由少到多、由小到大，建构跨校性项目研究网络，放大项目研究成果应用领域，扩大项目研究影响辐射范围。组织跨校性项目研究不仅要集众智攻克教学学术项目研究难题，而且要在跨校同行学者中强化学术共同体认知，筑牢不同高校间相关学科专业教师相互合作交流的基础。

（三）发挥网络连接辐射作用。虚拟教研室得以组建的一个基本条件是信息技术和网络设施能够将不同地区、不同高校的同行专家学者关联起来，形成一个非行政、非事业单位学术共同体组织。虚拟教研室主要以同行专家学者之间开展学术研讨交流的方式发挥作用，影响高校人才培养质量和高等教育发展方向。为此，虚拟教研室建设应当充分发挥网络连接辐射作用。依托牵头高校或相关高校网络平台，建构虚拟教研室官网，定期不定期发布虚拟教研室工作信息和相关资讯，不断扩大资讯来源，提高资讯质量；开发虚拟教研室自媒体，构建虚拟教研室成员多样化互动交流渠道，加强信息发布的及时性，发挥自媒体沟通与宣传作用，加强成员高校同行专家学者之间的学术联系；遴选成员高校热心教师组建网络资讯工作团队，多方搜集国内外相关高校学科专业办学和教育教学改革与发展新资讯，以丰富有效的信息咨询，借助虚拟教研室官网和自媒体引导教师教育教学改革创新。

（四）建设校际虚拟运行机制。虚拟教研室运行和发挥作用的主要困难之一在于牵头高校和其它高校对有关学科专业教师参与虚拟教研室活动没有行政约束力。作为跨校性组织，虚拟教研室成员高校之间地位平等，教师以自由的身份和共同的兴趣追求参加相关工作和活动。因此，虚拟教研室运行机制建设应注重虚拟性，组成人员要有广泛代表性，包括参与高校学科专业教师代表。牵头高校及相关学科专业带头人应积极作为，牵头建立并不断完善校际虚拟运行机制，加强虚拟教研室工作和相关活动的有组织性，保证虚拟教研室正常发挥作用；主动联系各有关成员高校相关学科专业教师，尤其是比较热心的学术带头人，共同讨论并设计校际虚拟运行机制，酝酿虚拟教研室工作架构以及主要工作和活动组织形式，商定工作方式方法，物色适宜且热心的教师参与相关工作与活动的组织推进；探索便利易行的校际虚拟运行程序与规范，从一开始就重视培养优良的工作作风和风气，在相关工作与活动中坚持科学精神与人文精神的统一，倡导探讨真问题，解决真问题，遵循教育规律推动教育教学改革创新。

（五）争取热心参与高校支持。毫无疑问，牵头高校在虚拟教研室建设中发挥主导作用，但如果只有牵头高校积极，其它高校完全被动参与，虚拟教研室建设很难取得应有的效果。从严格意义上说，虚拟教研室的价值超越了实体教研室。因此，调动参与高校积极性，争取一些热心的同行专家学者所在高校的积极支持，对做好虚拟教研室建设工作具有重要意义。参与高校的支持表现在多方面，包括校领导参与相关活动，重视有关学科专业教师参加虚拟教研室工作与活动；相同或相近学科专业的校领导还应积极参与虚拟教研室工作，为其他教师做好示范；为教师参与虚拟教研室活动提供时间和经费保障，以便于教师在虚拟教研室活动中发挥作用；分担虚拟教研室工作和运行所需要的经费开支，为虚拟教研室开展工作提供必要的经费和条件支持，建立虚拟教研室可持续发展保障机制；为承担虚拟教研室专题研究项目的教师提供研究经费资助，保证专题教研项目切实得到落实；等等。只有牵头高校与热心参与高校携起手来，精诚合作，虚拟教研室工作与活动才有可持续开展的基础，虚拟教研室才能有效发挥作用，真正成为高等教育高质量发展新的动力源泉。

（原载《中国高教研究》2024 年第 4 期）

以现代理念改革高校教学管理制度

我国高等教育已经进入大众化发展的新时期，各级各类高等学校不但规模有了显著增长，而且学科专业的多科化、综合化趋势日益明显。2006 年全国高校在校生平均规模达到 8,148 人，而学生数以万计的院校占了大多数；不论是本科院校还是高职高专院校，绝大多数院校都在进一步强化多科性和综合性的学科专业构架，极少有保留单科性学科专业结构的。不仅如此，就一所学校的教育功能而言，人才培养类别、层次不断增加，人才培养模式越来越多样化，增强学生的社会适应能力已经成为教育目标的重要内容。为此，高校教学管理制度改革必须适应高等教育发展的新形势，用现代教育和管理理念替代传统理念，构建一套先进、科学、高效、和谐的现代教学管理制度。

教学管理制度应当坚持以学生为本

改革开放以来，高校教学管理制度进行了持续不断的改革，从学分制、选课制的实行到弹性学制、导师制的推广等，在一定程度上体现了以学生为本的导向。但由于受旧的观念和制度的束缚，当前高校教学管理制度还存在诸多不符合以学生为本的宗旨的规定，主要表现四个方面。

第一，限制学生的求学意愿。高校设置的专业是学生学习的主要学术领域，学生是否能够选择就读自己感兴趣的专业，是否能够在可以发挥自己所长的专业学习，不但取决于学生的选择能力，还取决于高校给予学生的选择空间。提供多次专业选择机会是国际上通行的尊重学生求学意愿的办法。我国一些高校在学生选择专业问题上已经开始进行探索，但有些规定似乎与其宗旨是相悖的。比如有些省份规定，大学生在校期间一般不允许转专业与转学，确有特殊原因，转专业与转学累计也不得超过一次；有的大学规定，经批准准予转专业的和外校转入本校的，应根据入学专业和转入专业的性质不同，缴纳 1 万元至 3 万元专业建设费；有的高校规定，只有成绩排名前 5%—10% 的学生才有转专业的资格。前两个规定无疑增加了学生转专业的难度，使学生转专业倍感困难，后一规定的动机可能是为了激励学生更好地学习，但客观上却可能造成对专业有兴趣、学业成绩优秀的学生转走了，而对专业不感兴趣甚至难以学下去的学生却还在继续“苦学”之路。

第二，忽视学生的利益。保护学生的利益是高校教育教学工作的重要原则，这不仅应当体现在高校教育教学活动中，而且应当体现在教学管理制度上。但一些高校还没有从过度强制性的管理模式中转变过来，教学管理制度依然是一幅“冷面孔”，唯我独尊，对学生的合法利益视而不见，或根本就不予理会，例如一些高校有关学生淘汰警告和退学处理的规定。这些规定大都于法无据，也不符合教育规律。试想，在学期综合测评中，不管学生的表现和成绩多么优秀，一个年级同学的测评成绩总会有高低之分，而处于后列者就将得到淘汰警告，这是什么教育逻辑？

第三，不尊重学生成长中的失败或错误，成长的代价过大。大学生是一个特殊的群体，高校就是为这一特殊的群体所开办的，以便他们能够在一种良好的教育环境中由不成熟走向成熟、由不会做事到学会做事、由不会做人到学会做人。换句话说，高校本身就应当是一个成长的试验场，一个宽容的场所，这里容许试验，容许失败，容许犯错。不仅如此，高校还应当创造条件，让失败者成为成功者，让犯错者改正错误。这正是高校的教育责任，但一些高校常常将自己等同于社会，以“法官”的身份对待学习一度失败的学生和成长中曾经“犯错”的学生。这样一来，一些曾经失败的或曾经犯错的学生常常“一失足成千古恨”，失去了改正错误和自我反省的机会。

第四，未能与时俱进地反映学生的生活需要。当前高等教育已经成为终身教育的一个重要组成部分，自然高校就应当承担起终身教育的责任。为此，政府取消了上大学的年龄限制，只要有上大学的愿望，通过了国家规定的高校招生考试，符合高校录取要求，且为高校所录取，求学者不论年龄多大，都享有接受高等教育的合法权利。与之相适应的是，虽然国家法律对达到一定年龄的公民所享有的结婚、生育等各种权利有明确规定，但有的高校无视政府高等教育政策的调整，不考虑放开入学年龄限制后大学生的新特点，对学生在校学习期间的一些个人权利简单地予以限制或剥夺。

尽管各高校制定这些制度的初衷不可谓不好，但其后果却不是我们希望看到的。坚持以学生为本，最大限度地满足学生的教育需求，保护学生的利益，维护公民所享有的接受高等教育的合法权利，创设一种生动活泼、健康和谐的教育环境，使学生学会做人做事，不仅是高校教育教学的责任，也是教学管理的终极目的。改革和完善教学管理制度，以更好地服务于学生的需要，尊重学生的选择，保护学生的权利，促进学生积极主动地发展，是我们必须高度重视的问题。

教学管理制度应当促进资源共享

高校教学管理制度也是教学资源配置机制，有什么样的制度，就会有什么样的资源配置。长期以来，高校教学管理奉行分专业办学，院系自扫门前雪，办好自己的学科专业，为各自学科专业的学生提供教学服务，教学管理制度将这种专业办学模式固化下来，将学校教学资源分配给各院系，由各院系自行支配使用。学分制改革实行以后，各院系的部分课程被纳入通选课或公选课范畴，在一定程度上加强了教学资源的共享。但由于专业办学模式尚未改变等多方面的原因，教学管理制度尚不能有效地促进教学资源共享，主要表现在以下三个方面。

第一，学科专业壁垒重重，教学过度专业化的问题犹存。高校教学是学科专业范畴的师生互动活动，教学的目的既在于使学生获得一定学科专业的修养，具有从事与一定学科专业相关的职业的能力，又在于使学生的人格得到陶冶，养成良好的个性品质。但长期以来高校教学重前者轻后者的问题始终没有大的改观。一批高校在公共课和专业课之外，在总学分中给予学生20%左右学分的任选课机会。应该说，在目前高校人才培养方案的学分分配中，这已经是一个不小的比例，是全面实现高校教学目的的一项重要改革举措。但很多大学并没有从多科性、综合型大学的教学目的出发，打破学科专业壁垒，开放各学科专业课程教学资源，赋予学生在专业课程之外，任意选择全校各学科专业所开课程的权利，他们所谓的任选课是在各学科专业所开专业课程之外，另外开出的一批课程，多则两三百门，少则百余门。结果，由于任选课数量有限，学生难以有足够的课程选择余地，造成学分制难以真正得到落实。

第二，"分灶吃饭"造成教学资源利用效率低下。近年来，高校连年扩招，在校生人数持续增加，尽管教学资源也在增加，但仍然难以满足教学的需要。更为严重的是，教学资源高度分散配置的机制，导致利用效率低下。在一些高校，有的院系、有的学科专业吃不饱，但同时有的院系、有的学科专业又存在教学资源闲置、浪费。有的大学教学行政用房总量是充足的，但有的院系教学行政用房高度紧张，而另一些院系却还有空余用房，常年闲置不用；有的大学实验室由各院系控制使用，有的院系实验室条件好，但利用率不高，很多仪器设备一年仅使用几次，其它院系需要使用，却碍于分散配置的制度，又不能年复一年地借用。

第三，院校资源共享难，致使重复建设现象严重。目前高校大都集中于全国各大中城市，形成了高校聚集的效应，很多城市还在一定区域形成了大学城。但从教学资源的建设和利用看，各高校仅仅在地域上同处一城，相互之间没有建立资源相互利用的共享机制。由于整个国家高等教育资源，尤其是优质资源十分有限，不但造成各高校之间教学资源高度紧张，而且带来了低水平重复建设等一系列问题。

资源割据、封闭办学导致各高校内部、各院系之间和各高校之间小而全、大而全的教学资源配置局面。高等教育大众化时期，在各高校学科专业越来越多样化、综合化的背景下，不论在校内还是在校际，实现教学资源共享，提高资源配置效率，保证资源品质及其有效利用，是构建优质的高校教学生态，高质量实现高校教学目标的可靠保证。

教学管理制度重在促进教学质量的提高

高校教学管理有两大目的，一是维持高等教育秩序，二是提高高等教育质量。围绕两大目的所建立的高校教学管理制度不论在形式上还是内容上都存在显著区别。现行高校教学管理制度依然没有能够改变重秩序、轻质量的问题，主要表现在：

第一，维持教学工作正常运行成为唯一目标。长期以来，高校教学管理实行的是一套至上而下集权体制，教学管理的任何改革和创新都源于最顶层，没有集权体制顶层的改革，整个教学管理体系就是一套常规运行体制。因此，就制度本身而言，高校教学管理制度是为维持教学工作的正常运行服务的。如某大学教务处工作职责达 19 条之多，包括执行上级的方针政策、制定有关教学方面的规章制度、组织各学院制定各专业的教学计划等。教务处作为学校教学工作的中枢机构，如果不能在全校性教学资源开发、高水平教学研讨、教学新理念推行等方面有所作为，那么，其职能就只能是上传下达，深陷于繁琐的日常教学管理的事务性工作而不能自拔。

第二，控制和监督功能过强，促进质量提高的功能偏弱。高校教学管理与一般管理的区别在于，除了具有行政性特点之外，还具有学术性的特点，这是由高校的组织特性所决定的。因此，在高校教学管理中，既要重视发挥其控制和监督功能，又要重视发挥其民主协商、观念引导、激励服务等功能。只有这样，才能在推动高校教学工作健康有序开展的同时，不断促进教学水平和质量的提高。但不少高校的教学管理在促进教学质量提高方面所作的工作十分有限，没有发挥应有的作用。比如，某大学规定，各院、系（所）必须建立和完善教学评价制度。评价工作由主管教学的院长和系主任负责，每学期结束前，由任课教师通知学生对教师进行匿名测评。当学生对任课教师有较多意见时，主管教学的院长或系主任应约见任课教师，反馈教学意见和提出建议。凡教学达不到基本要求，或者教学效果特别差，学生反映特别强烈而又不加以改进，或者出现重大教学事故的，在职称评聘、岗位聘任以及表彰先进时将施行教学一票否决制。这些规定典型地反映了高校教学管理的控制和监督职能，但对提高教育教学质量，学校和院系可以说是少有作为的。

控制和监督有助于保证基本质量，引导、服务、激励才可能促进质量的提高。高校教学管理制度有关控制和监督的规定较多，刚性较强，有关引导、服务和激励的规定较少。制度是用来管人管事的，同时也用来激励人、鼓舞人、发展人，还可以用来优化教学资源配置、服务教学活动、提高教学资源利用效率，促进教学质量不断提高。高校教学管理制度改革应当改变制度的冷面孔形象，增强其凝聚力、鼓动性和导向性，使教学管理制度本身的质量提高到一个新的水平，使教育教学质量的不断提高成为教学管理制度的主旨所在。

（原载《中国高等教育》2007 年第 20 期）

大学教学管理制度的人文关怀诉求

教学管理制度是大学教育教学的基本制度。除某些条文和要求与教育教学的物质条件的使用和保障相关外，教学管理制度主要是针对教育教学活动和教师与学生的行为表现的。一种与人的行为表现相关的制度是否具有人文关怀精神，是否尊重人的价值，反映人的发展需求，保证人的权利，直接决定着这种制度能够对人发挥什么样的作用、能够在多大程度上对人起作用。

人文关怀：后现代大学教育不可或缺的品质

大学是历史延续的产物。在世界大学发展史上，围绕人的教育问题，宗教、经济和政治都曾以各种方式发挥影响，使人的培养游走于人性养成与非人性塑造的迷宫中。近百余年来，我国大学教育经历了近代化和现代化两个重要时期。在近代化时期，大学教育在封建化和殖民化的矛盾冲突中建立了新的体制和运行机制，完成了我国近代大学的初创使命。在现代化时期，大学教育焕发出新的生机与活力，表现出两大特征：民族化和政治化。

从严格意义上讲，我国近代大学虽然临摹了西方现代大学之形，但尚未能将西方大学理念和制度与我国教育的传统与文化有机地结合起来，而新兴大学的现代化则较好地解决了大学教育民族化的问题，使源于西方的大学制度和兴盛于西方的科学文化技术在我国生根，并得到良好的发展。与民族化相伴随的是现代大学的政治化过程。不论是在民国时期还是在新中国成立后的很长一个历史阶段，政治化不仅影响到大学的法律法规、政策制度和管理组织，而且还作用于大学教育的培养目标、课程设置、教学内容以及教学活动等各个方面。

改革开放以来，随着党的工作重心的转移，在经济持续快速发展的形势下，大学教育的招生规模和在校生规模都有了巨大的增长，大学教育得到了历史上难得的发展机遇。在大学教育迈向大众化的进程中，市场化、国际化和主体化也越来越成为新时期大学教育的内在要因。在市场经济日益发达的今天，大学教育不但越来越受到来自外部市场的有力冲击，并为此不断调整和改革自身内部的体制与机制，以适应各种市场因素的挑战，而且大学教育系统和大学内部的市场运行机制对大学教育的影响越来越显著。在国际高等教育资源进入我国大学教育市场的同时，我国大学教育也在实践着国际化办学。从引进国外大学课程、专业课程教材，开设全英语课程或双语教学课程，到聘用专业外教，学习国外大学管理经验，开展中外合作教育等，无不反映着我国大学越来越开放。市场化和国际化与大学教育的主体化是分不开的。大学教育的主体化既表现为大学法人身份的认定，又表现在教职工和大学生以主体的身份参与教育教学和其它各种活动，教职工和大学生与学校之间发生的法律诉讼便是两者之间关系的新变化，大学教师地位的提升和大学生学习愿望的个性化表达无不反映着我国大学教育在主体化问题上的进步。总之，大众化、市场化、国际化和主体化是我国大学教育越来越显著的变化趋势。这些趋势具有鲜明的时代性，标志着我国大学教育后现代发展时期的到来。

后现代时期的大学教育与现代大学教育有着明显的差别，这集中表现在人文关怀上。在政治化的驱力下，我国现代大学教育的出发点在于政治的需要，而后现代大学教育，不论是其大众化、市场化还是国际化、主体化发展趋势，都呼唤和关注人的需要和人的发展，要求大学教育从理念、制度到具体实践反映和体现人文关怀。人文关怀是后现代大学教育不可或缺的品质。

我国大学教学管理制度的人文关怀问题透视

教学活动是大学教育的具体化，大学教育的精神和理念只有化为具体的教学活动才有生命力。不同时期大学教育的精神和理念不同，教学管理制度的价值追求也不同。尽管我国大学教育已进入后现代发展时期，但现代大学的某些陈旧过时的理念和制度仍在发挥着重要影响。旧的尚未完全退去，新的已然到来，两重影响互存。这是当前我国大学教育中存在的一种特殊现象。

为了解我国大学教学管理制度在人文关怀方面发生的变化，我们通过文献和国际互联网对 50 多所本科大学的教学管理制度进行了调查研究，结果发现新旧两种现象并存的情形十分明显。

从新的方面讲，我国大学教学管理制度普遍进行了适应后现代大学教育发展趋势的改革，学分制的改革、选课制的实行、弹性学制的推广、导师制的试点等，已成为大学教学管理制度中必不可少的内容。这表明，我国大学教学管理制度已开始重视人文关怀问题，并取得了重要进展。另一方面，由于受旧的观念和制度的束缚，我国大学教学管理制度中仍然存在较为严重的人文关怀问题。这一看似矛盾的现象其实有其存在的合理性，原因在于人们对人文关怀的认可和接受程度有一个过程，在这个过程中还可能出现认识上的反复、实践中的进退交错现象。就与学生相关的教学管理制度而言，我国大学教学管理制度中存在的人文关怀问题主要表现在以下几个方面。

一、限制学生的求学意愿

学生的教育需求是大学教育的出发点。但“以学生为中心”的办学理念，在很多大学还只是体现在领导的讲话中或学校的文件上，并没有反映在教学管理制度上。比如，在转换专业问题上，某省规定：“大学生在校期间，一般不允许转专业与转学，确有特殊原因，转专业与转学累计也不得超过一次。”[①] 有的大学规定，只有成绩排名在前 5%—10% 的学生才有转专业的资格；有的大学规定，经批准准予转专业者和外校转入本校者，应根据入学专业和转入专业的性质不同，缴纳 1 万—3 万元的专业建设费。[②]

① 汪雷：《安徽规范大学生转系转学》，《中国教育报》2003 年 3 月 29 日。

② 《南京大学全日制本科生学籍管理细则》，[EB/OL].http://jw.nju.edu.cn/GuiZhang/XueShengShouCe/XJGL2001.htm。

这些门槛的设置可能有各种原因，但其直接后果就是学生要上自己喜爱的专业是难上加难。

二、忽视学生的利益

保护学生的利益是大学教育工作的重要原则，但一些大学并没有从过去强制性的管理模式中转变过来，教学管理制度依然是一副“冷面孔”，对学生的合法利益视而不见，甚至不予理会。如某医学院规定：“在一学期内有下列情况之一者给予淘汰警告：（1）德、智、体综合测评积分位于同一学制、同一专业、同一年级学生的后 6% 者；（2）除体育课外，有两门主要课程不及格者；（3）违反国家法律和校规、校纪，受到严重警告以上处分者（含严重警告）。在校期间累计两次受淘汰警告者，或考试作弊者，则给予淘汰黄牌警告。在校期间累计三次受淘汰警告者（包括一次淘汰黄牌警告加一次淘汰警告），则予以淘汰。凡被淘汰的学生取消学籍，给予退学处理。”[①] 对于是否授予学生学士学位，某大学规定：（1）凡在校期间受过警告处分而无明显悔改表现者或受过严重警告以上处分者，（2）操行评定累计两次差者，（3）未通过国家大学生英语四级考试者，（4）未取得学校规定的计算机等级考试证书者，不授予学士学位。[②] 这些事关学生根本利益的规定大多于法无据，却在现行的大学教育教学管理中大行其道。

---

① 镇江医学院：《学生奖优汰劣实施办法（1996 年院学制第 62 号）》。

② 《东华大学学生学分制学籍管理办法》，[EB/OL].http://202.120.145.100/glwj/glfile.asp。

三、不宽容学生的失败或错误

大学生是一个特殊的群体，大学就是为这一特殊群体开办的，以便他们能够在适宜的环境中由不成熟走向成熟，由不会做事学会做事，由不会做人学会做人。换句话说，大学本身就应当是一个试验的场所、一个宽容的场所，在这里，容许试验，容许失败，容许犯错。大学则应当创造条件，让失败者成为成功者，让犯错者改正错误，这是大学义不容辞的教育责任，但一些大学不顾这一特性，往往以"法官"的身份对待学习一度失败和曾经违犯校纪的学生。如某大学规定："各学年累计取得的课程学分达不到以下要求的，应予退学：第一学年 26，第二学年 52，第三学年 78，第四学年 104，第五学年 130。"[1] 因此，在一些大学，曾经失败或犯错的学生常常"一失足成千古恨"。

四、未能与时俱进地反映学生的生活需要

目前国家已取消了上大学的年龄限制，只要有上大学的愿望，通过了国家规定的高等学校招生考试，符合大学录取要求，且为大学所录取，求学者不论年龄多大，都享有接受大学教育的合法权利。与之相适应，国家法律规定达到一定年龄的公民享有结婚、生育等各种权利。但有的大学无视政府高等教育政策的调整，不考虑新形势下大学生的特殊性，仍然规定："学生在校学习期间一律不许结婚。在校学习期间擅自结婚或非法同居者，学校

---

① 《武汉大学学生学籍管理规定》，[EB/OL].http://dean.whu.edu.cn/newroot/shownews.asp?newsid=484。

可酌情给予勒令退学或开除学籍的处分。”[①] 还有大学规定，未婚怀孕，男女双方任何一方为本校学生者，必须退学。[②]

以上所举是我国大学教学管理制度在人文关怀方面存在的主要问题，事实上，问题还不止这几个方面。

创新：我国大学教学管理制度的人文关怀诉求

大学教学管理制度必须具备人文关怀精神，这是大学教育发展不以人的意志为转移的必然趋势。我国大学教学管理制度中存在的诸多问题，与数十年来影响大学教育的传统理念之间有着逻辑的联系，在向后现代转型的过程中，我国大学教育还将长期受到传统教育理念的影响。因此，在人文关怀问题上，大学教学管理制度改革与创新的任务十分艰巨。

在传统的教育理念里，大学教学管理制度就是用来管人、管物和管教学活动的，管理是其最主要的，甚至是惟一的功能。而所谓管理，常常又充满了强制、监督、惩罚、警戒等含义，表现为一种主体对客体的意志，也就是大学和大学管理者对学生和教师的强制性要求。因此，在传统的大学教学管理制度里，我们看不到学生的要求、愿望和利益得到保护，感觉不到学生的人格受到尊重，学生的发展受到激励和指导，学生的无知受到满含爱心的呵护；我们看到的只是一个模范的，却是假想的大学生，在整个

---

① 《东北林业大学学籍管理规定》，[EB/OL]. http://jwc.nefu.edu.cn/wjgl.asp。

② 《华北电力大学本科学分制学籍管理规定（试行）》，[EB/OL]. http://www.ncepu.edu.cn/jiaow uchu/guanli-wenjian/6.htm。

大学生活期间，他能够循规蹈矩，严格遵守大学教学管理制度的各种规定，能够按照大学的要求，圆满完成学业。学生的各种违纪违规或“非正常行为”，都可以在传统的大学教学管理制度中找到相应的处罚办法。

传统的大学教学管理制度必须改革，创新是后现代时期大学教学管理制度建设的重要任务。大学的使命在育人，而非制器，[①]人文关怀应当是大学教学管理制度的精神所在。要转变传统的大学教学管理制度的性质，首先应当走出一个认识误区，即认为管理就是限制人、约束人，制度就是将管理落到实处的规定，管理制度就是限制和约束人的行为的规定。诚然，教学管理制度具有限制和约束师生教学行为的功效，但在以人为本的新时期，这不应是大学教学管理制度最主要的功效，更不能是其惟一的功效。管理除有限制和约束的含义外，还应具有指导、激励、服务和保护等多种功能，大学教学管理制度应当走出传统的窠臼，充实新的内涵，体现新的管理观，反映大学生的合理需要，爱护他们的人格与尊严，指导他们的学术与个性发展，激励他们不断进步，向他们提供各种可能的、必要的服务与帮助，以全面实现大学教育的目标。

大学教育的真谛在于弘扬学生的个性，培养富有创造性的高素质人才。如何适应不同兴趣、不同爱好、不同需要的学生，满足不同智力发展水平、不同人格发展水平的学生的求学要求？长期以来，我国大学教育习惯于采用“千人一面”的教学管理制度，

---

① 杨叔子：《是“育人”非“制器”——再谈人文教育的基础地位》，《高等教育研究》2001 年第 2 期，第 7 页。

习惯于用统一的制度规范来要求所有的学生。显然，这是有违人文关怀精神的。后现代时期的大学教学管理制度应当尊重学生的多样性和差异性，保持制度应有的弹性，少一些硬性规定，多一些机动灵活，为学生学业和个性发展提供各种可选择的空间。

大学应当是一个富有同情心、爱心和宽容精神的教育场所，这不仅应当体现在教师的教育教学活动中，体现在校园的各种文化活动中，还应当反映在教育教学制度上。富于宽容精神的大学，教学管理制度能够充分反映人文关怀的要求，能够适应学生成长发展的客观规律。学生的智性由不成熟发展到比较成熟，学生的心性由不完善发展到比较完善，必然要经历一个尝试错误的阶段，不犯错误的学生是不可想象的，没有缺点的学生是不存在的。如果学生的任何错误都要受到相应的处分，尤其是动辄以留校察看、退学、开除等重度惩罚措施来对待学生的错误，很可能断送许多学生的发展前途。因此，大学教学管理制度应当以关爱为本，辩证地对待学生的错误行为或“非正常行为”，视“不正常”为正常，为学生营造宽松、自由、和谐的发展环境。

教育部发布的新的《普通高等学校学生管理规定》(教育部令第 21 号)，与 1990 年国家教委发布的《普通高等学校学生管理规定》相比有了不小的进步，尤其表现在一些有关人性化的规定和制度程序上。比如，新《规定》取消了原《规定》中“在校期间擅自结婚而未办理退学手续的学生，做退学处理”的规定；确立了学生权益救济制度，增设了学生对在校期间所受处分享有陈述权、申辩权和申诉权的规定，等等。新《规定》是一个良好的开端，表明人性化管理和制度设计已得到教育主管部门的承认并开始在有关法规中得到体现。可以预料，大学教学管理制度人性化改革必将成为大学制度重建的重要任务，大学生在学习和成长过程中的人文关怀诉求亦将逐步得到承认和满足。

（原载《高等教育研究》2005年第9期，
与秦小云合作发表）

学生评教及高校教学质量保障体系的改善

20世纪后期以来，世界高等教育发展的一个普遍趋势是更加关注质量。与之相适应，高等学校教育教学质量保障成为各国高校制度创新的重要课题。自20世纪80年代后期以来，教育质量一直受到我国高教界的高度重视，在政府组织的高校教学工作水平评估得到充分发展的同时，高校内部的教学质量保障体系也逐步建立起来，在促进高校教育教学改革、保证和提高教学质量方面发挥着积极的作用。

学生评教是高等学校教学质量保障的根本制度

高校教学质量保障既是学校的办学行为，是学校内部教学工作运行不可或缺的重要环节，也是国家高等教育评估体系的重要组成部分，是国家赖以依靠的高等教育质量保证的重要手段。在很多高校，教学质量保障体系包括多种相关制度。比如，教学督导制度，即由部分退休老教师和资深在职教师组成教学督导委员会（或小组），对全校教师的教学工作进行监督和指导；领导听课制度，即由学校和院系领导定期或不定期听课，以了解教师教学情况，发现教学工作中的问题，并采取相关的改进措施，等等。与教学督导和领导听课等制度相比，学生评教是一种覆盖面更广，且由教学主体——学生进行的教学评估。随着学生评教越来越常规化，它对教师教学工作的影响越来越明显。

在美欧国家高校，学生评教制度经过数十年的发展，已经成为一项十分规范、完善的教学质量保障制度。有学者认为，学生评教制度始于美国大学，1927 年美国普渡大学正式使用“教学评定量表”，让学生评价教授的教学。[①] 在我国，高校尝试开展学生评教活动始于 20 世纪 80 年代，此后，随着高校教学工作水平评估的普遍展开，高校教学管理中的质量控制工作受到重视，学生评教也逐步得到了系统的、规范的开展。

尽管我国高校开展学生评教的时间不长，但发展迅速，影响深入，因而令人瞩目。一些高校建立了针对每一门教学科目的学生评教制度，每一位教师的教学都被纳入学生评估的范围；很多高校开发了学生网上评教系统，使学生评教更便捷，更有利于对评教结果进行综合统计分析；部分高校建立了学生评教公示制度，将评估结果以学校文件的形式在全校公布；还有的高校根据学生评教情况，建立了教师激励机制，将学生评教与教师职务晋升、专业培训、课酬津贴等挂钩，对教师进行奖励和惩戒；部分高校针对学生评教中发现的问题，组织教学研讨，增加教学投入，改善教学条件，营造更有利的教学环境。比如，某大学公布了

① 何福田：《大学生评价教师教学能否促进师生情感之沟通》，《明日世界》（台湾）1984 年第 116 号。

2006—2007学年秋季学期本科生课程课堂教学质量学生问卷调查评估结果后，该校信息学院又将本院得分处于全校前5%的教师的姓名、任教科目和所在学系等情况予以公示。[①] 很显然，该院转发和公示的目的在于对名列前茅的教师进行表彰，同时也对全院教师进行鼓励。又如，某大学在《关于下发2006—2007学年下学期学生评教结果的通知》中指出，教师课堂教学评价是学校对本科教学质量实施监控的基础性工作，其目的在于客观地评价教师的课堂教学质量，帮助教师及时、全面了解学生对其课堂教学的反应，以便教师不断总结教学经验，有针对性地改进教学，全面提高教学质量。学生评教结果是教师课堂教学质量的评价标准之一，各院系再结合干部教师听课和督导听课结果来综合评价教师课堂教学质量。[②] 凡此种种，反映了学生评教并非一项辅助性质量保障措施，而是整个学校教学质量保障的根本制度，对高校教学工作发挥着重要的积极作用。

学生评教的意蕴

高校教学是教师主导的活动，长期以来，教师中心主义和教师权威主义统领教学过程。在这种教学理念指导下，高校教学是教师的用武之地，整个教学过程，包括教学计划的确定、教学内容的选择、教学活动的设计、课堂教学的组织、教学方法的采用

① 《信息学院简报》2007年第4期，［EB/OL］.http://www.sist.tsinghua.edu.cn/Article_show_Static.asp? ArticleID=1208。

② 《关于下发2006—2007学年下学期学生评教结果的通知（武大教函）［2007］060号）》，［EB/OL］.http://202.114.74.132/News/html/2007-10/1515.Htm。

以及教学效果的评定等，无不由教师说了算，教师的水平、能力和喜好等往往成为影响教学质量的决定性因素。作为教学活动的参与者，学生在教学过程中只能根据教师的安排，服从教师的意志，对教学过程的运行没有实质性的影响。很显然，在这种情况下，学生评教是不可能对高校教学工作发挥促进作用的。

也许可以说在一定的历史时期，教师中心主义和教师权威主义具有一定的合理性，但在21世纪的今天，高校教学的民主性已经得到了显著增强，尤其是随着网络的逐步普及，知识的表达方式与获取方式正在发生革命性的变革，高校教学中的师生关系也在相应地发生重要的变化。传统的教师中心地位和权威地位不断受到挑战，学生的地位逐步得到提升，他们在教学过程中的角色和作用也在发生深刻的变化。学生不再只是知识的受众，不再仅仅满足于在教学过程中获取人类已知的知识。在高校教学改革中，学分制改革的不断深化和研究性教学、探究性学习的提倡就是学生地位得到提升、学生的作用得到更多关注的重要表现。

学生评教工作的开展凸显了学生在高校教学中的地位。在传统的高校教学活动中，学生只能被动地参与教学过程，接受教师所传授的知识，对教师的教学以及学校的教学工作，学生没有发表意见的渠道。事实上，人们也不承认学生享有对教学发表意见的权利。学生评教制度的建立打破了传统的教学模式，使学生扮演了一种前所未有的角色，从而改变了传统教学模式中教师一统天下的局面。毫无疑问，这是高校教学现代化的产物，是人们认识到学生在高校教学中应当发挥新的作用的结果。从不享有对教学的发言权到建立常规的学生评教制度，在一定程度上反映了学生已经全程参与了高校教学过程,已经成为影响高校教学的一种重要力量。

学生评教使学生有了表达教学意愿的常规渠道。在高校教学中,学生是发展的主体,教学的目的在于促进学生更好地发展。但在传统的高校教学中,学生的发展并非是自由的,在影响高校教学的诸多因素中,学生是不在其中的。学生评教制度的建立为学生开辟了一条发表相关意见和建议的渠道,使学生表达教学意愿有了制度上的保障。很多高校将所开设的全部教学科目、教师的所有教学活动以及学校的相关工作,均纳入学生评估的范围,这样就使学生获得了对影响其发展的高校教学充分发表自身看法的机会。

学生评教可以使高校教学尊重学生的教学意愿,使学生的主体地位得到保障。在传统的高校教学中,学科知识、教师素养、社会需求等都是影响教学的重要因素,教学计划的制定、课程体系的设计、教材的编撰与选用、教学活动的组织等往往是人们考虑这些影响因素的结果;人们只是从学生的身心特征方面给予了一定程度的关注,并且这种关注还不是学生主体的表达,而是由他人代言的。因此,高校教学常常将学生置于一个被动的地位,学生的教学意愿既得不到表达,也得不到尊重。学生评教制度的建立,扭转了学生的被动地位,他们能够主动地参与到教学过程中来,对教学发挥主体的作用。在这里,学生个体的意愿有了合理的表达渠道,他们不仅可以对教师的教学发表自己的看法,而且能够对学校的教学工作发表自己的意见,表达自己的意愿。学生的教学意愿不但影响到教师的教学活动,而且可能对学校的教学工作产生影响，这样，作为高校教学过程中具有能动性的主体，学生不但享有受教育的机会，而且自己的教学意愿还可能直接作用于教师和学校为自己所构建的教育。

学生评教有助于高校调整办学导向，树立服务学生的办学宗旨。服务学生是高校长期以来一直提倡的办学理念，但在传统的高校教学中，并没有建立起与践行这一理念相关联的制度，从而导致了理念与实际脱节的现象。学生评教制度的建立，客观上为高校调整办学导向提供了条件，使学校践行服务学生的办学理念有了可能。在传统的高校教学中，人们在不了解学生意愿的情况下，计划和安排了几乎所有教学活动，并将其付诸实践。学生不论愿意与否，只能被动地接受教师和学校的安排。显然，这种办学不是以学生为导向的，也不能达到服务于学生整体和个体的教育教学目的。建立学生评教制度，既说明学校已经开始重视学生的相关权利及其在高校教学中应有的地位，同时也使学校有了了解学生意愿、倾听学生呼声和建议的合理渠道，使学校调整办学导向、强化服务学生的宗旨有了可能。

尽管学生评教制度的建立具有重要的积极影响，但要使其真正发挥作用也不是一件简单的事情，需要与之相适应的配套举措。其中，最为重要的是，学生评教应当由学生“用自己的眼睛”看教学，而不是让学生“用他人的眼睛”看教学。学生评教不仅是一种新的高校教学质量保障形式，而且还有实质性的意义，它应当是形式和实质的统一。从形式上看，学生评教是由学生来评估高校教学，而不是由其他人来代替学生；从实质上看，学生评教应当使学生站在学生的角度，从学生个人和集体的利益出发，发表对教学及相关工作的意见和建议，而不是由学生站在其他人的角度，为了其他人的利益来评估教学。从这一点来讲，形式固然重要，实质的学生评教才是我们所期望的。

高等学校学生评教存在的主要问题

作为高校教学质量保障体系的一项根本制度，学生评教理应在高校教师教学的改进和学校有关工作的改善方面发挥重要的影响，但实际上，各高校的情况并不完全相同，差别很大。在有的高校，学生评教有了比较严谨、规范的组织，发挥了较好的作用，但也有很多高校对学生评教的意义缺乏应有的认识，制度建设还存在诸多欠周延之处，致使学生评教未能发挥有效的影响。根据我们的考察和有关调查，学生评教存在的问题主要表现在四个方面。

一、学生评教往往成为学生代人评教

学生评教应当是学生用自己的眼睛来评估教师和学校的教学工作，学生站在自己的角度发表自己的看法，但在实际操作中，尽管学生参与了评估，但却往往成为他人的代言人。在各高校的学生评教制度中，运用问卷调查表或量表的形式是比较普遍的。在调查表或量表的设计中，很多高校从形式到内容都没有将学生放进去，没有从学生的角度来考虑。很多高校的调查表或量表往往从教学态度、教学内容、教学方法和教学效果等几个方面为学生设计评估内容，都是基于教师的立场提出来的，是以教师为本

位的。不仅如此，在具体内容的选择上，更体现了以教师为本位的评估导向。

比如，在某医学院采用的学生评教指标体系中，在教学内容（一级指标）下包括了三个二级指标：（1）讲授内容符合教学大纲的要求，详略得当，难点讲清，重点突出；（2）备课认真，准备充分，条理清晰，概念准确；（3）能密切联系实际并穿插介绍本学科最新进展。① 这些评价项目主要是从教师和学科的角度设计的，尽管学生对某些项目可能作出评价，但其意义确实要打一个问号。如关于"备课认真"，要让学生从教师的教学中发现教师是否认真备了课，这个难度恐怕实在太大了，超出了学生能够把握的范围。即便学生对此作出了回答，其回答的可信度也是值得怀疑的。

再如，某大学在《教学评估问卷》（学生篇）中关于教师授课列出了 11 个项目，包括：（1）对教学工作有热情，讲课认真、投入；（2）讲课思路清晰，阐述准确；（3）授课能够理论联系实际，注重内容更新；（4）讲授内容能够突出重点，讲清难点；（5）讲课有师生间的交流互动，鼓励学生质疑，并给予思路的引导；（6）能做到因材施教，注重学生创新意识和能力的培养；（7）课程的作业有利于学生的自主学习；（8）开课之初即向学生宣布考核及评价方式改革；（9）师生关系融洽，课下交流、指导好；（10）教师的讲解能激发学生的求知欲；（11）对学生要求严格。在这 11 个项目中，除了第十个项目是要求学生站在"我"的角度

① 王军：《高校学生评教的有效性问题与对策研究》，西北师范大学博士学位论文，2004 年。

对教师的教学作出评估外，其它项目都是要求学生站在教师的角度来评估教师的教学。从某种意义上讲，作为评估者的学生是置身事外的。既然置身事外，不要求表达自身的体验，那么，学生的评估也就难以真正反映学生个人的实际感受，况且要求学生站在教师的角度发表对教学的看法本身已经超出了学生能够作出准确评估的范围，所以，评估本身也就不是学生真正的评估，而是学生代人作出的评估。这样的评估不论形式多么完善，其意义都难以得到彰显。

二、学生评教的形式意义大于实质意义

学生评教不应只重其形，更应重其实。不论是关于教师、课堂还是学生，有关的评估内容都要触及问题的实质，而不能只重表面现象的考察。但在实践中，不少高校在学生评教的内容上，更多地关注了教学的形式上的意义，而对于教学的实质上的意义则显得相对比较苍白，没有找到适当的途径来予以反映。

比如，某高校在学生评教中关于教师所列出的评估项目包括：(1)准时上下课，精神饱满，注重仪表，表现出郑重热情的态度；(2)对学生尊重爱护不讥讽，对上课说话、抄袭作业等敢批评、有办法；(3)吃透教材，常有自然的脱稿讲授，能讲出课本之外的总结与实例；(4)每课精心设计，对学生学习的难点有研究，讲课层次、顺序、重点清楚；(5)有驾驭课堂的能力，不会混乱失控或死气沉沉；(6)灵活使用论述、举例和设问提问等方法，启发思考，指导自学；(7)针对不同内容合理使用黑板、多媒体及教具，利于理解记忆；(8)表达清楚流畅，有逻辑性；语言

生动精炼，有吸引力；普通话规范；（9）板书包括图表工整，布局合理，文字规范。[①] 这些项目虽然具体明了，但大多只涉及教师课堂表现方面的情况。课堂教学既是艺术，也是科学。说它是艺术，是指在课堂上教师可以充分运用自己的表演才华来掌控和组织课堂教学；说它是科学，是指教师的表演要与学生的自主学习紧密结合起来，如果脱离了学生主动、积极的学习，教师的表演是没有任何教育意义的。

再如，某大学学生评教指标包括了教师的教学态度、教学内容、教学方法和教学效果等四个方面共 11 种表现，即遵纪守时，为人师表；严格要求，尊重意见；观点明确，概念清楚；精选内容，更新知识；联系实际，例证恰当；重点突出，条理分明；因材施教，注重启发；语言生动，深入浅出；手段多样，板书有序；知识掌握，能力培养；思维开拓，兴趣激发。[②] 虽然这 11 个方面都与教师的教学有关，但要让学生根据这些要求来评估教师的教学，却不是一件容易的事情。这些要求大都高度概括，每一句话都可作多种多样的理解，如为人师表、条理分明、因材施教、深入浅出等，都有着十分丰富的内涵。用这些指标来评估教师的教学，恐怕难以达到所期望的结果。

三、学生评教常常被误用为教师管理的手段

学生评教是一种学生发表对高校教学的意见和建议的制度，

---

① 《天津理工大学教师课堂教学质量学生评教指标》，[EB/OL].http://202.113.66.66/xjjpkpx_2005/gchhx/gezhang/xshpjiao.htm。

② 《学生评教》，[EB/OL].http://jpkc.Jnu.Edu.cn/2007/sfx/kyyd/Show Article.asp? ArticleID=224。

严格来说，学生的意见应当成为教师和学校反思教学的素材，探索为学生提供更有效的教学的依据，学生的意见不具有对不同学科专业的教师进行横向比较、对教师进行分等的功能。也就是说，学生的评估意见只能作为教学研究的依据，而不能作为对教师采取任何管理措施的凭据。但实际上，很多高校在实施学生评教制度的时候，或多或少地融入了某些管理成分，使学生评教具有了一定的调控教学的功能。

比如，某高校在对新生开展的学生评教宣传中明确提出："课堂教学质量评估是一项十分重要的工作，其评估结果无论对于学校教学质量的监控、教学政策的调整，还是对于教师本人的年终考核、岗位聘任、职称评定、个人成长都具有非常重要的影响。"① 再如，某高校在阐述学生评教的作用时，认为"做好学生评教工作，对于提高我校的人才培养质量，具有十分重要的作用"，但在如何发挥学生评教的作用时却提出："学生评教工作逐步与校人事分配制度等结合起来，发挥学生评教在'教学质量一票否决（支持）制'中应有的作用。"② 某大学的规定更是直截了当："学生评教结果居后 50 位的，其评优评先及评职称都将受到影响。凡学生评教结果居后 20 位的教师，当年不能晋升职称；评教结果在后 21 位至 50 位的教师，需要院系出具科研成果相当突出的证明，经学校审批后方能申报。"当学生看到自己的评估事关教师年终考核、岗位聘任、职称评定等切身利益的时候，学生握

① 《2007 新生学习导航》，[EB/OL].http://e.Njnu.edu.cn/stu/index_pop0206.htm。

② 《昆明理工大学"学生评教"实施办法（试行）》，[EB/OL].http://hg.Kkwo.com/class/xgwj/200010147757.htm。

笔的手绝不会感到轻松。

因此，将学生评教与教师管理直接联系起来，而且使之成为对教师采取行政措施的直接依据，学生评教的功能也就异化了。随着学生评教功能的异化，学生评教也就难以在其应有的氛围和心境中正常开展。

四、学生评教的制度设计存在漏洞

为了更有效地开展学生评教工作，很多高校发布了相关文件，规定了开展学生评教的目的、原则、程序、方法、要求等，这对保证学生评教工作的顺利开展十分必要。但同时我们发现，不少高校学生评教的制度设计存在明显的漏洞，影响了学生评教的效果。

一是在同一时间评估全部课程。一些高校为了保证学生的参评率，也是为了统计的方便，要求学生在某一周内对全部所修科目的教学情况进行评估。某大学规定："本学期网上评教暂定于选课前一周进行（约在第 16 周）。同学们只有在完成评教以后才能进行选课，所以希望大家相互转告，务必在评教系统关闭之前完成评教，以免影响大家的选课工作。"[①] 这种集中评教的方式固然可以提高参评率，但当学生离开了课堂，脱离了教学环境后，再要求他们对自己所修全部科目进行评估，其结果的有效性必然降低。

二是教师被排除在学生评教的组织者之外。不少高校将学

① 《云南大学学生网上评教实施办法》，［EB/OL］. http://www.y nu.edu.cn/info/2006-05-25/0-2-288.html。

生评教看成是外在于任课教师的一项事务性工作，将教师排除在组织者之外，由学校、院系各级行政工作人员负责组织开展。某大学规定，学生评教以学院（系）为单位，由分管教学的副院长（主任）负责，教学秘书、学院（系）教学及学生工作管理人员参与，以集中评教为主、分散评教为辅的方式进行。各学院（系）要做好宣传、动员及组织工作，确保学生全员参评，高质量参评。① 另一大学对学生评教的组织工作是这样要求的：（1）学校成立由教务处处长担任组长的评教工作小组，具体实施由教务处教学科负责，校督导组负责监督、检查；（2）各学院成立学院评教工作小组，由分管教学的院长和院党委副书记担任组长，由教学主任、教学秘书、班主任、教学信息员担任组员，负责组织实施本院评教工作。② 在这两所高校关于学生评教的组织工作规定中，都没有安排教师参与。这一做法人为地割裂了学生评教与任课教师之间的天然联系，人为地制造了学生评教与教师之间的对立氛围。

三是对评估结果采取过度量化的方法，难以准确反映教学的真实情况。在高等教育评估中，对一些难以量化的项目采取二次量化的方法，以获得某种清晰的认识，是一种常用的方法，但对二次量化的结果的解释及作用有着严格的界限。一些高校在学生评教工作中，将二次量化的结果作为对教师进行分等的依据，这是不恰当的。某高校规定，课堂教学质量评估采取学生评估与专家评估相结合的方法进行。每学期期末，由学校教务处组织学

① 《武汉大学学生评教实施办法》，[EB/OL].http://www.sim.whu.edu.cn/board/show board news.php?board_new id=817。

② 《关于做好 2006—2007 学年第一学期学生评教工作的通知》，[EB/OL].http://www.njfu.edu.cn/list.jsp?newsid=214。

生填写教师课堂教学质量评估表。对于评估成绩为优秀和差者，学校将组织专家评估组进行评估，综合两项评估结果确定评估成绩。关于评估成绩，学校规定，100—85分为优秀，84—75分为良好，74—60分为一般，60分以下为差。[①] 学生评教的结果经过二次量化后变成了一串枯燥的数据，这些数据已没有任何实质的意义。将不同教师获得的评估分数进行比较，并根据比较结果对教师采取相应的奖惩措施，表面上客观公正，实质上并没有道理。

完善以学生评教为核心的高校教学质量保障体系的策略

我国高校确立教学质量保障意识并建立相关制度的时间不长，存在这样那样的问题难以避免，进入高等教育大众化发展阶段后，新建高校大量增加，学生规模成倍增长，因此，强化高校教学质量保障体系建设，确保高等教育质量不断提高，已经成为新时期高等教育发展面临的重要课题。学生评教是高校教学质量保障的根本制度，完善学生评教制度，充分发挥学生评教的功能，完善高校教学质量保障体系，是我国高校无法回避的重要任务。

一、树立正确的学生评教观，还学生评教之本真

作为一种制度，学生评教可以有多种形式，这需要结合各高校自身的实际来构建，可以有各校的特色。但就学生评教的理念而言，各高校之间应当是确定的。学生评教的主旨是通过学

---

① 《延边大学教学质量监控与评价管理办法》，[EB/OL].http://jiaowu.ybu.edu.cn/data/upload/ybdxjxzljkypj glb 1098891983.doc。

生了解高校教学的状况，为教师和学校改进教学及相关工作提供依据。因此，建立学生评教制度，开展学生评教工作，不能遮蔽学生的眼睛，不能让学生扮演代言人的角色，不要让学生走到教师的对立面，不要将学生评教的结果异化为管理的依据，不要将教师排除在学生评教之外，成为学生评教工作的“局外人”。要着眼于营造和谐的评估氛围，将学生评教与教学研讨紧密结合起来，让学生评教成为高校教学研讨的重要环节，使评教结果成为教学研讨的内容和依据，使学生评教回归其本源，真正发挥学生评教促进教学改革的作用。

和谐的评估氛围是保证学生评教发挥功能的重要前提。一些高校将学生评估看成是一把利剑，将评估结果的作用延伸到教学研讨以外的管理层面，使其发挥在教师奖惩，包括所谓的“末位淘汰”和“一票否决”中的作用，这明显背离了学生评教的主旨，其后果只能是人为地制造不和谐氛围，使师生之间的关系趋于紧张，导致教学过程中的种种“怪异”现象。树立正确的学生评教观，准确把握学生评教的本质，让学生评教回归本位，既是尊重学生受教育权利、保护学生参与教学过程的权利的需要，也是更好地发挥学生评教的作用的需要。任何误用学生评教的做法都可能使学生评教走向其反面，不但不可能发挥积极作用，而且还可能对高校教学产生消极的影响。

二、构建科学的学生评教制度，发挥其质量保障的核心作用

尽管很多高校在学生评教方面进行了积极的探索，制定了学生评教制度，但这些制度的科学性仍然存在一些值得关注的问

题，需要各高校予以重视。

任课教师参与学生评教组织工作有助于完善学生评教制度。学生评教本身是学生与教师之间的一种交流渠道，师生只有在相互交流中才能取得对教学的共识，学生的意见和建议才能真正为教师接受和采纳。将教师排除在学生评教过程之外，教师被动地担当听众的角色，而且相关的评估信息由第三方——管理人员传达，从心理学的角度讲，无论这些评估信息多么合理、准确，在教师内心都可能产生拒斥心理。师生本是高校教学过程的共建者，共建双方的相互理解是发展师生和谐关系、开展有效教学的前提条件。

制定科学合理的学生评教量表、开发相关的学生评教辅助手段，对完善学生评教制度、保证学生评教质量有着重要的意义。很多高校的学生评教量表或问卷或多或少地存在以教师为中心、以学科或知识为中心的倾向，将学生置于同行教师的位置，或者说是置于一个学者的位置，来评估教师的教学态度、教学内容、教学方法和教学效果。不仅如此，一些问卷或量表的项目过于抽象、过于原则，难以作出准确的评判。科学合理的学生评教量表应当使学生发表自己对教学的感受，学生的看法应当是其真情实感的流露。比如，我从教师的教学中学到了教材之外的专业知识、我在课堂上有机会与老师和同学交流思想、教师布置的课后作业拓展了我的学习范围等项目，就有可能使学生从切身体验中对教师的教学发表自己的看法。再如，“该课程所要求的学习量是适当的”，“与其他相同学分的课程相比，该课程的学时安排是恰当的”等项目，就可能使学生对学校教学计划中关于课程学分和学时规定的适切性作出判断。在完善评教量表或问卷的同时，高校还应当开发相关的学生评教辅助手段。比如，通过学生评教座谈会、师生教学研讨会等形式，更广泛地收集学生关于教学工作的意见和建议，从而获得更全面、更深入的相关信息，为探讨教学改革的途径与方式，提高教学质量奠定坚实可靠的基础。

我们应该科学地运用学生评教的结果，切实发挥学生评教在促进教学改革和完善教学服务中的重要作用。学生评教的目的不在于成为对教师采取管理措施的依据，但事实上，这已经成为众多高校习以为常的做法。其实，如果仔细考察在对教师进行奖惩之后学生评教在教师改进教学、提高学校教学服务质量方面所发挥的作用，得到的结果恐怕很难是正面的。实际上，很多高校开展学生评教的程序也就到此为止了。这种做法违背了学生评教的主旨，不利于发挥学生评教的积极作用。完善学生评教制度，应该对学生评教的结果采取科学的态度，明确学生评教结果的适用范围，严格限定学生评教结果的用途，杜绝将学生评教与对教师的行政处理联系起来，为开展学生评教工作营造宽松和谐的氛围，保证学生评教工作健康有效地开展。

三、借鉴国外经验，完善我国高校的学生评教体系

我国高校开展学生评教的历史不长，缺乏成熟的经验，国外一些高校长期坚持开展学生评教，建立了常规化的学生评教制度，对教学工作发挥了积极的作用，他们的经验值得借鉴。比如，在美国高校，学生评教已经成为教学工作的一个有机组成部分，学生和教师都能以平常心对待教学评估，学生将其看成是自己分内的事情，教师认为学生理所当然地有发言权，师生之间能够友好地交流

各自对教学的看法。在学生评教量表或问卷的设计上，美国高校十分重视从学生的角度设计项目或问题，以便学生能够准确地评判教学。如在波士顿学院的学生评教表中，包括了这样一些问题："每次上课的学习内容是否必要？这门课是否有助于你获取实际信息、掌握有关原理和概念、获得学术技能、获得实用技能、人格发展？教师在课外是否提供了帮助？与其它相同学分和学时的课程相比，这门课的时间安排是否合适？"[①] 在学生评教量表或问卷的类型上，美国大学可谓下足了功夫。如华盛顿大学按小班教学、大班教学、讨论教学、问题教学、实习教学、实验教学和远程教学等不同的教学组织形式编制的学生评教表达 11 种之多，在这些评教表中既有共性指标，也有个性要求。[②] 在学生评教结果的运用上，美国一些大学从维护学生评教的严肃性、保护教师的尊严和隐私出发，规定了严格的界限，限定其用途和适用范围，甚至连哪些人可以知晓学生评教结果都有明确的限定。毫无疑问，这些经验和做法对改革我国高校学生评教制度具有重要的启发意义。学习和借鉴国外高校学生评教的经验，改进我国高校的学生评教制度，既是完善我国高校教学质量保障体系的需要，也是我国高校深化教学改革，不断提高教学质量，培养国际化高素质人才的需要。

（原载《高等教育研究》2007 年第 12 期，
与孟凡合作发表）

---

① 别敦荣：《美国大学教育观察》，《中国大学教学》2002 年第 12 期。

② 钟锦文、张晓盈：《美国大学"生评教"的经验与启示》，《江苏高教》2007 年第 3 期。

大学教师教学发展中心的性质与功能

教师教学发展中心是新近在我国大学中得到广泛设置的一种机构。2012年7月，教育部启动教师教学发展示范中心建设工作，拟于“十二五”期间在中央部委所属大学中重点支持30个国家级教师教学发展示范中心。教育部向各中心分别资助500万元建设经费，用于探索建立适合各校实际的教师教学发展中心运行机制，开展教师培训、教学改革、研究交流、质量评估、咨询服务，以及为其它高校提供培训服务等；并提出对这些示范中心实行年度报告制度，对其运行状况及工作成效进行检查评比。① 从对国家投入巨资建设的“国家级教师教学发展示范中心”的考察来看，不少大学存在重申报、轻建设的问题，不论是其功能定位、组织机制、人员配备，还是其实际发挥的作用与作用方式等，大多都还没有达到建设的预期。有的徒有其名，空壳运行；有的即便有三五个专职人员，但性质不明、职责不清、机制不畅、作用

① 教育部：《关于启动国家级教师教学发展示范中心建设工作的通知》，[EB/OL].[2013-10-01].http://www.moe.gov.cn/publicfiles/business/htmlfiles/moe/A08_gggs/201207/139396.html。

微弱；还有的简单化地将先前已经存在的教师岗前培训、青年教师教学技能竞赛、教学研究、教学评估等归并到一起，以为就发挥了应有的作用。种种现象表明，关于大学教师教学发展中心的建设，还需要解决一些基本的认识问题，尤其是对其性质与功能定位，应当有更深刻的理解、更明确的认识。

大学教师发展模式的转型

大学教师是一种特殊的职业，迄今为止，还没有一种专门的大学教师培养机构。大学自身可以培养社会各行各业所需要的各级各类人才，却唯独不培养大学教师。尽管大学教师通常也是从大学毕业生中选聘的，但从入职到成为合格和优秀的大学教师，一般都需要一个较长的在职提升过程，短的三五年，长的八到十年，甚至更久。[①] 显然，大学教师的这种成长模式与高等教育快速发展的需求是不相适应的，也与人们对高等教育质量的期待格格不入。大学教师发展模式必须转型，这正是国内外大学教师教学发展中心应运而生的现实基础。

一、大学教师的经验发展模式

教师发展的需要自大学产生开始就出现了，但早期的从业者通常并不以大学教师为终身职业，很多人将大学作为临时的栖身之所，一旦找到永久性的职业，比如牧师，便放弃大学教师工

① 别敦荣、赵映川：《20年来我国高校教师队伍的发展研究》，《教育研究》2008年第9期。

作。现代大学与古典大学的一个重要差别就在于，教师成为了一种稳定的职业，从其内在精神到外在行为和支持条件，都成了从业者可以寄托人生理想、展现个人抱负、实现生命价值的职业。[①]但即便如此，大学教师发展模式仍没有实质性的变化，教师发展主要是个人的事情，并没有成为大学的责任和义务。教师发展的实现主要是通过教师个人在职学习，他们在从事教育工作的过程中，观摩他人教学，不断总结经验，摸索有效教学的方法和手段。这就是大学教师发展的经验模式，一种大学教师通过总结自身工作经验，借鉴他人工作经验，达到提升自身教育教学能力和职业修养的方式。这是一种典型的大学教师发展模式，自大学产生以来一直为大学和教师所接受。

尽管师范教育担负了培养教师的责任，但不论中等师范教育还是高等师范教育，都是以中小学教师为培养对象的，并不涉及大学教师培养。[②]20世纪中期，高等教育学逐渐成为大学的一个学科领域，关于高等教育的专门学问不断增加，人们对大学、大学教育、大学教学、大学教师、大学生等的认识不断深化。在这种情况下，为了满足教师发展的需要，大学已经能够为新入职的教师提供岗前专业培训，使新教师能够初步理解高等教育，熟悉大学工作的基本规则和要求，为他们顺利进入角色、履行大学教师职责打下基础。但是，入职培训显然不能完全满足大学教师发展需要，大学教师的发展主要还是依靠经验模式，包括教师自身

---

① 别敦荣：《大学理念与现代大学的嬗变——〈现代大学及其图新〉译者前言》，《现代教育管理》2013年第4期。

② 潘懋元、吴玫：《从师范教育到教师教育》，《中国高教研究》2004年第7期。

的经验和他人的经验。大学缺少其它更有效的手段来提高教师职业能力和修养，这不但是大学教师的缺憾，也是大学的缺憾。

二、大学教师的专业发展模式

有学者曾经略带自嘲地感叹，大学教师什么都研究，唯独不研究自己。不论是在高等教育学成为一门学科之前还是之后，大学教师都没有摆脱经验发展模式，主要依靠有意识和无意识的自省，来获得有关教学的认知，根据个人对教学的理解实施教学。在高等教育由精英阶段走向大众阶段甚至普及阶段的时代，大学办学规模显著扩大，教师人数成倍增加，由几位到几十位，再到数百位、数千位，构成越来越复杂，职业动机各不相同，学术能力和水平参差不齐，对教学的态度和要求也不完全一致。随着大学生规模的扩大，其构成和基础也发生了很大的变化，学习目的、兴趣爱好、学习方式、对教师和学校的期待等都表现出高度多样化的特征。很显然，主要依靠经验模式的大学教师发展已经不能适应高等教育发展的需要，在高等教育发展的新阶段，大学应当为教师发展提供新的条件和平台。

20 世纪六七十年代，部分欧美大学开始陆续提出一些有关大学教师发展的新理念和新方法，探索教师发展的新模式。[①]20 世纪中期以前，关于高等教育以及大学教师的研究主要是一些大学校长和少数教授的业余学术研究领域，他们的研究成果对大学教师的成长不无启迪，但还不足以改变大学教师的发展模式。20

---

① 潘懋元、罗丹：《高校教师发展简论》，《中国大学教学》2007 年第 1 期。

世纪中期以后，高等教育研究在部分国家得到了迅速发展，高等教育学逐渐成为大学的一门学科领域，为高等教育专业人才的培养奠定了必要的学科基础。与此同时，大学教学也逐步发展成为一种专业，并形成了与之相适应的理论、标准与方法。[①] 为此，大学教师发展另辟蹊径，跳出经验自省，丰富岗前培训，走向理性训练，形成了专业化发展的新模式。这就是大学教师的专业发展模式，一种将大学教师发展置于高等教育学科基础之上，运用各种适当的训练手段和条件，对教师进行理论教育和实践训练的方式。与经验发展模式不同，不论是发展需要还是发展方式，专业发展模式都突破了大学教师个人，而为大学教师群体所共有。当然，这并不是说，在专业发展模式中，大学教师的个人要求和个体行为无足轻重，经验发展模式完全不再发挥作用。实际情况恰恰相反，两种发展模式并不是对立关系，而是共生互补关系。经验发展模式能够为大学教师的专业发展提供基础，专业发展模式能够为大学教师反省自身经验、升华个体认知、提高发展的科学性与自觉性提供不可缺少的支撑。

三、大学教师教学发展中心与教师发展模式转型

由经验发展走向专业发展，不仅意味着大学教师发展内在规定性的转变，还包含了大学教师发展组织方式的变化。我们知道，大学教师发展的经验模式是一种自发模式，主要依靠教师个人的体悟与自省，而专业模式则是一种大学组织模式，主要依靠

---

① 别敦荣、王根顺：《高等学校教学论》，高等教育出版社 2008 年版，第 21 页。

大学的组织和教师的修为。教师教学发展中心便是大学教师专业发展模式的主要载体。

大学教师教学发展中心是大学设立的、与教师及其教学和学生学业发展相关的专门机构的统称。虽然其名目繁多，如有的称为“教学发展中心”，有的称为“教师发展中心”，还有的称为“教学研究中心”，等等，但大体上是同一类组织。在教育部“十二五”期间重点建设的30个“国家级教师教学发展示范中心”中，以“教师教学发展中心”命名的有24家，以“教师发展中心”命名的有3家，以“教学发展中心”“教师教学发展示范中心”“教学促进与教师发展中心”命名的各1家。[①] 这种类型的机构在欧美国家中很早便出现了。早在1962年，美国密西根大学就建立了“学教研究中心”（Center for Research on Learning and Teaching，CRLT），该机构从一开始便致力于大学教师的专业发展，以推动密西根大学19个学院的教学创新、实现卓越教学为使命。[②] 我国大学直到近些年才逐渐把目光投向此类机构，尝试着围绕自身发展需要，建立一些具有教师教学发展中心性质的部门或机构。2008年华中科技大学成立“教师教学方法与技术研究支持中心”，其宗旨是加强大学教师教学方法与技术研究，促进教师教学理念更新，推动教师专业发展。[③]

---

① 教育部：《关于对拟入选“十二五”国家级教师教学发展示范中心进行公示的通知》，[EB/OL].[2013-10-01].http://www.moe.edu.cn/publicfiles/business/htmlfiles/moe/A08_sjhj/201209/142571.html。

② “University of Michigan. About CRLT,”[EB/OL].[2013-10-02].http://www.crlt.umich.edu/aboutcrlt/aboutcrlt.

③ 华中科技大学：《华中科技大学教师教学发展中心简介》，[EB/OL].[2013-10-02].http://202.114.18.209:8888/zxjj.jhtml。

2012年9月,教育部对拟入选的30个“国家级教师教学发展示范中心”进行了公示,包括厦门大学、华中科技大学等在内的30所大学获此称号。部分省、自治区、直辖市教育主管部门也督促所属大学设立了一批教师教学发展中心。由零星的个别大学成立,到成为中央和地方的政府行为,反映出大学教师发展开始受到高度重视,成为大学管理和政府施政的领域。事实上,自20世纪90年代初期,教育部和部分省市就开始建立大学教师培训体系,先后依托一些重点大学建立大学师资培训和交流中心,并且在教育部的直接领导下开展了全国大学的教师岗前培训工作。这些机构和工作为推动我国大学教师发展模式转型发挥了重要作用,但由于这些机构所组织的活动通常只在新聘教师中开展,受众面很小,所以并没能从根本上促动教师发展模式的转型,教师发展主要还是教师的个人行为。大学教师教学发展中心的普遍设立,不但可以从组织建制上促进教师发展模式的转型,而且能够从功能开发上促进教师发展走向理性训练和个人修为,建立教师专业发展的新模式。

大学教师教学发展中心的性质

大学教师教学发展中心的性质直接决定其功能。在我国的大学,人们对教师教学发展中心的性质并没有形成共识,有的甚至还存在一些误解,导致教师教学发展中心的功能发挥进退维谷,达不到预期的效果。概而言之,主要的分歧或误解就在于其究竟属于行政机构还是学术机构,有的大学将其作为行政机构,有的大学将其作为学术机构，莫衷一是。正因如此，大学赋予教师教学发展中心的职责、权力往往存在很大的不确定性，导致其功能定位不清，难以发挥应有的作用。

一、大学教师教学发展中心的非行政机构性质

大学存在两类性质迥然不同的机构：一类是学术机构，主要是各院系或研究机构；一类是行政机构，主要是各行政部处或办公室。在很多大学，教师发展中心被划归行政机构系列，享有行政机构所拥有的各种工作条件，工作要求也与行政机构相同。作为行政机构，大学教师教学发展中心被赋予相当的行政级别，有的是副校级单位，有的是正处级单位，有的是副处级单位；中心的所有工作人员均享受行政人员待遇，拥有相应的行政级别，按照行政阶梯晋级升等；中心的工作按照行政程序组织开展，主要依靠行政权力发挥作用；中心与其它行政和学术机构之间的关系表现为行政协调、行政领导或指导的关系；人员配备上少则仅一人，多则三五人不等，素质要求以行政素质为主，不看重学术专业背景。这种高度行政化的组织方式在本质上与大学原有的师资、人事行政工作方式并无太大区别，其运行逻辑依然是通过自上而下的行政权力和由外向内的行政手段管理、组织大学的教师发展工作，并没有从专业的角度重构大学教师的发展模式，也没有能力从学术的高度擘画教师专业发展的支持制度。正因为如此，这类大学教师教学发展中心所发挥的作用常常非常有限，主要表现为计划、组织和协调有关教师发展的活动，中心本身并不具有学术力量，也不能发挥学术影响力。

将大学教师教学发展中心作为行政机构看待是不符合其设立宗旨的。教育部高教司所发布的《关于启动国家级教师教学发展示范中心建设工作的通知》明确提出了教师教学发展中心要承担的两大任务。其一，开展教学咨询服务。面向学校全体教师，重点是为新进教师、中青年教师和公共基础课教师提供教学咨询服务，满足本校特色化人才培养和教师个性化专业发展的需要。其二，开展教学改革研究。借鉴国内外先进的教育教学理念、成功经验和有效做法，着重研究公共基础课和核心课程的教学内容更新、教学方法改革、教学模式创新；促进教师更新教学理念，掌握必要的现代教育技术，改进教学策略与技巧，提高教学能力；推动营造重视和研究教学的氛围，建设具有本校特色的教学文化；推广教学改革实践经验和成果，促进教学质量持续提高。[①] 由此可知，教师教学发展中心被赋予的任务多数都是专业性极强的学术工作，并非普通的行政部门所应承担与所能胜任的。如果将发展中心视为单纯的行政机构，等于将其工作职能窄化为一般意义上的学校行政管理或组织人事机构，遮蔽了其本应发挥的专业性职能。因此，将教师教学发展中心简单地等同于一般行政机构，与其设立宗旨是背道而驰的。从履行其职能的角度看，大学教师教学发展中心应当具有专业机构的性质，能够发挥教学引领作用，成为解决教学问题和困难，研究教学理论、方法和技术，培育教学文化，促进教学质量持续提高的基地。

---

① 教育部:《关于启动国家级教师教学发展示范中心建设工作的通知》，[EB/OL].[2013-10-01].http://www.moe.gov.cn/publicfiles/business/htmlfiles/moe/A08_gggs/201207/139396.html。

二、大学教师教学发展中心的非学术机构性质

既然大学教师教学发展中心具有非行政机构的性质，那么，它是否就是学术机构呢？从目前的实际情况看，确实有一些大学将大学教师教学发展中心看作是与高等教育研究所（院）、教育研究院（学院）性质相同的学术机构，有的甚至直接将二者放到一起、合署办公。虽然这样可以达到充分利用后者学术资源的目的，但二者并不能等量齐观。我们知道，大学的学术机构主要是以学科或职业领域为基础建立起来的，比如，经济学院、工学院、法学院等，各学院之间虽然不乏相互协作和交叉融合，但各自的办学与发展都有其自身的逻辑与规律，是一种合作办学、学术平等的关系，尤其在学术人员的关系上，并不存在教育者与受教育者的关系。从发展中心自身承担的使命出发，它需要与大学各学术机构保持密切的联系，为全校教师的专业发展提供支持与服务，这就与大学内部学术机构的相对独立性产生了矛盾。作为单纯学术机构的发展中心虽然具备充足的学术资源和专业基础，但在制度设计上并不具有全面开展教师发展工作的权限，这就在很大程度上限制了其功能的发挥与职能的实现。有的大学从节约行政资源出发，将大学教师教学发展中心挂靠相关院所，以减少编制和行政人员支出，这一做法的初衷是可以理解的，实际上也确实达到了上述目的，但由于学术职能的局限，这种制度安排并不能有效地发挥大学教师教学发展中心的功能。

因此，不能将大学教师教学发展中心归入学术机构系列。教育部高教司在前述《通知》中提出了建设国家级教师教学发展示范中心的目的："以提升高等学校中青年教师和基础课教师业

务水平和教学能力为重点，完善教师教学发展机制，推进教师培训、教学咨询、教学改革、质量评价等工作的常态化、制度化，切实提高教师教学能力和水平，建设高素质教师队伍。”[①] 为了达到这一目的，示范中心应当承担六项任务，包括开展教师培训、开展教学咨询服务、开展教学改革研究、开展教学质量评估、提供优质教学资源、承担促进区域内高校加强教师教学发展中心建设的相关任务，发挥示范、辐射、引领作用。[②] 毫无疑问，这些任务并不是一个单纯的学术机构所能承担的。即便教师教学发展中心具备了完成上述任务所需要的专业能力，但在开展具体的工作时，也必然会因为组织、制度方面的限制与掣肘而面临重重困难。

有人可能会问，这些规定是针对示范中心而言的，那么非示范中心是否可以归入学术机构系列呢？这个问题的答案不应是简单的是与否，而是取决于大学对教师教学发展中心的总体定位与要求：如果将其定位于专门的教师发展机构，那么答案就是否定的；如果将其定位于辅助性的教师发展机构，即其主要职能不在于承担教师发展任务，只是附带地承担一些教学研讨、教师培训和继续教育的任务，那么答案就是肯定的。但需要注意的是，如果大学教师教学发展中心不将教师教学发展作为其主要职能，那么，它也就失去了存在的合法性基础，不能算作名副其实的教师教学发展中心。

---

① 教育部：《关于启动国家级教师教学发展示范中心建设工作的通知》，[EB/OL].[2013-10-01].http://www.moe.gov.cn/publicfiles/business/htmlfiles/moe/A08_gggs/201207/139396.html。

② 同上。

三、大学教师教学发展中心是教师专业发展的专门机构

大学教师专业发展是当代高等教育发展的要求，教师教学发展中心是教师专业发展的专门机构。作为一种专门机构，它既不是纯粹的行政机构，也不是纯粹的学术机构，而是具有跨行政机构与学术机构的性质。在行政方面，它拥有一定的行政资源，掌握一定的行政权力，担负协调和组织各学术机构教师发展的职能，但因为自身工作性质的专业性，它不能单纯依靠行政资源和权力办事，更不能将自身等同于其它行政部处机关，而是应当利用自身的专业资源和力量，发挥专业权利和权威的影响力，赢得各学术机构的尊重，有效地利用其行政资源和权力。在学术方面，它拥有一定的学术资源，享有一定的专业权利，承担提供学术和专业咨询、资源、指导和教育的任务，但因其服务对象即学校各学术机构的学术人员大多具有特殊的身份，以及各自学科专业领域内深厚的学术修养，所以很难像一般的学术机构从事人才培养和科学研究那样，对各学术机构的学术人员发挥天然的培养和教育作用，而是应当借助于必要的行政资源与行政手段，对教师发展工作进行全方位的促进与支持，从而赢得学校各部门的关注和配合，有效落实其专业任务。

所以，大学教师教学发展中心要将行政机构和学术机构的性质有机地融为一体，成为兼具行政和学术属性的专门机构，从而发挥行政与学术的双重优势，有效地履行教师专业发展使命。这同样也是国外大学教师教学发展中心的共同经验。例如，美国密歇根大学学教研究中心（CRLT）隶属于教务长，由一名助理副教务长负责，专职工作人员达 30 人之多，包括行政管理人员、各

学科教学顾问、研究咨询人员、项目协调人员、评估专家、技术支持人员等，其中教学顾问和研究咨询人员占一半左右。[①] 中心还会根据需要聘用其他专业人员，比如2012年就新聘用了一名网络搜索利用专家。[②] 由此可见，密歇根大学的学教研究中心既不属于单纯的行政机构，也不属于单纯的学术机构，而是兼具行政和学术双重性质的专门机构。也正因为如此，它才能发挥支持教师专业发展的作用。

大学教师教学发展中心的功能

大学教师教学发展中心具有行政和学术的双重性质，但这并不是说它应当在行政和学术两个方面发挥功能：作为一种特殊的专业机构，其行政性是为了保障更有效地在全校范围内发挥组织、协调和资源调配作用，使其能够超越各学术机构发挥综合性、引领性作用；学术性则是为了使其能够更好地利用专业资源，发挥专业权利的影响力，引领全校教学发展方向，提升教师教学能力和水平，促进办学水平和人才培养质量的全面提高。因此，不能简单地从行政和学术两个方面来认识大学教师教学发展中心的功能，而应将二者辩证地结合在一起，从专业机构角度把握其实质，探讨其对我国大学教育教学和人才培养应当发挥的作用。

---

① "University of Michigan, Specialists on Teaching Excellence," [EB/OL]. [2013-10-01]. http://www.umich.edu/teaching.php.

② 同上。

一、强化教学专业认知

在定位教师教学发展中心的主要功能时，不少人简单地望文生义，认为大学教师教学发展中心的首要任务就是单纯地提高教师教学能力和水平。尽管这一看法没有错误，但若仅仅关注教学能力和水平，将视野仅仅停留在教学能力培训和教学水平提高的层面上，就不免有些偏颇了。试想，如果教师教学发展中心的功能仅仅是教学培训与提高，那么，国家设置一批传统的师资培训中心实际上也能达到基本相同的效果，完全没有必要再投入巨资，大张旗鼓地进行国家级示范中心的建设。其实，大学教学的问题，表面上是教师的教学能力和水平的问题，实质上是教学作为一种专业的问题，正是因为这个问题在大学和教师身上并没有得到真正解决，才导致了诸多教学问题的产生。很多大学不重视教学专业建设，很多教师既缺少专业技能的训练，也没有专业的基本理念和信念，尤其是缺乏关于教学工作的专业认知，而只是简单地理解为上几门课，理解为对学生的知识灌输，而没有意识到教学实际上是一种具有高度专业性、需要进行严格专业训练方能胜任的专业工作。

专业认知是专业从业者的基本素养，提高大学教学专业认知水平是全面提高教师素质不可缺少的重要环节，但这常常是被忽略、被遮蔽的环节。大学教师教学发展中心应当通过各种可能的途径，利用各种学术资源和专业权利及影响力，为全校教师提供专业教育和训练，强化其专业认知，全面提升其从业理想和专业信念水平，促进其专业发展。强化大学教学专业认知的具体方式，包括在全体教师和干部中普及大学教学知识、传播和推广现代大学教学理论和经验、激发教师从教兴趣和动机等，使教师树立并不断增强专业理想和信念，实现专业认知从自发阶段向自为阶段的过渡。

二、提升教学专业伦理

专业伦理是专业群体的行为规范与伦理标准，强调专业伦理的主要目的在于促进专业群体更好地履行其专业职责，维护其专业声誉。作为一种专业，大学教学自然也有其自身的伦理准则和道德规范，这是大学教师在从业过程中必须遵从、践行的，也是大学教师应当维护、捍卫的。否则，大学教学的专业地位就无法得到认可与保证，大学教师的专业工作就很难得到外界的信任与尊敬。传统上，大学教师从事教学讲究师德和良心，这种伦理和道德要求往往通过教师个体的习得行为所获取，但在大学教学成为一种专业、受到众多利益相关者高度关注以后，传统的教学伦理观已经很难适应大众化时代大学教师的专业任务，重视专业伦理水平提升的意义已经超出了大学和教师本身。在大学教师的专业发展模式中，教师的教学专业伦理修养不但仍然需要依靠教师通过经验去习得，还需要通过理性的专业发展工作来传播和训练，并通过适当的组织机制予以落实和保障。

因此，提升教师的专业伦理水平应该成为大学教师专业发展工作的重要目标指向，成为教师教学发展中心的一项重要职能。大学教师教学发展中心组织开展的多种教师发展活动，包括各种形式的专业培训、专家咨询、教学研讨与示范、教学评估与相关认证等，都离不开提升教学专业伦理这一主题。提升教学专业伦理是一个长期的过程，教师教学发展中心不仅需要致力于提高教师和干部对教学专业价值的认识水平，更重要的是通过系统化的专业训练与专业发展工作，约束和规范教师的专业行为，潜移默化地提高教师对教学的认同感、忠诚度和职业幸福感，对学生的责任感和使命感，对大学的归属感，以及对社会及各种利益相关者的奉献精神。专业伦理的全面提升，能够使教师在教学工作中不断焕发出生机与活力，减少和消解职业倦怠，以良好的精神状态投身教学，不断提高教学的专业价值和精神价值。

三、培育教学专业文化

大学教学专业文化是一种不同于学科文化的大学亚文化，既包括关于教学的理论成果，也包括教学的环境与氛围，还包括大学和教师的教学价值取向与行为方式。显而易见，教学专业文化对于大学教学的品质与旨趣具有决定性的影响作用，是影响大学教学形态与教学效果的重要因素。长期以来，我国大学并没有意识到教学专业文化的重要性，不重视教学专业文化建设，在教学问题上缺少专业文化意识，简单化地对待和处理教学问题；教师也缺少教学专业文化的概念，以保守、陈旧的眼光看待大学教学，固守传统的教学模式，将从事教学工作看作是备课、上课、考试等程序性工作。这些问题的产生在很大程度上是因为教学文化的内涵建设长期得不到大学和教师的重视，缺乏相对独立的地位和影响力，导致大学教学的中心地位得不到落实，教学工作被边缘化，教师对教学的投入也得不到保障，人才培养质量的基础不牢固。

建设内涵丰富、凝聚力和感召力强大、影响深远的教学专业文化，是我国大学陶铸文化精神、提高办学品位的必由之路。大学教师教学发展中心对此义不容辞，应当组织各方面力量加强教学理论和实践研究，积累丰富的教学理论研究成果；利用各种有利条件，在全校组织教学思想观念教育活动，扭转师生员工对教学的种种误解和偏见，牢固确立教学的中心地位；推进教学制度创新，健全教学奖罚措施，加大教学奖励力度，营造重视教学、尊重教师、崇尚教学、潜心教学的校园环境和风气；通过各种学术研讨、师生交流、技能培训和信息传播等专业活动，营造浓厚的教学文化氛围，不断提高教学文化的影响力，大力发挥教学专业文化对大学教学工作和人才培养的保驾护航作用。

四、促进办学水平和人才培养质量的全面提高

大学办学水平和人才培养质量涉及大学内外众多相关机构和人员，既包括大学几乎所有的学术科系和各类教师，也包括各级党政管理部门。由于管理体制等原因，我国大学办学功能分化严重，办学运行和监督由行政机构负责，办学水平和人才培养质量由学术机构负责，缺少一种能够综合性地引领教学发展方向，促进办学水平和人才培养质量提高的机构。作为新生事物，教师教学发展中心的出现正逢其时，其所承担的开展教师培训与教学咨询服务、开展教学改革研究与教学质量评估、提供优质教学资源等职能，已经超出了单纯的行政机构或学术机构的范畴。利用自身跨行政与学术的特殊属性，大学教师教学发展中心可以在现有行政机构和学术机构所发挥作用的基础上，开辟教学促进和教

学引领的新领域，既能为行政机构提高教学管理、组织和监督的水平提供思想和理念支持，又能为学术机构实施教学创新、促进教学现代化提供动力、指明方向。正是通过这种中介作用，教师教学发展中心才能够从信息交流、资源有效配置、先进思想引领、多元互动合作等多个方面协调校内外办学关系，为大学打造优良的办学环境。从国外大学的相关经验来看，教师教学发展中心正是通过这样的方式为大学办学水平和人才培养质量的提高作出了卓越的贡献。

人才培养质量归根结底在于大学生学习质量。密歇根大学建立的学教研究中心，将学置于教的前面，恐怕不是简单的顺序排列问题，而是另有深意。这反映了国外大学教学的一个重要发展取向，即高度重视学生，将学生的学习置于教师的教学范畴。反观我国大学教师教学发展中心，即便是在30个“国家级教师教学发展示范中心”中，也极少有关注学生及其学习的，这不能不说是一个遗憾。大学教师教学发展中心既要关注教师的“教”，也要关注学生的“学”，要从教与学一体化的角度，推动大学生转变学习观念、更新学习方式，建构新型学习模式，提高学习效率和学习质量。唯其如此，才能从根本上达到促进办学水平和人才培养质量提高的目的。

（原载《复旦教育论坛》2014年第4期，
与李家新合作发表）

高校教师对教师发展中心满意度研究

全国众多高校设立了教师教学发展中心（以下简称“教师发展中心”）。尽管大多数高校设立教师发展中心的初衷主要是为了落实教育部下发的文件要求，但从我们前期对教师发展中心运行状况的调查结果来看，教师发展中心已经在一定程度上推动了高校从重视科研向重视教学的转变[①]，但是，由于教师发展中心尚处于起步和建设阶段，缺乏成熟的实践经验和系统的理论指导，要想全面发挥其应有功能，促进高校教育教学质量的全面提升，依然任重道远。高校教师是教师发展中心的主要服务对象，他们对教师发展中心的满意度在一定程度上反映了中心的工作水平和服务质量。研究高校教师对教师发展中心的满意度，有助于了解高校教师对中心的需求、评价与期待，同时也从一个侧面反映教师发展中心设立的现状、取得的成效以及存在的问题等。因此，关于高校教师对教师发展中心满意度的实证调查研究对进一步建设与完善教师发展中心有着重要的参考价值。

① 别敦荣、韦莉娜、李家新：《高校教师教学发展中心运行状况调查研究》，《中国高教研究》2015 年第 3 期。

研究设计与实施

目前，关于教师对教师发展中心满意度的研究较为少见，而与此相关的教师工作满意度研究在国内外已出现不少研究成果。① 鉴于此，笔者在收集与借鉴教师工作满意度相关研究成果的基础上，结合教师发展中心的工作实际，围绕教师与发展中心之间的关系，对研究的整体思路和框架进行系统设计。研究主要依托问卷调查来展开，通过问卷的设计、编制、发放、回收、录入和数据统计分析，获取教师个体对发展中心各项工作的评价信息，由此了解教师对教师发展中心的满意度。

一、问卷的设计

本研究主要针对高校教师对教师发展中心各项工作的满意程度进行问卷调查，以了解、分析高校教师个体对中心开展各项工作的主观感受和评价。根据前期的文献梳理和信息搜集，本研究对我国现有高校教师发展中心实际开展的工作进行了整理与归纳，总共划分为教师培训、教学咨询服务、教师教学交流活动、教学改革研究、教学质量评估、教学资源供给等六个方面，由此形成了教师满意度调查的主要框架。被调查的对象将围绕以上六个方面以及教师发展中心总体情况进行满意度评价。每一项评价内容又细分为 5—11 个数量不等的子项目。其中，教师培训工作细分

---

① 孙建萍、孙建红、安寸然：《高校教师工作满意度调查与分析》，《教育探索》2006 年第 9 期。

为培训的目标、内容、师资力量、方法与形式、具体安排、氛围以及效果等；教学咨询服务包括教学咨询服务的针对性、服务人员的水平、服务的方法与形式、服务的具体安排（如时间、流程安排等）、服务过程中的环境与气氛、服务的效果等；教师教学交流活动包括交流活动的目标、内容、形式、具体安排（如时间安排、规模控制等）、氛围以及效果；教学改革研究包括发展中心对自身研究成果的宣传推广、研究成果对教师的帮助程度，参与改革研究项目的次数、深度及效果；教学质量评估包括评估的目标、标准、方式、可信度和结果反馈，以及评估对教师工作的帮助程度；教学资源供给包括资源的丰富性、新颖性、系统性、提供方式，对教学资源的宣传推广，以及教学资源的帮助程度；教师发展中心总体情况包括活动的宣传力度，活动内容的吸引力、丰富性、有效性和针对性、活动安排的适切性、活动过程中的资源配置与调度、整体服务态度、服务水平、活动对您和身边其他教师的影响程度、中心活动对您身边学生的影响程度。评价的满意程度分为非常满意、比较满意、不确定 / 不好说、比较不满意、非常不满意、没参与过无法评价等，由被调查者根据实际情况或个人感受进行选择。问卷还包括对教师基本情况的调查，包括所在学校、年龄、学历、学科专业、教授课程、职称、岗位性质、工龄等。问卷编制好后，进行了初步的小范围试测，并根据试测反馈的意见以及专家的建议进行了多次论证与修改完善，最终形成了正式问卷。

二、问卷的发放与回收

正式问卷通过问卷星网络调查平台发布。调查组借助全国各高校教师发展中心的力量将问卷的网络链接地址转发给各校参与过教师发展中心活动的相关教师；也通过各种 QQ 群、微信群、电子邮件等方式，将链接地址发送给各高校的教师。教师本人自行登录调查问卷的网络页面填答。为了便于问卷的回收，也有部分教师发展中心将网络问卷打印为纸质问卷让教师直接填答。在此次调查中，共有 196 位教师参与了网络问卷的填答，239 位教师参与了纸质问卷的填答，累计回收问卷 435 份。其中，剔除未填答完全的无效问卷 5 份，剩余有效问卷共计 430 份，问卷有效率为 98.8%。

三、问卷的统计分析方法

对问卷的统计首先使用 excel2003 进行数据的录入与整理，再将整理好的数据导入 SPSS19.0 做进一步分析。通过 SPSS19.0 对问卷的信度、效度进行了检验，问卷的可靠性统计量 Cronbach's Alpha 为 0.987，表明问卷的信度相当高。问卷的效度采用 Bartlett 球形度检验，其中 Sig. 为 0.000，小于显著性水平 0.05，因此拒绝 Bartlett 球形度检验的零假设，认为适合于因子分析。

研究结果讨论与分析

根据问卷调查的具体内容，运用 SPSS19.0 统计软件包从被调查教师的整体情况、教师对中心的整体评价、教师对中心各项工作内容的满意度比较、不同背景教师的满意度差异比较等几个方面对数据进行统计与分析，具体结果如下。

一、总体样本情况

此次回收的有效样本为430份。首先，被调查教师所在学校涵盖了全国48所不同层次和类型的高校，且以普通本科院校为主；在教师学科专业分布上，涉及人文、社科、自然科学与工程应用科学等不同学科领域，样本分布较为均匀（表1）。

表1 样本的学校及学科专业分布情况

院校分布			学科专业分布		
院校类型	样本数	百分比	学科专业	样本数	百分比
“985工程”高校	86	20.0%	人文学科	86	20.0%
非“985工程”的“211工程”高校	22	5.1%	社会学科	108	25.1%
普通本科院校	316	73.5%	自然科学	116	27.0%
高职院校	6	1.4%	工程应用科学	120	27.9%

从教师学历和职称来看，调查的主体为硕士以上学历的教师以及职称为中级和副高级的教师。这两类群体的教师在高校中的数量相对较多，起到了骨干的作用，他们也更为重视自身的可持续发展（表2）。

表2 样本的学历、职称分布情况

学历分布			职称分布		
学历	样本数	百分比	职称	样本数	百分比
博士及以上	192	44.7%	正高级	41	9.5%
硕士	204	47.4%	副高级	133	30.9%
本科	34	7.9%	中级	214	49.8%
—	—	—	初级	42	9.8%

从调查对象的年龄和工龄来看，大部分教师为45岁以下的中青年教师，且工龄主要集中在30年以下。这在一定程度上也

反映了参与教师发展中心的教师更多的是中青年教师，他们在自我专业发展方面的需求相对更多、更大（表3）。

表3 样本的年龄与工龄分布情况

年龄分布			工龄分布		
年龄	样本数	百分比	工龄	样本数	百分比
35岁及以下	200	46.5%	5年及以下	133	30.9%
36—45岁	183	42.6%	6—15年	195	45.3%
46岁及以上	47	10.9%	16—30年	89	20.7%
—	—	—	31年及以上	13	3%

参与调查的教师主要教授的课程为专业基础课和专业课，且这些教师工作岗位集中在专任教师，说明当前教师发展中心服务的对象是以教授专业课的专任教师为最主要群体（表4）。

表4 样本的授课与岗位分布情况

授课分布			岗位分布		
所授课程	样本数	百分比	岗位性质	样本数	百分比
公共基础课	88	20.5%	专任教师	350	81.4%
专业基础课	164	38.1%	专职研究人员	20	4.7%
专业课	150	34.9%	专职行政人员	34	7.9%
选修课	28	6.5%	教辅人员	26	6.0%

二、教师对中心各项工作的整体满意情况

（一）总体满意度情况

有关高校教师发展中心满意度的指标共包括46个子项目，满意程度按照非常满意、比较满意、不确定/不好说、比较不满意、非常不满意、没参与过无法评价分别赋分为5、4、3、2、1、0。总满意度得分最低为0分，最高230分，理论上的中性值为

115分。经统计，被调查者的满意度总体得分的分布情况如下：得分为210—230分的有55人，占比12.8%；得分为180—209分的有95人，占比22%；得分为115—179分的有198人，占比46%；得分为50—114分的有50人，占比11.6%；得分在50分以下的有26人（其中得0分的有15人），占比6%。由于在满意度调查选项中设置了没参与过无法评价这一选项，因此数据的高低只能在一定程度上反映满意的程度，而无法显示不满意的程度。也就是说，分数越高，反映被调查者的满意度越高；而分数越低，并不代表被调查者的满意度越低，也可能是参与教师发展中心活动的程度越低。从具体的数据来看，只要是参与过教师发展中心活动的评价，大部分教师都选择了比较满意或者非常满意，选择比较不满意或者非常不满意的人较少。由此可见，被调查人员总体上对教师发展中心的工作还是比较满意的。

（二）不同指标满意度得分

为进一步了解高校教师对发展中心各项工作的满意程度，我们对高校教师发展中心组织实施的主要工作，包括教师培训、教学咨询服务、教师教学交流活动、教学改革研究、教学质量评估、教学资源供给以及总体评价等在内7个指标的满意度得分进行对比分析。由于各个指标所包含的子项目数量不等，各指标的总分也不尽相同，为便于统计和对比，统计时将各指标的总分除以各指标的子项目数量，然后运用此得分计算各个指标的平均数和标准差。统计数据显示，各指标的分值区别不大，均在3分至4分之间，得分由高到低依次为教师培训、总体评价、教师教学交流活动、教学资源供给、教学质量评估、教学改革研究、教学咨询服务。其中，教师培训活动的分值最高且与其它各项分值的差距较大，反映了当前许多高校的教师发展中心将教师培训作为最主要的工作项目，并已经取得可喜的成效，得到教师们一定程度上的认可，而教学咨询服务、教学改革研究等其它活动，由于实施的面不广、效果不够显著，满意度评价就相对较低（表 5）。

表 5 各指标的满意度得分对比

指标	教师培训	教学咨询服务	教师教学交流活动	教学改革研究	教学质量评估	教学资源供给	总体评价
均值	3.62	3.00	3.37	3.04	3.20	3.31	3.45
标准差	1.173	1.706	1.463	1.578	1.478	1.393	1.278

三、不同背景教师的满意度差异分析

为了解不同背景教师对教师发展中心工作的满意度是否存在差异，我们将对不同院校、年龄、学历、学科专业、授课类型、职称、岗位、教龄的教师的满意度进行方差分析。这将帮助我们进一步了解教师的个人背景因素是否对其满意度产生一定的影响，以及这一影响背后是否存在规律。

（一）不同院校教师的满意度差异分析

从不同院校教师的满意度均值比较来看，非“985 工程”的“211 工程”高校、高职院校这两类院校教师的满意度相对较高，“985 工程”高校、普通本科院校教师的满意度相对较低。把四类院校教师的满意度均值进行方差分析，结果除了教师教学交流活动之外，其余各项均值之间均存在显著性差异（即 P 值 < 0.05）。总体而言，不同院校教师的满意度存在显著性差异。其中，“985 工程”高校教师所处平台相对更高，生存与发展压力相对最大，他

们对教师发展中心的要求也随之升高，当他们的高要求得不到满足的时候，对中心容易产生不太满意的评价；普通本科院校虽然已普遍设立教师发展中心，但中心的水平参差不齐，不少中心只是应付上级要求而临时挂靠设立的，由于内外部条件的限制未能充分发挥其应有的功能，由此导致部分教师对中心不够满意也是一个常见的现象。“211 工程”高校介于“985 工程”高校和普通本科院校之间，从中心的设置和教师的需求来看，相对处于中间值，教师的满意度也相对高些。目前设有教师发展中心的高职院校数量不多，那些已经设立的中心更多是出于自觉，而非被动地、应付式地设立，由此建立起来的中心更能从教师需求的角度出发来设计和开展各项工作，因此也更能得到教师的支持与肯定（表 6）。

表 6　不同院校教师的满意度均值、差异性比较

满意度项目		总体满意度	教师培训	教学咨询服务	教师教学交流活动	教学改革研究	教学质量评估	教学资源供给	总体评价
满意度均值	“985 工程”高校	147.97	3.56	2.83	3.35	2.92	3.09	3.24	3.34
	非“985 工程”的“211 工程”高校	196.64	4.68	4.15	4.03	3.77	4.20	4.49	4.38
	普通本科院校	149.56	3.54	2.94	3.31	3.00	3.14	3.23	3.41
	高职院校	194.67	4.29	4.28	4.33	4.17	4.19	4.17	4.20
显著性（P 值）		0.000	0.000	0.002	0.052	0.035	0.003	0.000	0.002

（二）不同年龄教师的满意度差异分析

不同年龄教师之间的满意度均值相差不大，方差分析的结果

（P 值）均未达到显著性水平，由此说明不同年龄教师的满意度之间没有显著差异（表 7）。在实际均值大小对比上，总体满意度均值由高到低依次为 35 岁及以下教师、46 岁及以上教师、36 岁—45 岁教师。35 岁及以下教师属于中青年教师群体，他们是学校的新生力量，也是教师发展中心关注的主要群体，教师发展中心为他们提供指导和服务也相对更多且容易一些，因此在一定程度上提升了他们对中心的满意度。36 岁—45 岁年龄段的教师群体是学校的中坚骨干力量，他们在教学方面已经积累了许多宝贵的经验，形成了自己的教学方式方法，要在现有基础上有新的改变和突破难度相对更大。因此，教师发展中心在为这些教师提供教学方面的支持上，需要更高端、更前沿的技术和不断创新的活动形式。如果教师发展中心本身的实力较为薄弱，就较难满足这类群体教师的教学提升需求，因此这部分教师对中心的满意度就容易受到负面影响。对于年龄最大的教师群体（46 岁及以上教师），他们参与中心的活动相对更少，因此满意度分值也不高。

表 7　不同年龄教师的满意度均值、差异性比较

满意度项目		总体满意度	教师培训	教学咨询服务	教师教学交流活动	教学改革研究	教学质量评估	教学资源供给	总体评价
满意度均值	35 岁及以下	155.32	3.73	3.11	3.43	3.04	3.23	3.31	3.55
	36—45 岁	151.15	3.57	2.89	3.32	3.07	3.17	3.33	3.45
	46 岁及以上	152.28	3.62	3.00	3.37	3.04	3.20	3.31	3.45
显著性（P 值）		0.400	0.067	0.440	0.704	0.772	0.900	0.802	0.054

（三）不同学历教师的满意度差异分析

不同学历教师的总体满意度及在教师培训等 7 个指标上的满意度差异并没有统计学意义，方差分析的结果（P 值）均大于 0.05，由此说明不同学历教师的满意度之间没有显著差异（表 8）。从具体均值比较看，均值都比较接近，区分度不大。满意度分值最低的是博士及以上学历的教师，这些高学历的教师在自身的专业领域有了较多的研究与积淀，在教学提升和专业方面对教师发展中心提出的要求相对高些；本科学历教师虽然学历相对较低，但对自身教学能力提升的需求并不低，因为只有在教学能力上的切实提升才能帮助其弥补学历的劣势，因此也对教师发展中心寄予较高的期望；而处于中间层次的硕士学历教师，对教师发展中心的需求相对没有前面两个教师群体那么高，因此其满意度评价分值则略高一些。

表 8　不同学历教师的满意度均值、差异性比较

满意度项目		总体满意度	教师培训	教学咨询服务	教师教学交流活动	教学改革研究	教学质量评估	教学资源供给	总体评价
满意度均值	博士及以上	152.19	3.59	2.99	3.36	3.08	3.22	3.36	3.41
	硕士	153.34	3.68	3.02	3.42	3.00	3.21	3.28	3.50
	本科	152.28	3.62	3.00	3.37	3.04	3.20	3.31	3.45
显著性（P 值）		0.794	0.284	0.986	0.545	0.881	0.654	0.760	0.762

（四）不同学科（专业）教师的满意度差异分析

教师对发展中心的总体满意度和各指标的满意度均不存在

显著的学科（专业）差异。但在均值的比较上，自然科学类教师的满意度得分相对最低，工程应用科学领域教师的满意度得分相对最高。由于专业背景的不同，自然科学类的教师相对于人文社科类的教师在教学方法提升方面可能会有更多、更高的需求，因此也在一定程度上影响其对中心的满意度评价（表9）。调研中有不少教师反映，发展中心对教师提供的服务还未能很好地兼顾到不同学科（专业）教师之间的差异，因此，中心工作的针对性还需加强。

表9 不同学科（专业）教师的满意度均值、差异性比较

满意度项目		总体满意度	教师培训	教学咨询服务	教师教学交流活动	教学改革研究	教学质量评估	教学资源供给	总体评价
满意度均值	人文学科	150.65	3.65	2.95	3.33	2.83	3.07	3.20	3.57
	社会学科	153.40	3.69	3.03	3.26	3.05	3.26	3.25	3.56
	自然科学	146.03	3.43	2.81	3.26	2.92	3.18	3.26	3.24
	工程应用科学	158.48	3.70	3.20	3.59	3.29	3.27	3.48	3.49
显著性（P值）		0.367	0.266	0.367	0.265	0.155	0.768	0.422	0.186

（五）不同授课类型教师的满意度差异分析

不同授课类型教师对教师发展中心的总体满意度和各指标满意度均不存在显著差异。从具体的均值比较来看，选修课教师的满意度相对较低，专业基础课和专业课教师满意度相对较高（表10）。这种情况的出现可能与教师发展中心的工作导向相关。专业基础课和专业课教师是学校教师队伍的主体，也更

加受到学校的关注和重视，由教师发展中心给予他们更多的培训、指导和帮助，使他们得到更大的发展空间和机会，由此提升了他们的满意度；而选修课教师处于相对劣势的位置，教师发展中心给予选修课教师在专业发展上的支持相对较少，由此导致其满意度偏低。

表 10 不同授课类型教师的满意度均值、差异性比较

满意度项目		总体满意度	教师培训	教学咨询服务	教师教学交流活动	教学改革研究	教学质量评估	教学资源供给	总体评价
满意度均值	公共基础课	148.15	3.55	2.97	3.25	2.86	3.03	3.13	3.47
	专业基础课	155.20	3.69	3.06	3.40	3.17	3.18	3.42	3.52
	专业课	154.79	3.64	3.05	3.50	3.05	3.39	3.39	3.41
	选修课	134.75	3.28	2.51	2.83	2.79	2.83	2.76	3.23
显著性（P 值）		0.246	0.348	0.452	0.136	0.396	0.135	0.066	0.675

（六）不同职称教师的满意度差异分析

不同职称教师对发展中心的总体及各分项满意度均不存在显著性差异。从均值比较来看，总体满意度从高到低依次为副高级、初级、中级、正高级（表 11）。正高级职称教师的满意度相对较低，既反映了当前发展中心由于自身能力、水平的制约使其对高级职称教师的服务和指导还较为有限，也反映了高级职称教师参与中心活动的比例相对较低。中级职称教师的满意度也不算高，与副高级职称的教师相比，他们更为迫切需要加强自身专业发展，为实现职称的进一步提升奠定基础；与初级

职称教师相比，他们对高校教学和教师专业发展有了更深的认识，因此对教师发展中心有了更多的期待，满意度评价要求则相对更高。

表 11 不同职称教师的满意度均值、差异性比较

满意度项目		总体满意度	教师培训	教学咨询服务	教师教学交流活动	教学改革研究	教学质量评估	教学资源供给	总体评价
满意度均值	正高级	147.20	3.41	3.00	3.31	3.05	3.23	3.42	3.02
	副高级	157.15	3.69	3.12	3.45	3.16	3.46	3.43	3.47
	中级	149.40	3.57	2.95	3.30	2.94	3.02	3.19	3.49
	初级	156.50	3.78	2.87	3.46	3.12	3.26	3.38	3.66
显著性（P 值）		0.524	0.415	0.788	0.763	0.643	0.060	0.406	0.113

（七）不同岗位教师的满意度差异分析

逐一分析教师的工作岗位和满意度各项均值的方差，我们发现，不同岗位教师对教学的改革研究、质量评估和资源供给等方面满意度均值分布不具备显著性差异；其余各项满意度上呈现出明显的岗位差异（表 12）。之所以不同岗位教师的满意度差异会如此之大，与教师发展中心的工作面向主体有关。许多发展中心将工作对象主要定位为教师，尤其是专任教师，而并没有将专职研究人员、行政人员列入其中，就算列入也很少开设专门针对这类群体的服务内容。因此，专职研究人员、行政人员参与教师发展中心活动的机率很小，得到的指导和帮助也不大，满意度的评价分值也较低。

表 12 不同岗位教师的满意度均值、差异性比较

满意度项目		总体满意度	教师培训	教学咨询服务	教师教学交流活动	教学改革研究	教学质量评估	教学资源供给	总体评价
满意度均值	专任教师	154.34	3.66	3.05	3.44	3.06	3.24	3.36	3.49
	专职研究人员	119.05	2.92	2.35	2.44	2.52	2.67	2.85	2.42
	专职行政人员	140.65	3.39	2.53	3.02	2.84	2.93	2.88	3.46
	教辅人员	165.27	3.79	3.53	3.51	3.45	3.38	3.56	3.75
显著性（P 值）		0.012	0.024	0.040	0.011	0.207	0.220	0.082	0.002

（八）不同教龄教师的满意度差异分析

比较不同教龄教师各项满意度得分的均值及其差异，我们可以看到，不同教龄教师的总体满意度存在显著差异，P 值 =0.027<0.05。在具体各分项的满意度得分上，教师培训（P 值 =0.014<0.05）、教师教学交流活动（P 值 =0.007<0.05）、总体评价（P 值 = 0.010<0.05）三项也存在显著性差异，而其余各指标的满意度得分均值分布都不存在显著性差异。在具体的均值比较上，明显看到教龄在 31 年及以上的老教师对中心的满意度得分相当低，仅为 115 分。这说明老教师对中心的工作不太满意，同时也反映他们对中心组织的活动参与度很低。这一数据结果与大部分教师发展中心主要关注中青年教师群体专业发展的现实情况有关。由于老教师普遍已经积累了丰富的教学工作经验，且接近退休年龄，人们普遍认为他们的专业发展已不是十分迫切和重要，因此没有将他们列入教师发展中心的主要服务对象。但

实际上，老教师也有教学提升的需求，尤其是一些教学思想比较保守、教学方式方法比较陈旧的老教师，他们更需要改变原有的教学思维和方法以顺应新时代大学生学习方式的变化，所以他们也应该得到教师发展中心的关注与重视。教龄在五年及以下的教师对中心的满意度也不高，这可能是由于他们在高校工作时间相对最短，积累的高校教学经验也最少，非常需要提升教学能力和水平，因此他们对发展中心的需求相对较高，由此影响了其满意度评价。

表 13　不同教龄教师的满意度均值、差异性比较

满意度项目		总体满意度	教师培训	教学咨询服务	教师教学交流活动	教学改革研究	教学质量评估	教学资源供给	总体评价
满意度均值	5 年及以下	148.10	3.62	2.86	3.22	2.89	3.03	3.22	3.43
	6—15 年	158.19	3.68	3.15	3.58	3.17	3.32	3.41	3.58
	16—30 年	151.02	3.63	3.00	3.25	3.05	3.25	3.29	3.37
	31 年及以上	115.00	2.58	2.23	2.38	2.46	2.82	2.68	2.39
显著性（P 值）		0.027	0.014	0.167	0.007	0.244	0.268	0.231	0.010

研究结论及启示

本次数据调查的结果显示，教师的总体满意感处于中等偏上的水平，只要参加过教师发展中心活动的教师大多数都选择了比较满意或者非常满意。从反映教师发展中心各项工作满意度的指标得分情况来看，教师对教师培训活动的满意度最高，对

教学咨询活动的满意度最低。具体到不同背景教师的满意度差异比较，不同院校类型、不同工作岗位、不同教龄的教师之间的满意度存在显著差异。这一研究结果并不只是简单反映出教师满意度的高低，还反映出教师发展中心的存在状态，也为其今后的建设带来了一些启示。从更深层次来看，研究结果还为推动高校的教育教学改革和教师专业发展带来了可供参考的改革思路。

第一，教师的总体满意度较高，反映了教师发展中心存在的合理性和必要性。虽然当前不少教师发展中心的设置还不够健全，其应有功能还未能完全显现，[①] 但这是教师发展中心从设立到发展必经的一个过程，就算是在发展初期的教师发展中心也已经得到教师们的欢迎和某种程度的认可。高校只要能够先把教师发展中心设立起来，这已经是迈出了跨越式的一步。教师发展中心的设立显示了高校对教师、对教学的一种重视，无形之中也强化了高校自身的服务意识和精神，同时也让教师有种被关心、被关怀的感觉，并启发教师开始去关注自身的专业发展，开始通过各种方式去努力提升自己，这就是一个良好的开端。高职院校教师对教师发展中心的较高满意度评价结果，也反映出能在为数不多的高职院校率先设立教师发展中心，作为这些高职院校的教师们也感到比较满意和满足了。因此，高校教师发展中心是有必要设立的，并且应该长期存在，并在发展中不断改进和完善。

---

① 别敦荣、韦莉娜、李家新：《高校教师教学发展中心运行状况调查研究》，《中国高教研究》2015 年第 3 期。

第二，教师对教师发展中心各项工作的满意程度普遍较高，但仍存在一些细微差别，教师发展中心可依据这些细微差别进一步优化部分工作项目。其中，教师培训活动这项工作得到最高的满意度评价，与高校长期开展教师培训工作并积累了一定的工作经验分不开，也反映了大部分教师发展中心的工作主体和重心还是放在教师培训上，教师的参与度较高，因此工作成效也较为显著，得到了教师的好评。教学咨询服务得到的满意度评价最低，反映了许多教师发展中心开展此项工作的频率不高，教师的参与度较低；同时，由于此项工作开展起来存在一定的难度，为教师提供的咨询服务未必能够很好地帮助教师解决教学中遇到的各种问题。另外几项满意度得分不算高的工作内容（如教学改革研究）也存在类似的情况。由此可见，教师发展中心有必要对自身开展的各项工作所需的技术、资源等各方面条件进行系统分析，并根据实际对各项活动的设计、组织与实施作进一步的调整与改善。

第三，教师的背景因素对其满意度有一定的影响，教师发展中心可据此调整与改进各项活动，更好地满足不同背景教师的多样化需求。首先，不同类型院校教师的满意度评价存在差异，提示各高校教师发展中心要根据本校教师的生存状态来确定整体的工作思路。不同层次、不同类型高校教师的工作压力和发展需求是有明显差异的，这就需要充分研究本校教师特点，才能为教师提供更满意的服务。[①] 其次，不同岗位教师的满意度存在显著

① 朱继洲：《建设具有本校特色的教师教学发展中心》，《高等工程教育研究》2014 年第 4 期。

差异，提示各个发展中心既要关注教学一线的教师群体，也应该关注与教学相关的其他教学研究人员、专职教学管理人员等。后一个群体能力的提升也会对学校教学产生积极的影响。因此，教师发展中心也应适当地对这一群体予以关注，力所能及地为他们开展一些活动。再次，不同教龄教师的满意度差异也具有统计学意义，因此，我们呼吁教师发展中心既要关注教龄不长的新教师，也要关注教龄较长的老教师。实际上，并非教龄越长的教师越不需要教师发展中心的关心与帮助，他们也应该成为教师发展中心关注的对象。总而言之，高校教师发展中心需要尽可能关注学校内部与教学相关的各个群体，尽可能为不同群体提供更全面、周到、适切的服务，从而为推动学校教育教学质量的稳步提升发挥应有的作用。

第四，努力提高教师对教师发展中心的满意度，既是对教师发展中心功能的完善和优化，更是对教师专业发展和学校教学改革的有力推动。教师发展中心要想提高教师对其满意度评价，需要关注学校各个与教学相关的师生员工群体，并不断提升自身的工作方式和服务水平。为实现这一目标，教师发展中心需要加强团队建设和资源配置，只有当人力、物力、财力等达到一定水平的时候，工作的效能才会相应有所提高。如果教师发展中心的效能得到持续提高，其连带效应将是推动教师的专业发展和学校教育教学水平的整体提升。这样一来，将会有更多的教师乐意并积极参加教师发展中心组织的各项活动。这些活动中不仅能够引导教师实现自身的专业发展，还有助于强化教学专业认知、提升教学专业伦理、培育教学专业文化，进而提高学校的办学水平和人才培养质量。[①] 因此，高校有必要加强教师发展中心的建设，而要建设好教师发展中心就应该关注教师的满意度问题，将其作为衡量教师发展中心功能发挥的重要指标之一。

（原载《复旦教育论坛》2016 年第 2 期，
与韦莉娜、李家新合作发表）

---

① 别敦荣、李家新：《大学教师教学发展中心的性质与功能》，《复旦教育论坛》2014 年第 4 期。

后 记

大学教学原理与方法是我的主要研究领域之一。我一直认为，不研究大学教学，不能触及高等教育的本质。因为归根结底，高等教育是一种人才培养活动，如果不研究教育教学是如何培养人的，何谈对高等教育有所认识和理解。我对大学教学的研究开始于三十多年前，那个时候的研究是一种不自觉的行为。我硕士学的是“教育管理”，1989 年硕士毕业留在华中师范大学任教，虽然领导安排我教的课是“高等教育管理”，但在学习与备课过程中，阅读了一些关于大学教学和教学管理的书籍、文章，因而对大学教学问题有所思考。念博士的时候，导师潘懋元先生在课程教学中布置了大学教学专题研究任务，在分配研究选题的时候，我主动选择了大学教学专题研究。后来，根据这份专题研究成果写出的论文《高等学校教学过程主体矛盾浅析》发表在《有色金属高教研究》（现《现代大学教育》）上，这篇文章被收录在本书中。

自那以后，大学教学没有离开过我的学术研究视野。三十多年来，我对大学教学进行了多方面的研究，发表了一系列学术论文，论题涉及大学教学的历史、政策、原理、现实与改革以及比较等多方面，出版了多部著作，包括《20世纪的中国高等教育·教学卷》（上下册）和《高等学校教学论》《大学教学原理与方法》等。在长期的学术研究中，我发现不论是学术界还是实践界，大家对大学教学的认识还是太少，关于大学课程与教学的深层次和原理性认知少之又少。学术界关于课程、教学的理论性著作大多是关于中小学幼儿园课程与教学的，少量的关于大学课程和教学的研究著作，要么是对现实问题的批判揭示和改革研究，要么是借鉴甚至套用中小学课程与教学理论窥视大学教学，以至于对大学教学的适应性严重不足。缺少对大学教学深层次、原理性认知，其结果不只是学术界的理论积累不足，更重要的是，在大学教育教学过程中，人们的认识往往流于表面，教学工作缺少科学理论指导，人才培养工作不能遵循高等教育规律。不论教师还是教育教学领导管理者，对大学人才培养的底层逻辑认识不清，人才培养体系不能建立在科学认知的基础之上，因而人才培养质量缺少最基本的保证。

潘先生是中国高等教育学科的创立者，他的高等教育研究发端于教学研究。1950年代，他敏锐地发现不能像教中小学生那样教大学生，于是开始研究大学教学，研究大学教学的原则与方法。他领导创建高等教育学科的时候，大学教学研究更是一个重要领域，他最早指导的两位博士的研究选题都是大学教学便是最好的证明。2015年，在潘懋元高等教育思想研讨会暨从教80周年庆祝大会上，潘先生有感于高等教育研究大多集中在宏观的高等教育理论和政策层面，希望今后的高等教育学研究更多地关注微观教学过程，更多地关注专门人才培养，因为宏观的理论和政策必须通过微观的教学过程才能得到贯彻落实。由此可见，中国高等教育学科发展离不开大学教学研究，高等教育改革发展更需要大学教学研究。

本书是我三十多年大学教学研究成果的汇集，收录了我关于大学教学研究的大部分理论研究成果。全书由四编构成，包括大学教学理论透视、大学教学改革焦点、大学教学改革方向和大学教学改革保障。尽管各编的主题是开放而分散的，但全书所论及的还只是大学教学问题的很少一部分，浩繁的大学教学问题还有待更多学者投入更多的精力去揭开它们的面纱，让大学教学的发生机理和作用原理为人们所认识，使大学教学改革与发展之路上有一盏科学的明灯指引方向。

本书的出版得到了厦门大学教育学一流学科建设项目的支持。在书稿的编辑中，赵婷婷教授贡献了很好的建议，科研助理陈曦协助我完成了选编文章和校对工作。商务印书馆编审谢仲礼老师在编辑本书过程中，以他的大局观和专业视野提出了很多建设性意见和建议，解决了书稿整体统一性和学术严谨性存在的问题，使文稿质量有了新的提高。在这里我要对他们为本书的编辑出版所作的重要贡献表示衷心的感谢！

本书各部分的成稿时间跨度较大，研究和写作不可避免地存在差异，但各主题的时效性并不因此而有所减弱。部分主题的研究和写作是我与团队成员共同完成的，他们付出了很多努力，作出了自己的贡献，我感谢他们。但需要声明的是，不论是合作者还是编辑出版中给予了帮助的老师，都不对全书存在的不足和问题负责,我个人对本书负全责。热忱欢迎各位读者方家不吝赐教!

2025 年 1 月 22 日

于厦门大学黄宜弘楼